모르면 크게 당하는 형법 탐구 설명서

[개정판]

모르면 크게 당하는 **형법 탐구 설명서**

법률출판사

Preface

개정판머리말

법은 멀리 있지 않고 항상 우리의 일상생활 곁에 있습니다.

그리고 법언 중에

"법은 구제를 준다(The law will always give a remedy)."는 말이 있습니다.

법률전문가로서 고도의 법학지식까지는 필요하지 않더라도, 상식 수준 또는 그 이상의 법 지식은 일상생활을 하는 우리에게 손해를 피하고 권리를 찾을 수 있게 만들어 주는 유용한 삶의 도구라고 다시금 생각해 봅니다.

이번 개정판은 2011년『털어도 먼지 안 나는 형법』이라는 제명(題名)으로 출간되어 독자들의 많은 사랑을 받았던 것을, 그동안 사회현상의 변화에 의하여 관련 조항들이 개정되거나 새로운 조항이 제정됨에 따라 그에 맞추어 내용을 수정 또는 추가하여 새로운 제명인『모르면 크게 당한다, 형법 탐구 설명서』로 재출간 하였습니다.

Preface

이 판에서는 독자들의 이해도를 높이기 위해 쉽게 풀어 쓰거나 내용을 보충하고, 그간 대법원의 변경된 법리를 반영하고, 폐지된 영아살해죄 등을 삭제하고, 신설된 공중협박죄 등을 추가하는 한편, 최근 크게 사회문제화되고 있는 스토킹 범죄와 사기죄(보이스피싱)를 추가하는 등 대폭 개정하였습니다.

특히 이 책의 개정작업에서는 형사법에 대한 전문지식과 풍부한 수사 실무 경험을 두루 갖춘 검찰 사무관 출신인 김종윤 님이 공저자로서 원고 작성을 해 주셨습니다.

앞으로도 판을 거듭하면서 개정되거나 제정되는 법령의 내용을 충실히 반영할 것은 물론이고, 사회현상의 변화에 따라 새롭게 부각되는 형사법적 문제를 조명하여 해설해 나갈 것을 약속드립니다.

2025. 12.

발행인 김용성 드림

Preface

초판 머리말

우리는 흔히 착한 사람을 가리켜 '法 없이도 살 사람'이라는 말을 합니다. 이는 어떤 사람이 하도 착하다 보니 萬의 하나라도 法에 저촉될 행동을 할 위인이 못 된다는 뜻일 겁니다.
그러나 우리가 지금 살아가는 이 사회는 이해관계가 얽히고 설킨 구성원들 간의 질서를 유지시키기 위해, 정치(精緻)한 신경망과도 같은 법망이 감시카메라처럼 일거수일투족(手投足)을 감시하고 있다고 해도 과언이 아닙니다.
국회의원이 후원금을 공식계좌를 통해 받고 영수증 처리를 했더라도 대가성이 있으면 처벌되며, 선대로부터 물려받은 회사의 CEO도 회사 돈을 임의로 쓰면 배임죄에 해당됩니다. 또 자기 집이라고 해서 마음대로 집을 고쳤다가는 거의가 건축법에 위반되고, 죄를 저지른 애인을 숨겨주면 범인은닉죄에 해당하며, 애인과 동반 자살을 기도했다가 자신만 살아나면 자살교사 · 방조죄로 처벌되는 등, 일반인의 상식이나 정서와는 전혀 다른 결과를 초래할 수 있는 것이 바로 형법 분야입니다.
그래서 일반인은 물론 정치인, 기업 CEO마저 형법을 아주 궁금해하면서도 형법과는 무척 친하지 않습니다.
이에 지은이는 법률 주변인들과 형법을 중매하는 방법의 하나로, '아! 이

Preface

사건!' 하고 누구나 알만한 신문에 난 실제 사례를 예로 들어, 형법의 이론(형법 총론)부터 도해를 곁들여 차근차근 설명한 후, 형법 각론을 조문순에 따라 이러한 행위는 왜 죄가 되고, 어떻게 하면 죄가 안 되는지를 조근조근 해설하였습니다.

구성은 먼저 형법 조문을 보여주고 반드시 시효(時效)를 알려준 다음, 이와 관련된 실제 사례를 중심으로 형법이론에 따라 실타래 풀듯 술술 풀어나가면서 결론에 이르도록 하였습니다.

여기서 공소시효(公訴時效)란 시간이 경과함에 따라 형의 선고 및 집행을 통해 얻을 수 있는 사회적 규범의식의 요구가 감소된 까닭에, 일정 기간 계속된 평온상태를 존중 · 유지해 주는 제도로, 이 기간이 지나면 공소를 제기할 수 없게 됩니다.

이 책을 읽다 보면 법을 피해 가는 방법을 터득하게 되어 악용할 소지도 있습니다.

그러나 이 책을 통해 형법을 정확히 알아서 범법을 예방하거나 자기 방어권의 수단으로 사용해야지, 절대로 악용해서는 더 큰 벌을 받게 됩니다.

한편 독자들이 영양가 있는 곰탕국물을 마시고도 지방분을 흡수하지 못해 자칫 소화불량에 걸릴 것을 염려하여 만담처럼 삽화에 감초 같은 개를 등장시켜 시니컬한 웃음으로 간을 맞췄습니다.

그러나 이 책은 법률 문외한만을 위한 책이 아닙니다. 법학도들도 아! 그렇구나! 하고 무릎을 칠 정도로 형법을 전 분야에 걸쳐 깊이 있게 다루었습니다.

Preface

특히 법대를 졸업한 사람들에게는 주위 사람들이 형사사건에 대해 자문을 구해오면 우물쭈물 꼬리를 내리지 않고 떳떳하게 상담을 해줄 수 있는 회심의 카드가 될 것입니다.

이 책은 법학도이기도 한 만담가인 필자가 제목부터 『털어도 먼지 안 나오는 형법』이라 작명하고, 애피타이저로 삽화를 곁들이는 등 형식과 내용 안팎으로 기승전결(起承轉結)에 무리가 가지 않는 범주 내에서 파격(格)을 시도하였습니다. 이는 부처님도 상대에 따라 설법을 달리하시듯, 오로지 독자들이 가까이하기에는 너무 먼 형법을 모든 이들과 친하게 만들기 위한 지은이의 천진난만한 배짱에서 비롯된 것이니, 염화미소(拈華微笑)로 답해주시면 감사하겠습니다.

그런 의미에서 이 책은 어찌 보면 지은이가 형법학자가 아니기 때문에 태어날 수 있었던 책입니다.

끝으로 지은이의 35년 출판 생활 중 든든한 멘토가 되어준 의리의 사나이 법률출판사 김용성 사장을 비롯한 임직원 여러분과 개정된 법률조항을 이 잡듯이 잡아준 김남길 님 그리고 지은이의 삽화 구성에 손이 되어준 민재웅 님께도 고마운 마음을 서문에 적어 대신합니다.

2011년 설날
내 남은 인생의 첫날에
지은이 장광혁 씀

Contents

PART 01 형법을 꿰뚫기 위해 반드시 알아야 할 21가지 용어설명을 위한 사례

Contents

Contents

PART 02 76가지 사례를 알면 개인에 대한 범죄가 훤히 보인다

Contents

Contents

Contents

Contents

Contents

Contents

PART 03 46가지 사례를 알면 국가 및 사회에 대한 범죄가 훤히 보인다

Contents

Contents

Contents

PART 01

형법을 꿰뚫기 위해 반드시 알아야 할 21가지 용어설명을 위한 사례

CHAPTER 01

만취한 상태에서 친구를 때리면 처벌받을까?

제9조 [형사미성년자]

14세 되지 아니한 자의 행위는 벌하지 아니한다.

제10조 [심신장애자]

① 심신장애로 인하여 사물을 변별할 능력이 없거나 의사를 결정할 능력이 없는 자의 행위는 벌하지 아니한다.

② 심신장애로 인하여 전항의 능력이 미 약한 자의 행위는 형을 감경할 수 있다.

③ 위험의 발생을 예견하고 자의로 심신장애를 야기한 자의 행위에는 전 2항의 규정을 적용하지 아니한다.

✸ 사건일지 _ 21세의 甲은 평소 사이가 좋지 않던 乙에게 상해를 가하려고 마음먹었으나 맨 정신에는 그러한 행위를 할 수 없어, 평소 잘 마시지 않던 소주를 두 병이나 마신 후 잔뜩 취해 乙의 집에 찾아가 乙에게 상해를 입혔다. 다음 날 아침 술에서 깨어난 甲은 전날 있었던 일을 전혀 기억할 수 없었다. 甲은 처벌되는가?

해결테크

✸ 급소 1 _ 범죄가 성립하려면 행위자의 행위가 구성요건(構成要件)에 해당하고 위법(違法)하며 또한 유책(有責 책임이 있음)하여야 하는데, 유책성이 인정되려면 행위자에게 형법상 책임능력이 있어야 한다. 만약 행위자에게

책임능력이 없다면 책임성이 조각(阻却 없어짐)되어 결국은 범죄가 성립되지 않는다.

✹ **급소 2 _ 책임무능력자 _** 형법상 책임무능력자에는 형사미성년자(14세 미만자)와 심신장애로 인하여 서물을 변별할 능력이 없거나 의사를 결정할 능력이 없는 심신상실자가 있다. 이들의 행위는 비록 구성요건에 해당하고 위법하더라도 책임이 조각되어 범죄가 성립하지 아니한다.

✹ **급소 3 _ 한정책임능력자 _** 형법상 한정책임능력자에는 심신장애로 인하여 사물을 변별할 능력이 미약하거나 "의사를 결정할 능력이 미약한 심신미약자와 듣거나 말하는 데 모두 장애가 있는 청각 및 언어 장애인이 있다. 심신미약자는 형을 감경할 수 있고, 청각 및 언어 장애인은 형을 감경한다. 유의할 것은 한정책임능력자는 분명히 책임능력자라는 것이다. 그렇지만 이들은 규범에 따라 행위하는 것이 극히 곤란하기 때문에 책임이 감경되어 형을 감경할 수 있거나(임의적 감정) 감경한다(필요적 감경).

✹ **급소 4 _ 자의(自意)로 심신장애 상태를 초래한 경우 _** 원칙적으로 행위자의 범죄행위 시 책임능력이 존재하여야 범죄가 성립하며 행위 시 책임능력이 결여되면 범죄가 성립하지 않게 된다. 그러나 여기에는 예외가 있다. 바로 형법 제10조 제3항이 그것이다. 자기 자신이 스스로 심신장애 상태(책임능력결함상태)를 초래하여 범죄행위를 하는 경우이다. 이 경우 비록 범죄행위 시 심신장애로 인하여 책임능력의 결함상태가 있더라도 형법 제10조 제1항 내지 제2항이 적용되지 아니하고 마치 책임 능력이 존재하는 것과 동일하게 처벌된다(이를 학문상 **원인에 있어서 자유로운 행위**라 한다).

결론

甲이 乙의 집에 도착하여 乙에게 상해를 가할 때에는 만취상태로 의사결정능력이 없는 것으로 보인다. 따라서 甲은 처벌되지 않을 것 같으나 甲은 상해를 하려고 일부러 술을 마셔서 책임능력의 결함 상태를 초래한 것이므로, 형법 제10조 제1항이나 동조 제2항의 적용이 없고 제3항이 적용된다. 따라서 甲은 형법 제250조 제1항의 상해죄로 처벌받게 된다.

[책임능력]

	종류	내용	처벌
책임 무능 력자	심신장애자 (제10조 제 1항)	사물을 변별할 능력 이 없거나, 의사결정능력이 없는 자의 행위	범죄 불성립
	형사미성년자 (제9조)	14세 미 만의 자	범죄 불성 립
한정 책임 능력자	심신미약자 (제10조 제2항)	심신장애로 인해 사물변별능력이나 의사결정능력이 미약한 자의 행위	임의적 감경
	청각 및 언어장애인 (제11조)	청각장애 및 언어 기능결함자의 행위	필요적 감경

용어풀이

책임능력(債任能力) … 불법행위의 책임을 질 수 있는 능력을 말하는바, 불법행위능력이라고도 한다.

CHAPTER 02

깡패한테 협박당해 물건을 훔쳤다면 처벌받을까?

제12조 [강요된 행위]

저항할 수 없는 폭력이나 자기 또는 친족의 생명, 신체에 대한 위해를 방어할 방법이 없는 협박에 의하여 강요된 행위는 벌하지 아니한다.

✹ **사건일지 _** 甲은 동네- 깡패 乙·丙·丁 동이 말을 듣지 않으면 다리를 부러뜨리겠다는 협박에 못 이겨 슈퍼마켓에서 절도를 하였다. 甲은 처벌받게 될 것인가?

해결테크

✹ **급소 1 _** 저항할 수 없는 폭력이나 자기 또는 친 족의 생명·신체에 대한 위해를 방어할 방법이 없는 협박에 의한 행위는 벌하지 아니한다. 이것은 강제상태로 인해 적법행위(適法行爲)의 기대가능성(期待可能性)이 없음으로 말미암아 형법이 책임조각사유(責任阻却事由)로 규정한 것이다.

✹ **급소 2 _ 저항할 수 없는 폭력**이란 피강요자가 강제에 내항할 수 없는 정도의 폭력을 말한다. 저항할 수 없는 폭력인지 여부는 폭력 그 자체를 기준으로 할 것이 아니라 구체적인 사정을 기초로 피강요자의 능력을 고

려하여 다른 방법을 취하는 것이 기대될 수 있는가를 기준으로 판단하여야 한다.

✸ 급소 3 _ 자기 또는 친족의 생명·신체에 대한 방어할 방법이 없는 협박이 있어야 한다. 친족의 범위는 민법에 의하여 정하여진다. 또한 여기서 협박의 내용은 생명·신체에 대한 위해에 제한된다. 애견을 죽이겠다고(개를 죽이는 것은 재물손괴임) 협박하여 범죄행위를 한 경우 등은 강요된 행위가 아니다.

결론

甲은 자신의 신체에 대한 위해를 피할 수 없어 부득이 이를 모면하려는 수단으로 乙·丙·丁이 시키는 대로 절도행위를 한 것이다. 따라서 甲은 형법 제12조가 적용되어 처벌되지 아니한다. 한편 乙·丙·丁 등은 협박죄 및 절도죄의 간접정범(間接正犯)으로 처벌받게 된다.

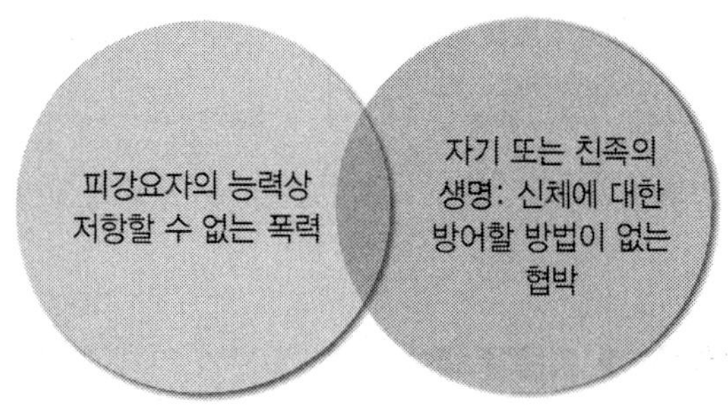

[강요된 행위]

용어풀이

간접정범(間接正犯) … 어느 행위로 인하여 처벌되지 아니하는 자 또는 과실범으로 처벌되는 자를 교사 또는 방조하여 범죄행위의 결과를 발생하게 한 자를 말한다.

CHAPTER 03

甲은 乙의 애견을 향해 돌멩이를 던졌는데 丙에 맞아 상처를 입었다. 甲은 어떻게 처벌되겠는가?

제15조 [사실의 착오]

① 특별히 무거운 죄가 되는 사실을 인식하지 못한 행위는 무거운 죄로 벌하지 아니한다.

✸ **사건일지 _** 甲은 乙의 애견을 향해 돌멩이를 던졌는데 그 돌이 개에 맞지 않고 그 옆에 있던 乙의 동생 丙에 맞아서 상처를 입었다. 甲은 어떻게 처벌되겠는가?

해결테크

✸ **급소 1 _** 법은 원칙적으로 고의범을 처벌하며 범죄행위의 요건이 되는 사실에 대한 인식이 없는 경우 과실범(過失犯)으로 처벌되는 예외적인 경우를 제외하고는 벌하지 아니한다. **사실의 착오**란 범죄행위가 되는 사실에 대한 인식이 없는 경우로 고의가 조각된다는 것이 고의론(故意論)의 일반원칙이다. 그러나 행위자의 주관적 인식과 발생한 객관적인 결과가 완전히 일치하는 것은 오히려 예외적인 현상에 속하며, 이 경우 어느 범위에서 행위자가 인식한 사실과 발생한 결과가 일치하여야 고의의 책임을 인정할 수 있는지가 중요하다.

✸ **급소 2 _** 사실의 착오에는 행위자가 인식한 사실과 실제로 발생한 결과가 동일한 구성요건에 속하며 구체적으로 일치하지 않는 **구체적 사실의 착오**와, 다른 구성요건에 해당하는 **추상적 사실의 착오**가 있다.

✸ **급소 3 _** 사실의 착오를 해결하는 방법에 관하여는 견해가 대립되어 있으나, 여기에서는 **법정적 부합설**(法定的 符合說)에 따라 해결하기로 한다. 이 견해는 다수설과 판례가 취하는 입장으로, 행위자가 인식한 사실과 발생한 결 과가 동 일한 범죄구성요건에 해당하는 경우 그것이 **객체의 착오**이든 **방법의 착오**이든 고의의 성립을 인정한다.

실제사례

(1) 甲인줄 알고 살해하였는데 죽은 자는 알고 보니 乙이었다면, 乙에 대한 살인죄의 성립을 인정한다(객체의 착오).

(2) 甲을 상해하려고 방망이를 휘둘렀으나 맞은 사람은 甲 옆에서 있던 乙인 경우, 乙에 대한 상해죄의 성립을 인정한다(방법의 착오). 한편 행위자가 인식한 사실과 발생한 결과가 다른 구성요건에 해당 하는 경우, 인식한 사실에 대한 미수와 발생한 사실에 대한 과실범의 **상상적 경합*** (想像的競合)으로 처리한다.

(3) 甲의 재물을 손괴하려고 하였으나 잘못하여 甲이 상해를 입은 경우에는 재물손괴미수와 과실치상의 상상적 경합을 인정한다.

결론

사례의 경우 법정적 부합설에 따라 해결하면, 甲은 재물손괴미수죄와 과실치상죄의 상상적 경합이 된다. 결국 甲은 재물손괴미수죄에 정한 형으로 처벌받게 된다(재물손괴는 3년 이하의 징역 또는 700만원 이하의 벌금이고, 과실치상은 500만원 이하의 벌금 · 구류 또는 과료이므로).

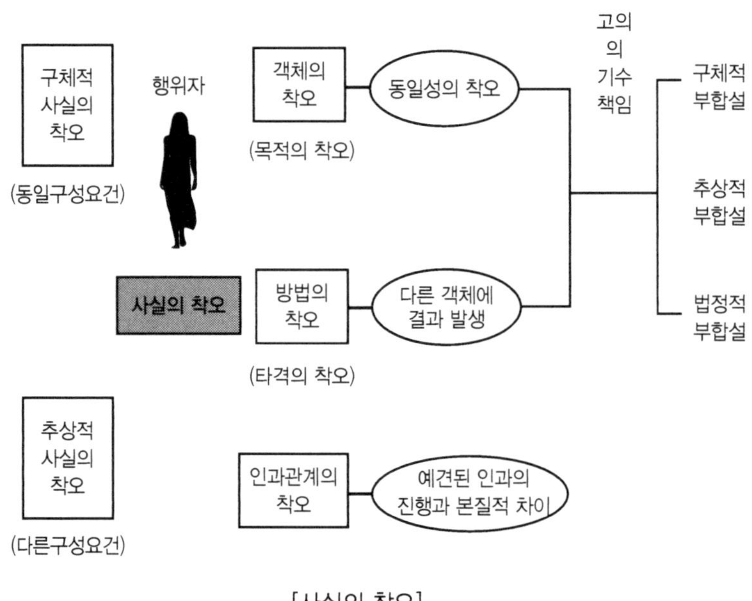

[사실의 착오]

용어풀이

상상적 경합(想像的 競合) … 하나의 행위가 수개의 죄에 해당하는 경우 가장 무거운 죄에 대하여 정한 형으로 처벌받게 되는데, 이 경우를 상상적 경합이라 한다.

CHAPTER 04

법률의 착오(錯誤)는 오인에 정당한 이유가 있으면 벌하지 아니한다

제16조 [법률의 착오]
자기의 행위가 법령에 의하여 죄가 되지 아니하는 것으로 오인한 행위는 그 오인에 정당한 이유가 있는 때에 한하여 벌하지 아니한다.

✸ **사건일지 _** 甲은 임야 및 대지상에 모텔 신축 공사를 하던 과정에서 토석이 생기게 되었다. 그래서 甲은 위 토석을 사실상 나대지 상태인 위 임야에 적치할 계획을 가지고 관할 구청 산림과 담당공무원에게 문의한바, 산림법상 문제되지 않는다는 답변을 위 임야 상에 적치해 두었다.
甲의 행위는 법률의 착오로서 처벌받지 않는 것인가?

해결테크

✸ **급소 1 _** 법률의 착오란 자신의 행위가 위법하다는 인식을 하지 못한 경우이다. 구체적으로 행위자가 어떠한 사실을 한다는 데 대해서는 인식하고 있으나 그것이 허용된다고 오인한 경우가 바로 법률의 착오이다. 이의 해결에 관하여 형법은 착오에 정당한 이유가 있는 경우에 벌하지 아니한다고 규정하고 있을 뿐이다.

✸ 급소 2 _ 법률의 착오의 유형

(1) 직접적 착오

행위자가 그 행위에 대하여 직접 적용되는 금지규범을 인식하지 못하여 그 행위가 허용된다고 오인한 경우를 직접적 착오라 한다. 여기에는 다시 다음의 세 가지 유형이 있다.

1) 행위자가 금지규범을 인식하지 못한 경우를 법률의 부지(不知)라고 하는데, 이에 관하여 대법원은 법률의 부지는 법률의 착오에 해당하지 않는다고 한다.

2) 행위자가 일반적으로 구속력을 가지는 법규정을 잘못 해석하여 그 규정이 무효라고 오인한 경우

3) 구성요건적 사실이 어떤 법률적 의미를 가지느냐에 대하여 착오를 일으킨 경우를 포섭(包攝)의 착오라 한다.

(2) 간접적 착오

이는 행위자가 일정한 행위가 금지된 것은 인식하였으나, 구체적인 경우에 위법성조각사유의 법적한계를 오인하였거나, 위법성을 조각하는 반대규범이 존재한다고 착오를 일으킨 경우이다.

결론

허가를 받지 않고 임야에 토석을 쌓아 두는 행위가 죄가 됨에도 죄가 되지 않는 것으로 오인한 경우, 이와 같이 오인한데 관계 행정청의 질의·응답

을 거치는 등 자신의 지적 능력을 다하여 자기 행위의 위법의 가능성을 회피하기 위한 진지한 노력을 모두 기울였음에도 불구하고 스스로 착오를 회피할 수 있는 가능성이 없었던 경우에는 위법성을 인식하지 못한 것이므로 형법 제16조의 정당한 이유가 있는 것으로 보아 책임 조각되어 甲은 산림법 위반으로 처벌되지 아니한다.

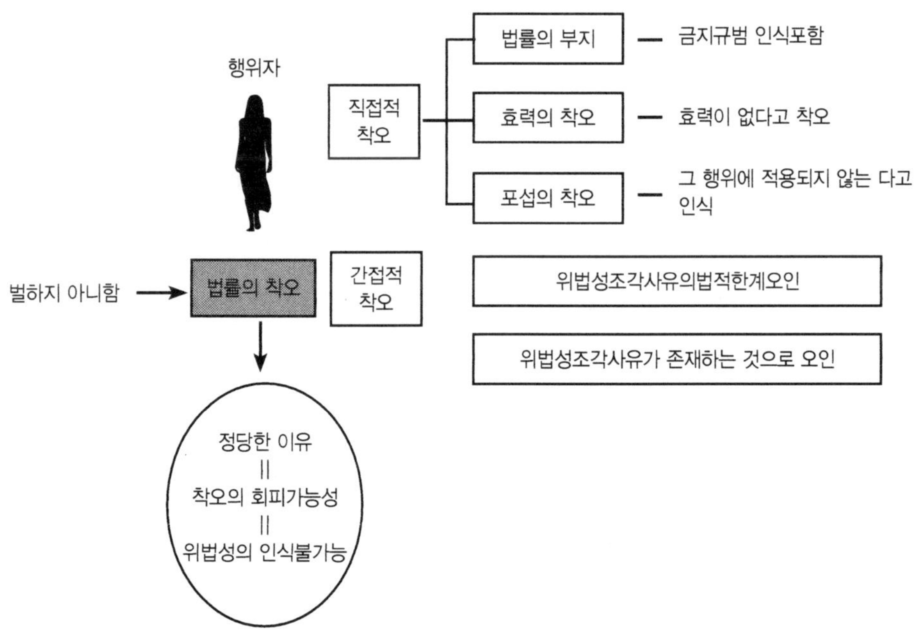

[법률의 착오]

CHAPTER 05

인과관계가 없으면 그 결과로 벌할 수 있을까?

제15조 [사실의 착오]

② 결과 때문에 형이 무거워지는 죄의 경우에 그 결과의 발생을 예견할 수 없었을 때에는 무거운 죄로 벌하지 아니한다.

제17조 [인과관계]

어떤 행위라도 죄의 요소되는 위험발생에 연결되지 아니한 때에는 그 결과로 인하여 벌하지 아니한다.

✸ **사건일지 _** 고등학교 교사인 甲은 자율학습시간에 소란을 피운다는 이유로 학생 乙의 뺨을 때리는 순간 평소 허약상태에서 온 급격한 뇌압상승으로 乙이 뒤로 넘어지면서 사망하였다. 乙의 사망원인이 두개골이 비정상적으로 얇고 뇌수종을 앓고 있었던데 연유한 것이고, 甲은 피해자가 허약함을 알고 있었으나 두뇌에 특별 이상이 있음을 미처 알지 못하였다면, 甲의 폭행과 乙의 사망 간에 인과관계가 인정될 수 있겠는가?

해결테크

✸ **급소 1 _** 폭행의 고의를 가지고 있지만 사망의 결과가 발생한 경우 폭행치사죄의 성립 여부가 문제되는데, 폭행치사죄와 같이 고의에 의한 기본범죄로 인하여 행위자가 예견하지 못한 중한 결과가 발생한 경우에, 그

중한 결과를 이유로 형이 가중되는 범죄를 **결과적 가중범**이라고 한다. 그러나 사망의 결과가 발생한다고 하여 언제나 결과적 가중범의 죄를 물을 수는 없는 것이고 중한 결과가 행위자가 의도하였던 기본범죄행위에 의한 것이어야 하는데, 이와 같이 범죄에 결과가 발생하더라도 그 결과가 행위자의 행위에 의한 것이라는 일정한 관계를 인과관계라고 한다.

✸ **급소 2 _** 인과관계에 관하여 형법은 제17조에서 어떤 행위라도 죄의 요소되는 위험발생에 연결되지 아니한 때에는 그 결과로 인하여 벌하지 아니한다」라고만 규정하고 있을 뿐, 그 해석에 관하여는 견해가 대립되고 있다. 여기에서는 판례의 견해인 **절충적 상당인과관계설**에 의하여 인과관계의 문제를 살펴본다. 동 견해에 의하면, 행위 당시 일반인들이 인식할 수 있었던 사실 및 특히 행위자가 인식한 사실을 판단의 기초로 하여 행위와 결과 사이에 상당성(性)이 있다고 인정되면 인과관계가 인정된다고 본다.

결론

위 사례에서 甲은 피해자가 허약하다는 사실에 대하여는 인식을 하였으나, 두뇌에 이상이 있음은 미처 알지 못하였다. 따라서 甲이 피해자의 뺨을 때린 행위와 피해자가 급격한 뇌압 상승으로 뒤로 넘어져 사망한 결과 사이에는 인과관계를 인정할 수 없는 경우에 해당하거나, 또는 사망의 결과 발생에 대한 예견 가능성이 없다. 따라서 甲은 살인의 고의가 없이 폭행의 고의로 뺨을 때린 것에 불과하다면 폭행죄가 성립함은 별론으로 하고 폭행치사죄로 처벌할 수는 없다.

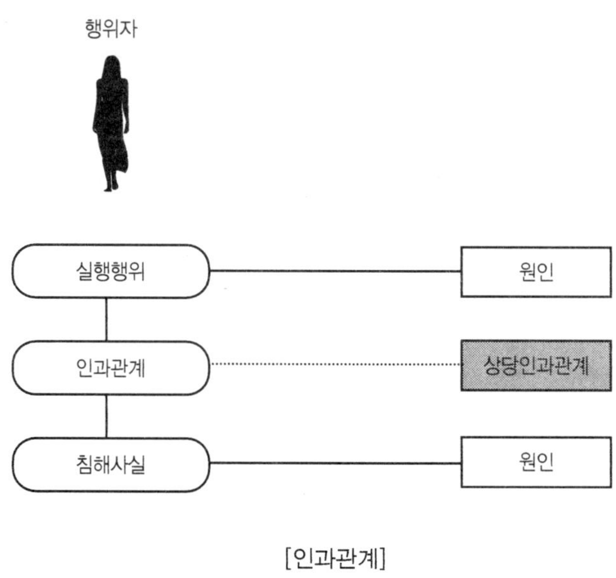

[인과관계]

CHAPTER 06

부작위범(不作爲犯)은 그 결과에 의하여 처벌받을까?

제18조 [부작위범]

위험의 발생을 방지할 의무가 있거나 자기의 행위로 인하여 위험발생의 원인을 야기한 자가 그 위험발생을 방지하지 아니한 때에는 그 발생된 결과에 의하여 처벌한다.

✸ **사건일지 _** 甲은 미성년자를 유인하여 포박 · 감금하고 있던 중 살해의 고의가 생겨, 피감금자를 그대로 방치함으로써 사망에 이르게 하였다. 甲에게 살인죄가 성립할 것인가?

해결테크

✸ **급소 1 _** 甲을 유기죄(제271조)외에 살인죄로 처벌하기 위해서는 甲이 피감금자를 그대로 방치한 행위를 살해행위로 평가할 수 있어야 한다. 이러한 경우 부작위에 의한 살인죄가 문제되는데 **부작위범**이란 부작위에 의하여 범죄행위를 하는 것을 말하는 바, 여기에는 진정부작위범과 부진정부작위범이 있다. **진정부작위범**이란 부작위 자체가 범죄구성 요건에 기술되어 있는 경우 즉, 퇴거불응죄(제319조 제2항)나 직무유기죄(형법 제122조)를 말하며, **부진정부작위범**이란 부작위에 의하여 작위범의 구성요건을 실

현하는 것을 말한다.

사안의 경우는 살해행위를 작위로 한 것이 아니라 피감금자에 대한 위험의 발생을 방지하지 않고 그대로 방치하여 사망케 한 甲에게는 부진정부작위에 의한 살인죄의 성립이 문제될 것이다.

✹ 급소 2 _ 부작위범의 성립요건

부작위범이 성립하기 위하여는 다음과 같은 요건이 필요하다.

1) 부작위범은 명령규범이 작위를 요구한 때에만 성립할 수 있다. 즉 작위의무가 있어야 한다. 이러한 작위의무가 인정되는 상황이 바로 부작위범의 구성요건적 상황이다.

2) 부작위가 있어야 한다. 즉 명령규범에 의하여 요구되는 행위를 하지 않은 때에만 부작위범이 성립할 수 있다. 따라서 행위자가 작위 의무를 다한 경우에는 비록 구성요건에 해당하는 결과가 발생하더라도 고의에 의한 부작위범은 성립할 여지가 없다.

3) 작위가 가능하여야 한다. 즉 행위자에게 불가능을 법이 요구할 수는 없기 때문이다. 따라서 동강에 빠진 사람에 대하여 서울에 있는 자에게는 부작위범이 문제될 수 없다.

✹ 급소 3 _ 부진정부작위범의 성립요건

부진정부작위범이 성립하려면 우선 행위자에게 보증인 지위가 인정되어야 한다. 보증인 지위란 제18조에 규정된 바와 같이 위험의 발생을 방지할 의무가 있거나 자기의 행위로 인하여 위험발생의 원인을 야기한 자를 의미한다. 이러한 보증인지위는 계약, 조리, 선행행위 등을 통해 자신에게 보호의무나 안전한 상태를 유지할 의무가 주어질 때 인정되는 것이다.

둘째로, 이러한 보증인지위에 있는 자가 작위행위와 행위가치에 있어 동가치를 지니는 행위, 부작위가 작위에 의한 구성요건의 실행과 같이 평가할 수 있는 요소를 갖춘 행위를 할 것을 요한다.

결론

甲이 감금이라는 선행행위를 통해 피해자에 대한 보증인 지위에 있게 되었음에도 불구하고 살인의 고의로 피해자의 생명에 대한 위험발생을 방지함이 없이 포박·감금 상태에 있던 피해자를 그대로 방치함으로써 사망에 이르게 한 것은 부작위에 의한 살인죄의 구성요건을 충족하기에 충분하다. 따라서 甲은 형법 제250조의 살인죄에 의하여 처벌된다.

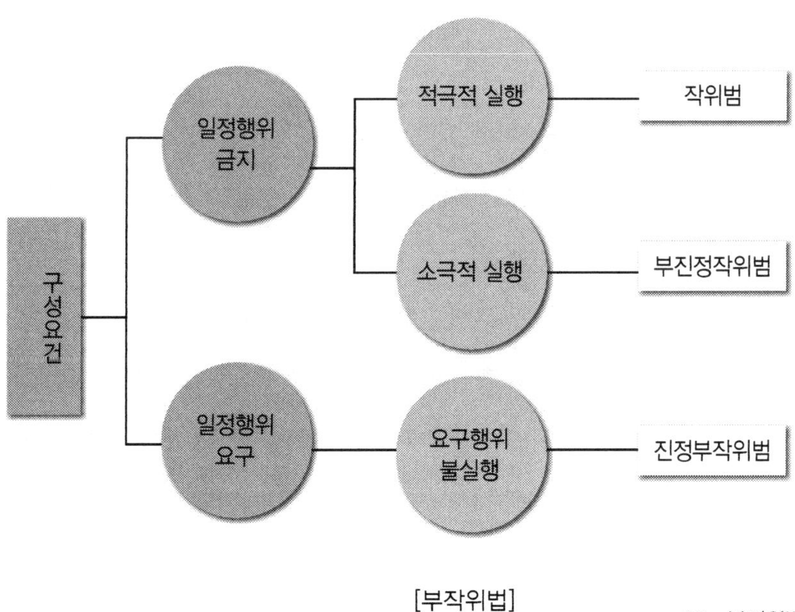

[부작위법]

CHAPTER 07

정당행위(行爲)는 벌하지 아니한다

제20조 [정당행위]

법령에 의한 행위 또는 업무로 인한 행위 기타 사회상규에 위배되지 아니하는 행위는 벌하지 아니한다.

제307조 [명예훼손]

공연히 사실을 적시하여 사람의 명예를 훼손한 자는 2년 이상의 징역이나 금고 또는 500만원 이하의 벌금에 처한다.

✸ **사건일지 _** 甲은 변호사로서 법정에서 변론하는 과정에서 개인의 명예를 훼손하는 사실을 직시하였다. 甲은 명예훼손죄를 범한 것인가?

해결테크

✸ **급소 1 _** 범죄가 성립하기 위해서는 행위가 형법규정상의 구성요건에 해당 할 것을 요하는 **구성요건 해당성**, 행위자의 행위가 형법적으로 평가되었을 때 위법한 행위일 것을 요하는 **위법성**, 행위자에게 형법질서 위반에 대해 비난할 수 있는가의 문제인 **책임**이 갖추어져야 한다. 따라서 형법상의 구성요건을 모두 갖춘 행위라고 할지라도, 행위자의 범죄가 형법질서에 비추어 위법하지 않거나, 행위자에게 이러한 행위에 대한 책임을 물을 수 없으면 범죄가 성립되지 아니하므로 처벌될 수 없다.

위법성이나 책임이 소멸되는 근거를 위법성조각사유 내지는 책임조각사유라고 하는데 **위법성조각사유**에는 정당행위(제20조), 긴급피난(제22조), 자구행위(제20조), 정당방위(제21조), 피해자의 승낙(제24조)이 있다. 사안에서 甲은 변호사의 지위에서 변론업무를 수행함에 있어 개인의 명예를 훼손하였는바, 이것이 정당행위로서 위법성이 조각되는지가 문제되는 것이다.

✹ 급소 1 _ 정당행위의 종류

(1) 법령에 의한 행위

법령에 의한 행위라 함은 법령의 근거에 의하여 권리 또는 의무로서 행하여지는 행위를 말한다. 여기에는 공무원의 직무집행행위, 징계권자의 징계행위, 사인(私人)의 현행범 체포 및 노동쟁의 행위 등을 들 수 있다.

(2) 업무로 인한 행위

업무란 사람이 사회생활상의 지위에 기하여 계속·반복의 의사로 수행하는 사무를 말한다. 이러한 업무로 인한 행위가 법령에 규정되어 있는 경우에는 법령에 의한 행위로 위법성이 조각되겠지만, 설사 법령에 그 규정이 없더라도 업무의 내용이 사회통념상 정당하다고 인정되는 경우에는 위법성이 조각된다고 본다. 의사의 치료행위와 변호인의 변론행위 등이 그것이다.

(3) 기타 사회상규에 위배되지 아니하는 행위

법령에 의한 행위나 업무로 인한 행위에 해당하지 않더라도 사회통념상 그 정당성이 인정되는 경우에는 위법성이 조각되어 범죄를 구성하지 않게 된다. 여기서 사회상규의 판단기준으로서 그 행위의 동기나 목적의 정당성, 행위의 수단이나 방법의 상당성, 보호이익과 침해이익과의 법익 균형성, 긴급성, 그 행위 외에 다른 수단이나 방법이 없다는 보충성 등을 들 수 있다.

결론

위 사례에서 甲의 행위가 개인의 명예를 훼손시키는 것으로 인정되더라도 변호인의 법정에서의 변론으로서 행하여진 것으로 그 정당성이 인정된다. 즉 甲의 행위는 정당한 업무의 수행으로 인한 것으로 위법성이 조각되어 명예훼손죄는 성립하지 않는다.

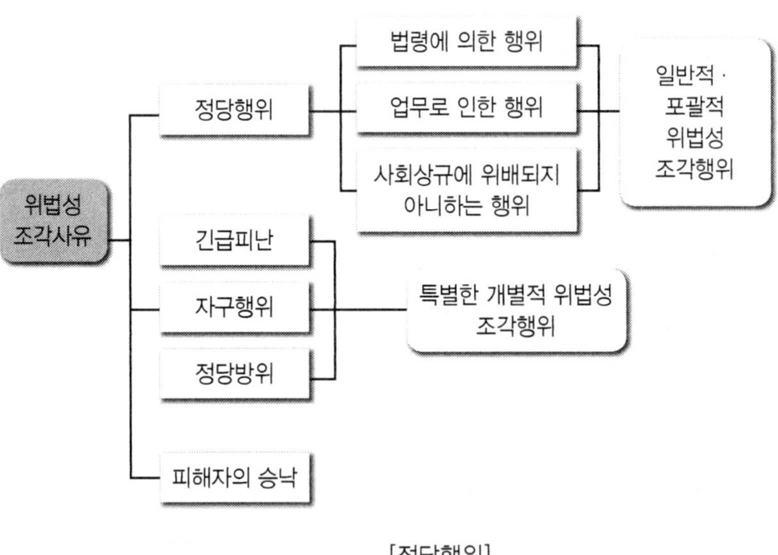

[정당행위]

CHAPTER 08

정당방위(正當防衛)는 상당한 이유가 있으면 벌하지 않을까?

제21조 [정당방위]

① 현재의 부당한 침해로부터 자기 또는 타인의 법익(法益)을 방위하기 위하여 한 행위는 상당한 이유가 있는 경우에는 벌하지 아니한다.

② 방위행위가 그 정도를 초과한 경우에는 정황(情況)에 따라 그 형을 감경하거나 면제할 수 있다.

③ 제2항의 경우에 야간이나 그 밖의 불안한 상태에서 공포를 느끼거나 경악(驚愕)하거나 흥분하거나 당황하였기 때문에 그 행위를 하였을 때에는 벌하지 아니한다.

✹ **사건일지 _** 甲은 어려서 어머니가 재혼하는 관계로 의붓아버지와 함께 살고 있었는데, 의붓아버지는 甲녀를 강간하고 그 후로도 계속하여 성행위를 강요하여 이러한 관계가 지속되었다. 성년이 된 甲녀는 자신의 남자 친구인 乙과 공모하여 성관계를 강요하는 의붓아버지를 살해할 결심을 하고 있었다. 어느 날 의붓아버지가 술에 취하여 잠든 사이 甲과 乙은 식칼로 甲의 의붓아버지를 찔러 살해한 것이다. 이 경우 정당방위가 성립하는가?

해결테크

✹ **급소 1 _** 자기 또는 타인의 법익에 대한 현재의 부당한 침해를 방위하

기 위한 행위는 상당한 이유가 있는 때에 벌하지 않는 바 이를 정당방위라 한다. 정당방위는 타인의 위법한 침해로부터 스스로 방위하는 것을 허용한다는 의미에서 자기보호의 원리에서 유래하는 자연법상의 권리로 이해되며, 불법(不法)으로부터 법질서를 수호 · 유지한다는 측면에서 인정되는 위법성 조각사유의 한 유형이다.

✸ 급소 1 _ 정당방위의 성립요건

정당방위가 성립하려면 1) 현재의 부당한 침해가 있을 것, 2) 자기 또는 타인의 법익을 방위하기 위한 행위일 것, 3) 상당한 이유가 있을 것이라는 요건이 갖추어져야 한다.

✸ 급소 1 _ 이를 구분하여 설명하면

1) 현재의 부당한 침해가 있을 것을 요하므로 침해행위가 권리의 행사로 인한 것이라든지 적법한 것일 경우에는 정당방위가 인정되지 아니하며, 침해는 바로 발생하였거나 법익 침해상태가 계속되어 현재성이 있어야 한다.
2) 자기 또는 타인의 법익을 방위하기 위한 것이어야 하므로 행위자에게는 방위의사가 있어야 한다. 이러한 방위의사가 바로 행위를 정당화시키는 주관적 정당화 요소로 된다.
3) 방위행위가 위법성을 조각하기 위해서는 상당한 이유가 있을 것을 요하므로 방위행위에 상당성이 없는 경우에는 정당방위가 성립되지 않는다. 상당성은 방위의 필요성과 정당방위에 대한 요구성, 즉 방어수단이 법질서 전체에 비추어 요구될 것을 내용으로 한다.

결론

甲과 乙이 공모하여 계속적인 성관계의 요구를 모면하기 위하여 잠자는 甲의 의붓아버지를 살해한 것은 현재성은 인정되나 상당성이 인정되지 아니한다고 보아 정당방위에 해당하지 않는다고 대법원은 판시하고 있다. 앞서 살펴본 정당방위의 요건 중 **침해의 현재성**과 관련하여 현재 정조의 침해라는 위난이 발생하였거나 발생 직전의 급박한 상황이 아니고 술에 취해 잠을 자고 있는 상태였다면 甲에게 성적 자유침해의 현재성은 인정되기 어렵다. 또한 침해의 현재성을 인정한다고 하더라도 피해자를 찔러서 살해한 것이 사회통념상 방위행위로서 **상당성 있는 행위**라고 보기에도 어려움이 있다. 따라서 甲과 乙의 행위는 정당방위나 과잉방위에 해당하지 아니하므로 甲과 乙은 형법 제250조의 살인죄로 처벌된다.

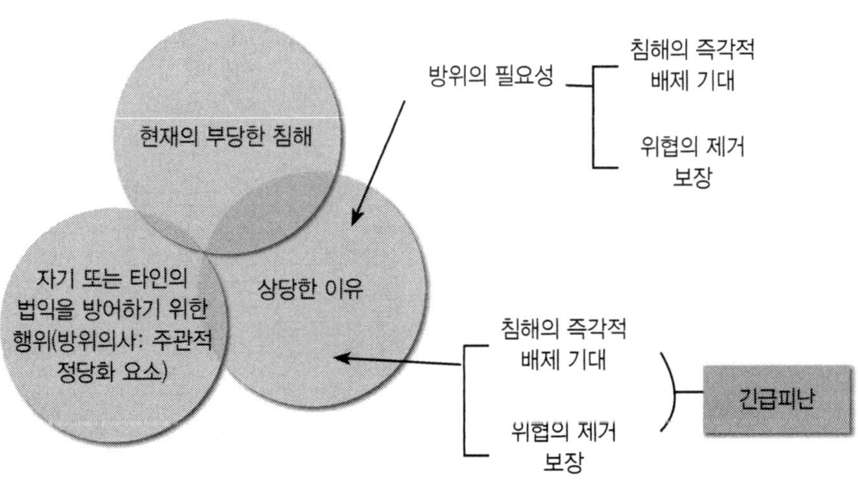

[정당방위]

CHAPTER 09

긴급피난(緊急避難)행위는 상당한 이유가 있으면 벌하지 아니할까?

제22조 [긴급피난]

① 자기 또는 타인의 법익에 대한 현재의 위난을 피하기 위한 행위는 상당한 이유가 있는 때에는 벌하지 아니한다.

② 위난을 피하지 못할 책임이 있는 자에 대하여는 전항의 규정을 적용하지 아니한다.

③ 전조 제2항과 제3항의 규정은 본조에 준용한다.

✸ **사건일지 _** 甲은 길을 가던 중 사나운 개 한 마리가 덤벼들어 물려고 하자, 이를 피하고자 긴급히 슈퍼마켓의 문을 부수고 들어갔다. 甲의 행위는 긴급피난에 해당하는가?

해결테크

✸ **급소 1 _** 甲이 슈퍼마켓의 문을 부수고 침입한 행위는 형법 제319조의 **주거침입죄** 및 제366조의 **재물손괴죄**에 해당할 수 있는데, 甲은 자신에게 처한 위험으로부터 벗어나기 위한 행위였으므로 긴급피난에 해당하여 위법성이 조각되는지가 문제된다.

긴급피난은

1) 자기 또는 타인의 법익에 대한 현재의 위난(법률상의 이익에 대한 실해 또는 위험 있는 상태로 해석할 수 있을 것이다)이 있고,

2) 위난을 피하기 위한 행위로서,

3) 상당한 이유가 있을 것이라는 요건이 구비되는 경우에 성립되는 위법성 조각사유의 한 유형이다.

✸ **급소 2 _** 긴급피난에 의하여 보호될 수 있는 법익은 자기 또는 타인의 모든 법익이다. 여기에서의 **법익**은 생명 · 신체 · 자유 · 명예 · 재산뿐만 아니라 그 이외의 모든 법익이 포함되며, 정당방위의 경우와 달리 개인적 법익에 한하지 않고 국가적 법익에 대한 긴급피난도 가능하다.

✸ **급소 3 _** 위난을 피하기 위한 피난행위에는 **피난의사**, 즉 위난을 피하기 위하여 행위한다는 의사가 필요하다. 이 피난의사가 바로 주관적 정당화 요소가 되는 것이다.

✸ **급소 4 _** 긴급피난은 정당방위와 달리 불법(부당한 침해에 대한 것이 아니기 때문에 상당한 이유의 판단에 있어서 엄격성이 요구된다. 즉 피난행위는 달리 위난을 피할 방법이 없어야 하고, 피난행위에 의하여 보호 되는 이익이 침해되는 이익보다 본질적으로 우월하여야 하며, 피난행위는 위난을 피하기 위한 적합한 수단이어야 한다. 다시 말해서 긴급 피난에서는 상당한 이유의 판단에 **보충성, 법익균형성, 수단의적합성**이 요구된다.

결론

위 사례에서 甲은 갑자기 자신에게 덤벼드는 개를 피하고자 슈퍼마켓의 문을 부수고 들어가 자신의 신체에 대한 위난을 피한 것이다. 이 경우 긴급피난이 성립하기 위한 요건인 자기 또는 타인의 법익에 대한 현재의 위난과 피난을 피하기 위한 행위는 갖추어졌다고 보인다. 다만 甲의 행위가 상당성을 갖춘 행위인지가 문제되는바, 甲이 슈퍼마켓의 문을 부수고 들어가는 것 외에는 달리 위난을 피할 방법이 없었고, 甲의 생명 및 신체의 안전이라는 이익이 슈퍼마켓 주인의 주거(자신이 경영하는 영업소도 주거의 개념에 포함된다)의 평온 및 재산상 이익보다 사회질서에 비추어 더욱 중요한 것으로 평가될 수 있으므로 甲의 행위는 형법 제22조의 긴급피난에 해당하여 위법성이 없어 甲은 주거침입죄와 재물손괴죄가 성립되지 않는다.

형법 제24조 긴급피난 요건은 다음과 같다.

1. 현재의 위난이 존재할 것

사나운 개가 덤벼들어 물려고 한 상황은 현재적 · 급박한 생명 · 신체의 위난임.

2. 피난행위가 그 위난을 피하기 위한 것일 것

甲은 개에게 물리는 것을 피하기 위해 슈퍼마켓 안으로 도망간 것이므로 위난 회피 목적이 분명합니다.

3. 피난행위가 상당한 이유가 있을 것(상당성)

그대로 있었으면 신체에 큰 피해를 입을 수 있었고,

주변에 다른 안전한 피신 방법이 없었다면 → 문을 부수는 행위는 상당한 행위로 평가됨.

4. 피난행위로 보호되는 법익이 침해되는 법익보다 중요할 것

甲의 신체 · 생명(고위 법익) vs 슈퍼마켓 문(재산권 · 저위 법익)

→ 고위 법익을 보호하기 위해 저위 법익을 침해한 경우로 긴급피난이 인정

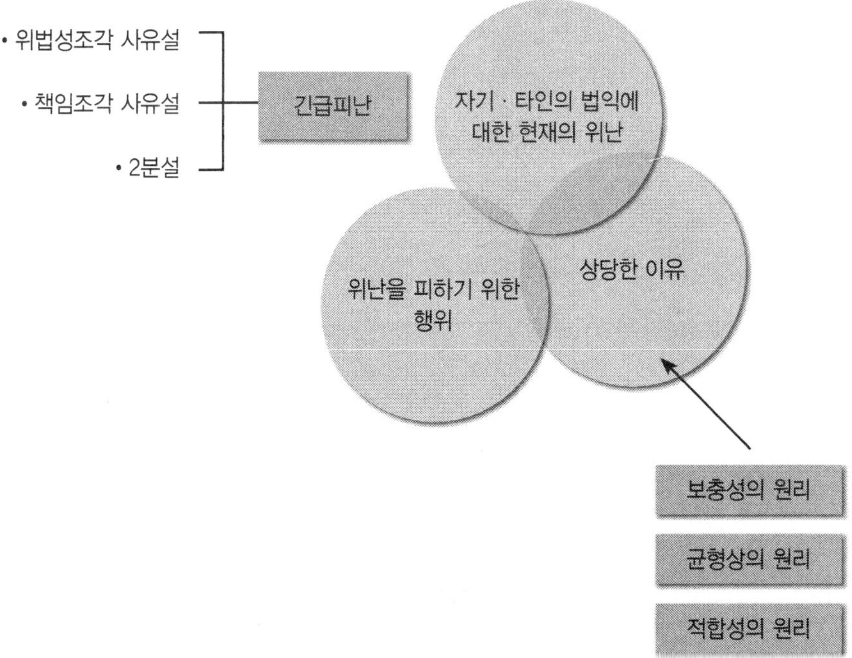

[긴급피난]

CHAPTER 10

자구행위(自救行爲)는 상당한 이유가 있으면 벌하지 아니한다

제23조 [자구행위]

① 법률에서 정한 절차에 따라서는 청구권을 보전(保全)할 수 없는 경우에 그 청구권의 실행이 불가능해지거나 현저히 곤란해지는 상황을 피하기 위하여 한 행위는 상당한 이유가 있는 때에는 벌하지 아니한다.

② 제1항의 행위가 그 정도를 초과한 경우에는 정황에 따라 그 형을 감경하거나 면제할 수 있다.

✸ 사건일지 _ 乙은 甲으로부터 1억원을 차용한 후 약속된 날짜에 갚지 아니하여 甲이 乙의 집에 갔더니 이미 乙은 외국으로 도피할 생각으로 집도 팔고 외국 비자까지 받아놓은 상태였다. 甲은 乙을 잡기 위해 공항에 나가 잠복하다가 乙을 체포하여 출국하지 못하게 하였다. 甲은 체포죄를 범한 것으로 처벌받아야 하는가?

해결테크

✸ 급소 1 _ 자구행위

권리자가 그 권리를 침해당한 때에 공권력의 발동에 의하지 않고 자력으로 그 권리를 구제 실현하는 행위를 말한다.

✸ 급소 2 _ 성립요건

(1) **법정절차**에 의해 청구권을 보전하기 불가능한 경우이어야 한다. 청구권은 채권이든 물권이든 불문하지만 청구권은 보전할 수 있는 청구권에 한한다. 청구권은 자기의 청구권만을 말하며, 타인의 청구권을 보전하기 위해서는 자구행위가 성립할 수 없다. 법정절차란 민사 소송절차를 말한다.

(2) **청구권**의 실행불능 또는 현저한 실행곤란을 피하기 위한 행위이어야 한다. 법정절차에 의해서는 자기의 청구권 실행이 불가능하거나 그 실행이 현저히 곤란한 경우에만 가능하다.

(3) **자구행위**는 청구권을 보전하기 위한 수단이므로 청구권을 보전하고자 하는 범위를 벗어나서 채무자의 재산을 임의로 처분하거나 채무이행을 받아 스스로 변제충당하는 행위는 자구행위로써 허용되지 않는다.

(4) **상당한 이유 있는 행위**이어야 한다. 상당한 이유 있는 행위란 그 자구행위가 청구권을 보전하기 위한 적절한 행위이며 청구권과 비교하여 침해되는 법익 사이에 비례관계가 유지될 것을 요한다. 예컨대, 1,000원을 훔쳐가는 어린 아이를 붙잡기 위해 팔·다리가 멍이 들도록 구타하는 행위는 상당성을 인정하기 어렵다.

✸ 급소 3 _ 효과

자구행위는 위법하지 아니한 행위로 평가받는다. 범죄 구성요건에는 해당하지만 위법하지 않은 행위로서 처벌받지 아니한다. 자구행위에 부수하여 일어나는 폭행·협박 정도는 자구행위로 인해 별도로 범죄가 되지 아니한다고 보아야 한다.

결론

외국으로 출국해 버리면 乙에 대한 강제집행 등이 아무런 효용이 없기 때문에 출국 전에 乙을 체포한 행위는 자구행위에 해당하여 위법성이 없게 된다. 체포죄의 구성요건에는 해당하지만 위법하지 않은 행위이므로 처벌받지 않는 것이다.

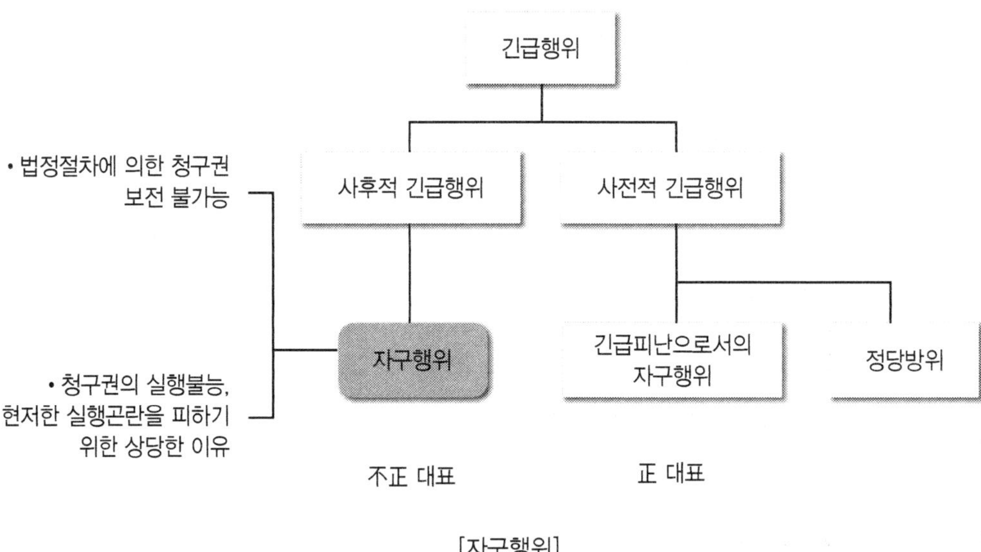

[자구행위]

CHAPTER 11

피해자의 승낙이 있는 경우 법률에 특별규정이 없는 한 벌하지 아니한다

제24조 [피해자의 승낙]

처분할 수 있는 자의 승낙에 의하여 그 법익을 훼손한 행위는 법률에 특별한 규정이 없는 한 벌하지 아니한다.

✷ 사건일지 _ 산부인과 전문의 수련과정 2년차 의사인 甲은 자신의 시진(視診) · 촉진(觸診) 결과 등을 과신한 나머지 초음파검사 등 피해자의 병증이 자궁 외 임신인지, 자궁근종인지를 판별하기 위한 정밀한 진단방법을 실시하지 아니한 채 피해자의 병명을 자궁근종으로 오진하고, 의학에 대한 전문지식이 없는 피해자에게 자궁적출수술의 불가피성만을 강조하여 결국 피해자의 동의하에 자궁적출수술을 하였다. 甲의 피해자에 대한 자궁적출수술은 피해자의 승낙에 의한 행위로서 위법성을 조각하는가?

해결테크

✷ 급소 1 _ 피해자의 승낙

의사인 甲은 자궁적출이라는 결과발생을 통해 업무상 과실치상죄(제268조)가 성립되는지가 문제된다. 갑은 자궁적출수술에 대한 피해자의 동의가 있음을 이유로 업무상과실치상죄의 위법성이 조각되는지가 문제된다.

형법 제24조의 **피해자의 승낙**이란 법익의 주체가 타인에게 자기의 법익을 침해할 것을 허용한 경우 일정한 요건하에 구성요건 해당행위의 위법성을 조각하는 경우를 말한다. 이러한 피해자의 승낙이 형법적으로 어떠한 의미를 갖는지는 형법상의 범죄에 따라 다르다. 예컨대,

1) 절도죄나 주거침입죄의 경우는 피해자의 의사에 반해서 재물을 절취하거나 의사에 반해서 타인의 주거에 침입하는 것을 구성요건으로 하는 이상, 범죄구성요건조차 해당되지 않는다.
2) 살인죄에 있어서 피해자의 승낙은 범죄를 구성하나 일반 범죄가 성립하지 아니하고, 그 형이 감경된 구성요건에 해당하여 촉탁·승낙살인죄를 구성하게 된다.
3) 피해자의 승낙이 위법성을 조각하는 경우가 있다. 예로는 피해자의 승낙을 얻어 상해를 가한 경우가 그것이다.

✹ 급소 2 _ 피해자의 승낙의 요건

피해자의 승낙이 위법성을 조각하려면 다음과 같은 요건을 갖추어야 한다.

1) 법익주체의 승낙이 있어야 하며
2) 그 법익을 승낙자가 자유로이 처분할 수 있는 법익이어야 하며
3) 승낙능력이 있어야 한다. 즉 피해자는 법익의 의미와 그 침해의 결과를 이성적으로 판단할 수 있는 능력이 있어야 한다.
4) 승낙은 행위 시에 있어야 하며, 승낙이 있었다는 사실을 행위자가 인식하고 있어야만 한다.

결론

피해자의 승낙에 의하여 위법성을 조각하려면 그 **승낙이 유효하게** 이루어져야 한다. 그러나 위 사건에서 甲이 피해자의 자궁적출수술은 동의를 얻은 것이었다 하더라도, 이는 甲의 진단상의 과오에 의한 것으로, 만일 진단의 잘못이 없었더라면 당연히 설명 받았을 자궁 외 임신에 관한 내용을 설명 받지 못한 것에 기인한 것이다. 따라서 피해자의 위 승낙은 부정확하거나 불충분한 설명을 근거로 하여 이루어진 것으로서, 수술의 위법성을 조각할 유효한 승낙이라고 볼 수 없다. 따라서 甲은 형법 제268조의 업무상과실치상죄로 처벌된다.

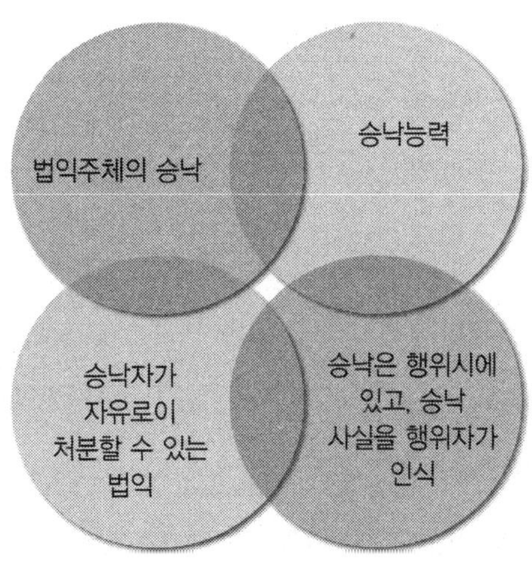

[피해자 승낙요건]

CHAPTER 12

중지미수(中止未遂)는 형을 감경 또는 면제한다

제26조 [중지범]

범인이 실행에 착수한 행위를 자의(自意)로 중지하거나 그 행위로 인한 결과의 발생을 자의로 방지한 경우에는 형을 감경하거나 면제한다.

✸ **사건일지 _** 甲은 술집에서 만난 乙녀를 강간하려고 하였으나 乙이 다음번에 만나서 친해지면 응해 주겠다고 간곡하게 부탁하므로 甲은 그 목적을 이루지 못하고 자신의 차로 乙을 집까지 데려다 주었다. 甲은 강간의 중지미수인가 장애미수인가?

해결테크

✸ **급소 1 _** 甲은 강간죄(제297조)의 실행에 착수하였으나 간음행위로 나아가지 아니한바, **강간미수죄**의 성립이 문제된다(미수범은 모든 형법상의 범죄에서 처벌되는 것은 아니고 예외적으로 미수범의 처벌규정이 있을 경우에만 처벌되는데, 강간죄는 형법 제300조에서 미수범을 처벌하도록 규정하고 있다).

미수는 **장애미수 · 불능미수 · 중지미수** 세 가지로 분류될 수 있는데, 이중 **중지미수**란 범죄의 실행에 착수한 자가 그 범죄가 기수에 이르기 전에 자의로 그 행위를 중지하거나 결과의 발생을 방지하는 경우를 말하며, 중지미수범의 형은 필요적으로 감경하거나 면제(무죄판결이 아니라 형면제판결을 받게 된다)한다(제55조). 위 사건에서는 간음할 수 있었음에도 불구하고 乙이 다음에 만나 친해지면 응하겠다고 부탁한바, 이로 인해 간음행위를 중지한 것이 중지미수에 해당하는지가 문제되는 것이다. 중지미수는 임의적 감경을 하는 **장애미수**(제25조)나 임의적 감면을 하는 **불능미수**(제27조)에 비해 행위자에게 가장 유리한 미수에 해당한다.

✹ 급소 2 _ 중지미수의 성립요건

중지미수가 성립하려면 행위자가 자의로 범죄행위를 포기하거나 결과발생을 방지하여야 하며 이것을 **자의성**이라 한다. 자의성의 인정 여부에 따라 중지미수의 성립 여부가 달려있다. 자의성의 유무판단에 대해서는 견해가 대립하나, 일반적으로 사회통념상 범죄를 수행하는 데 있어 장애가 될 만한 사유가 있는 경우에는 **장애미수**이고, 그러한 강제적 장애사유가 없음에도 자기의 자율적 의사로 중지한 경우이면 **중지미수**를 인정하고 있다.

결론

위 사례에서 乙녀가 다음에 만나 친해지면 응해주겠다는 내용의 간곡한 부탁은 사회통념상 강간행위에 장애가 된다고 볼 수 없으므로 갑이 강간행위를 그만둔 것에 자의성을 인정할 수 있어 강간미수죄가 성립된다. 이에 대해 법원은 형을 필요적으로 감경하거나 형면제판결을 내릴 수 있을 것이다.

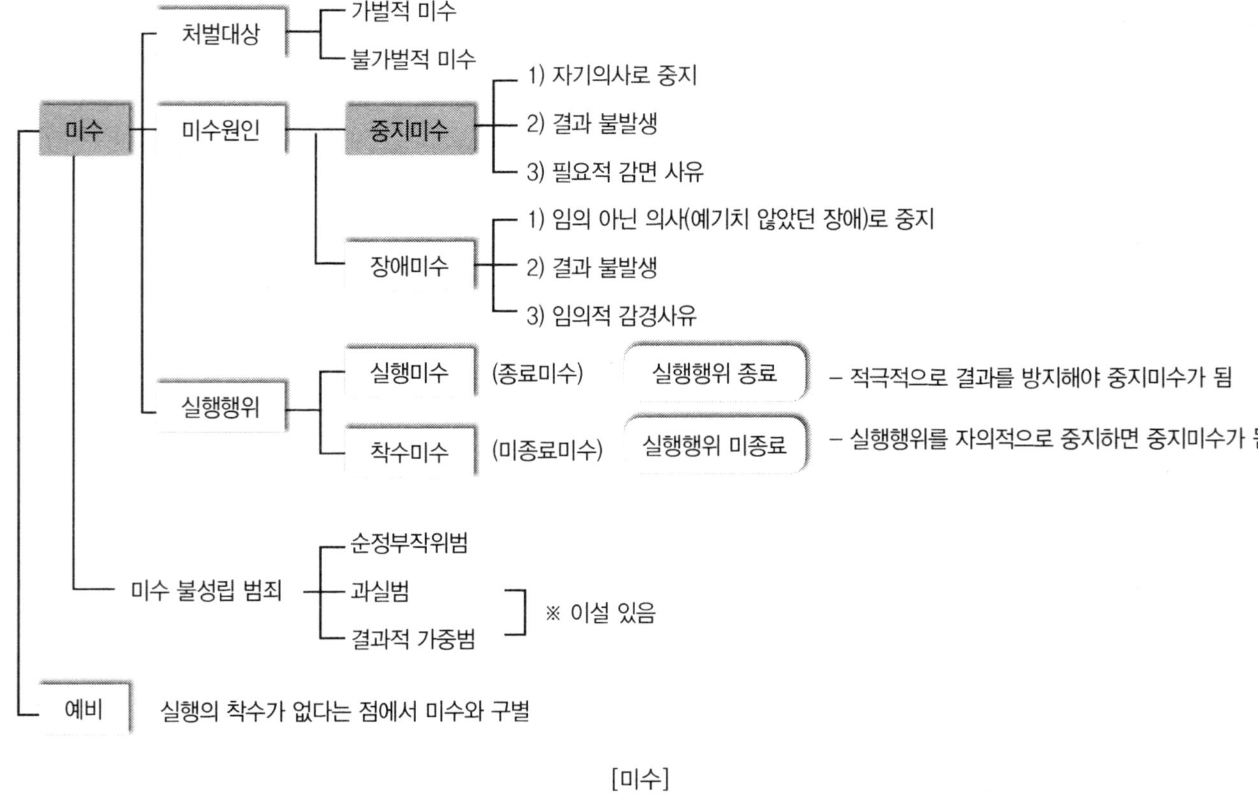

미수
처벌대상
가벌적 미수
불가벌적 미수
미수원인
중지미수
1) 자기의사로 중지
2) 결과 불발생
3) 필요적 감면 사유
장애미수
1) 임의 아닌 의사(예기치 않았던 장애)로 중지
2) 결과 불발생
3) 임의적 감경사유
실행행위
실행미수
(종료미수)
실행행위 종료
– 적극적으로 결과를 방지해야 중지미수가 됨
착수미수
(미종료미수)
실행행위 미종료
– 실행행위를 자의적으로 중지하면 중지미수가 됨
미수 불성립 범죄
순정부작위범
과실범
결과적 가중범
※ 이설 있음
예비
실행의 착수가 없다는 점에서 미수와 구별

[미수]

CHAPTER 13

불능미수(不能未遂)도 위험성이 있으면 처벌하나?

제27조 [불능범]

실행의 수단 또는 대상의 착오로 인하여 결과의 발생이 불가능하더라도 위험성이 있는 때에는 처벌한다. 단, 형을 감경 또는 면제할 수 있다.

✵ **사건일지 _** 甲은 乙을 살해하려고 청산가리를 구입하였다. 甲은 乙과 술을 마시는 자리에서 乙이 화장실에 간 사이에 준비한 청산가리를 맥주잔에 타서 乙이 이 맥주를 마시게 하였다. 그러나 甲이 맥주잔에 섞은 청산가리는 소량이어서 치사량에 미달하여 결국 乙은 죽지 않았다. 甲은 처벌될 것인가?

해결테크

✵ **급소 1 _ 불능미수**란 실행의 수단이나 대상의 착오로 인하여 범죄구성요건적 결과의 발생이 불가능하지만 위험성이 있는 경우를 말한다. 불능미수범의 형은 감경 또는 면제할 수 있다.

✵ **급소 2 _ 불능미수의 성립요건**

불능미수가 성립하려면,

1) **수단 또는 대상의 착오**로 결과의 발생이 불가능할 것,

2) **위험성**이 있을 것을 요한다.

이를 나누어 살펴보면 다음과 같다.

첫째, 치사량 미달의 약을 먹여 사람을 살해하고자 하는 경우가 바로 수단의 착오로 인한 결과발생이 불가능한 경우이며, 사망한 자를 살아있는 것으로 잘못 생각하고 살인의 의사로 칼로 찌른 경우가 대상의 착오로 인하여 결과의 발생이 불가능한 경우이다.

둘째, 위험성이 있어야 하는데, 위험성 판단에 관하여는 견해가 대립되어 있다. 위험성 유무의 판단은, 행위자가 행위 당시에 인식한 사정과 일반인이면 인식이 가능했던 사실을 판단의 기초로 삼아 일반인의 관점에서 위험성이 인정되는지 여부를 판단하는 것이다.

결론

위 사례에서 甲은 약을 타서 乙로 하여금 이것을 먹게 하여 살해하고자 하였으나 그 뜻을 이루지 못하였다. 甲이 乙의 맥주잔에 섞은 청산가리는 그 양이 적어 치사량에 못 미쳐, 결국 **수단의 착오**로 결과의 발생이 불가능한 것이었다. 그러나 甲의 행위는 사회통념상 일반인의 입장에서 보아 결과발생의 위험성이 있다고 판단된다. 따라서 甲은 살인죄의 **불능미수**에 해당한다.

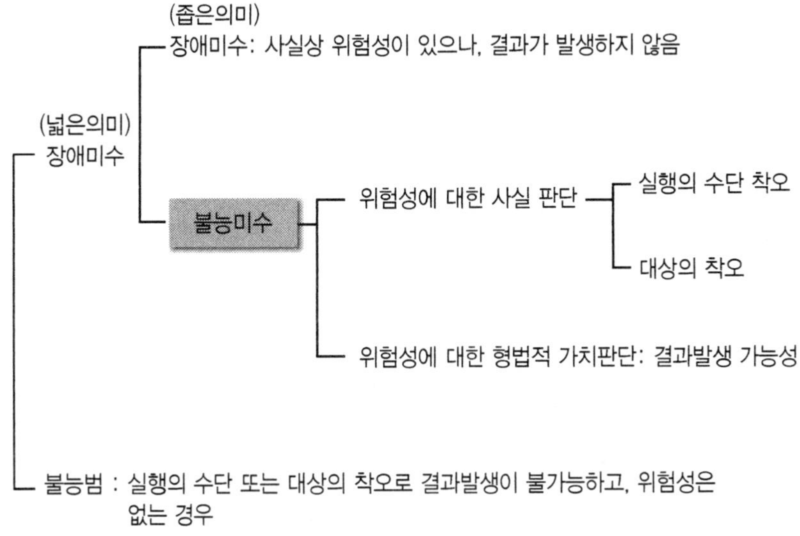
(좁은의미)
장애미수: 사실상 위험성이 있으나, 결과가 발생하지 않음
(넓은의미)
장애미수
불능미수
위험성에 대한 사실 판단
실행의 수단 착오
대상의 착오
위험성에 대한 형법적 가치판단: 결과발생 가능성
불능범 : 실행의 수단 또는 대상의 착오로 결과발생이 불가능하고, 위험성은 없는 경우

[불능미수]

CHAPTER 14

乙은 절도죄의 방조범인가 공동정범인가?

제30조 [공동정범]

2인 이상이 공동하여 죄를 범한 때에는 각자를 그 죄의 정범으로 처벌한다.

✹ **사건일지 _** 甲과 乙은 절도를 공모한 후 서울시 ㅇㅇ구 ㅇㅇ동 소재 고급 주택에 甲이 침입하여 현금 · 다이아반지 등 귀금속을 절취하고, 乙은 집 앞에서 차량을 대기시켜 놓고 망을 보았다. 甲은 절취행위 후 미리 대기시켜 놓은 乙의 차를 타고 도망하였다. 乙은 절도죄의 방조범인가 공동정범인가?

해결테크

✹ 급소 1 _ 방조범과 공동정범의 구별

방조범이란 정범의 범죄실행행위를 강화하거나 범죄 실현을 용이하게 한 자를 의미하고, 공동정범이란 1인이 실행할 수 있는 범죄를 2인 이상이 공동으로 역할분담하여 범죄행위를 수행하는 것을 말한다. 방조범과 공동정범의 구별기준은 행위자의 행위가 정범의 행위로서 범죄성립에 결정적인 영향을 미쳤는가에 있다고 할 것인바, 범죄행위를 지배하고 자신의 의사대로 진행한 자를 공동정범으로 볼 수 있고, 다만 정범의 행위에 가담하여 범죄실행을 용이하게 한 정도에 불과한 경우에는 방조범에 불과하다고 할 것이다.

✸ 급소 2 _ 공동정범의 성립요건

1) 공동가공의 의사

2인 이상이 공동으로 범죄행위를 하려는 의사가 있어야 한다. 여기에서 공동의 의미가 무엇을 공동으로 한다는 것인지에 관하여 견해가 대립되고 있으나, 다수의 견해는 행위를 공동으로 하는 것으로 본다. 공동의 범행의사는 실행행위 이전에 있을 수도 있고 실행행위 도중에 있을 수도 있다.

2) 공동의 범죄실행

2인 이상이 공동의 범행의사가 있을 뿐만 아니라 실제로 각자가 범죄의 실행행위에 있어서 역할분담을 하여야 하며, 각자 맡은 역할을 수행하여야 한다. 그러나 각자의 행위가 반드시 구성요건에 해당하는 직접적인 행위일 것을 요하지 않는다. 예컨대 수인이 절도를 함에 있어 한 사람이 망을 보고 다른 자가 절취행위를 하더라도 공동의 범죄실행이라고 할 수 있다. 공동정범은 정범이므로 단순히 방조의 의사로만 범죄행위에 가담한 경우에는 공동정범이 성립하는 것이 아니라 방조범이 성립할 뿐이다.

✸ 급소 3 _ 공동정범의 처벌

공동정범은 범죄실행행위의 일부만을 하였더라도 결과에 대하여 **전부책임**을 지게 된다. 이는 다른 사람과 같이 결과를 발생시킬 의도를 가지고 다른 정범들과 실행행위를 분담하여 결과를 발생시켰기 때문이다. 즉 수인의 행위가 상호 역할분담을 하여 전체의 범죄를 완성한 것이므로 일부실행자도 전부책임을 지게 된다.

결론

甲과 乙은 공동으로 절도할 것을 계획하고 또한 절도행위를 실행한 것이다. 乙이 망을 보고 도주를 위하여 차량을 대기시킨 것은 甲과 乙의 역할분담에 의한 것이므로 甲의 절도행위와 기능적으로 결합하여 범죄를 완성한 것으로 인정되며, 乙은 절도방조의 의사로 범행에 가담한 것이 아니므로 절도죄의 공동정범에 해당한다. 따라서 乙은 현금·다이아반지 등을 절취하는 행위를 하지 아니하였다 하더라도 절도죄의 정범이 되는 것이다.

[공동정범과 구별되는 개념들]

공동정범	2인 이상이 공동하여 범죄의 실행행위를 한 경우(직접적으로 범행지배를 함)
단독정법	단독으로 행위지배를 함
간접정범	의사지배에 의해 간접적으로 범행지배를 함
동시범	2인 이상이 상호간에 의사연락없이 동일한 객체에 대해 이시 또는 동시에 구성요건적 행위를 실행하며 결과가 발생하였으나 결과 발생의 원인된 행위가 판명되지 않은 경우
교사범 · 방조범	단순히 타인의 범죄에 가담하는 협의의 공범임
공모공동정범	공모한 후 다른 공모자로 하여금 실행행위를 하게 한 자로서, 설사 직접 실행행위를 분담하지 않아도 정범의 책임을 짐

CHAPTER 15

교사범(教唆犯)은 실행한 자와 동일한 형으로 처벌받을까?

제31조 [교사범]

① 타인을 교사하여 죄를 범하게 한 자는 죄를 실행한 자와 동일한 형으로 처벌한다.

② 교사를 받은 자가 범죄의 실행을 승낙하고, 실행의 착수에 이르지 아니한 때에는 교사자와 피교사자를 음모 또는 예비에 준하여 처벌한다.

③ 교사를 받은 자가 범죄의 실행을 승낙하지 아니한 때에도 교사자에 대하여는 전항과 같다.

✷ 사건일지 _ 甲은 범죄의 의사가 없는 乙을 사주(시킴)하여 乙의 아버지의 소유 물건인 자전거를 절취하여 오도록 하였다. 甲과 乙은 어떻게 처벌되겠는가?

해결테크

✷ 급소 1 _ 교사범

교사범이란 범죄의 의사가 없는 자를 교사하여 범죄의 결의를 하게 하고 이로 말미암아 교사를 받은 피교사자가 범죄행위를 실행하는 경우에 교사한 자는 교사범으로 처벌된다. 교사범은 죄를 실행한 정범과 동일한 형으로 처벌하는데, 여기에서 동일한 형이란 법정형을 의미한다. 따라서 피교사자와 교사자는 각각의 처단형 · 선고형에 따라 처벌받게 된다.

✸ 급소 2 _ 교사범의 성립요건

1) 교사자의 교사행위

교사자는 피교사자에게 범죄의 결의를 갖게 하겠다는 교사행위 자체에 대한 고의와, 피교사자로 하여금 범죄행위를 실현하도록 하겠다는 고의가 필요하다. 교사의 방법은 불문한다. 유혹 · 기망 · 위협 등의 방법을 사용하여 피교사자의 의사결정에 심리적인 영향력을 행사하여 범죄를 결의케 하는 모든 방법이 포함된다. 그러나 부작위에 의한 방조가 가능한 점과는 달리 부작위에 의하여서는 교사가 불가능하다고 본다.

2) 피교사자의 범죄실행행위

피교사자의 실행행위가 있어야 한다. 따라서 피교사자가 실행에 착 수하지 아니한 경우에는 교사범이 성립하지 않는다. 이 경우 교사자는 예비 · 음모에 준하여 처벌된다.

결론

甲은 범죄의 의사가 없는 乙을 교사하여 절도죄를 범하도록 하였으므로 甲은 절도죄의 교사범이 성립한다. 이에 반하여 乙은 피해자와 형법 제

328조 제1항의 직계친족관계에 있기 때문에 **친족상도례***가 적용되어 처벌 받지 않게 된다.

[교사범과 구별되는 개념들]

교사범	타인으로 하여금 범죄를 결의하여 실행케 하는 자
공동정범	기능적 범행지배에 관여하고, 기능분담이 있음.
간접정범	정범의 존재를 전제하지 않음, 즉 의사지배를 하는 정범임.
방조범	타인의 결의를 전제하고, 그 실현을 유형무형으로 도움.

용어풀이

친족상도례(親族相盜例) … 강도죄와 손괴죄를 제외한 재산죄에 대하여 친족 간의 범죄는 형을 면제하거나, 고소가 있어야 공소를 제기할 수 있는 특례를 말한다.

CHAPTER 16

타인의 범죄를 방조한 자는 종범(從犯)으로 처벌받을까?

제32조 [종범]

① 타인의 범죄를 방조한 자는 종범으로 처벌한다.

② 종범의 형은 정범의 형보다 감경한다.

✸ 사건일지 _ 甲은 자신의 연적인 A를 살해하기로 마음먹고 범행계획을 세운 후 이 사실을 자기의 고교동창인 乙에게 털어 놓으며 어떻게 할지에 대해 이야기하고 있었다. 이 사실을 들은 乙은 甲보다 더욱 흥분하여 "자기 자신 같아도 A를 살해할 것이다"며 乙은 사냥용 엽총 실탄 2발을 장전한 채 甲에게 건네주었다. 甲은 A를 살해하였으나 엽총이 아니라 칼로 심장을 찔러 살해한 것이다. 乙은 어떻게 처벌받겠는가?

해결테크

✸ 급소 1 _ 방조범

타인의 범죄를 방조하는 경우 종범으로 처벌된다. 방조란 타인의 범죄를 돕는 행위를 말하고, 종범이란 정범의 범행실행 결의를 강화하거나 범죄실현을 용이하게 한 자를 말한다. 사안에서는 乙이 사냥용 엽총에 실탄을 장전한 채 건넨 행위가 칼로 A를 살해한 甲의 행위를 도운 것으로 볼 수 있는지, 즉 방조행위에 해당할지가 문제된다.

✹ 급소 2 _ 방조행위

타인의 범죄를 방조하는 행위에는 제한이 없다. 범행도구를 대여하거나 직접 실행이 용이 하도록 범죄행위를 지도하거나, 사전에 범행장소나 범행대상에 대한 정보를 알리는 행위에서부터, 범죄결의를 확고하게 하도록 부추기는 행위도 방조에 해당한다. 전자를 물질적방조라 하고, 후자를 정신적 방조라 하기도 한다.

✹ 급소 1 _ 성립요건

1) 종범이 성립하기 위해서는 이중의 고의가 있어야 한다. 정범의 범죄행위에 대한 고의와 정범을 방조하기 위한 고의가 있어야 한다.
2) 그리고 방조하는 행위가 있어야 한다. 방조행위는 위에서 말한 대로 제한되어 있지는 않지만, 적어도 정범의 범행에 도움을 주는 행위이어야 한다.
3) 또 정범이 범죄의 실행에 착수할 것을 요한다. 실행조차 착수하지 아니한 경우에는 종범을 처벌할 수 없게 된다.
4) 방조행위와 범죄실현 사이에 인과관계가 인정되어야 한다.

✹ 급소 1 _ 처벌

종범은 정범의 형보다 감경한다. 필요적으로 감경하여야 하지 판사의 재량사항이 아니다.

결론

甲은 乙이 건네준 엽총을 사용하여 범죄실행에 나선 것은 아니다. 그러나 乙은 '자기 자신이 甲의 입장이라도 A를 살해할 것이다'라는 등의 말을 통하여 甲의 범죄 계획에 확신을 갖도록 하고 총을 건네줌으로써 甲의 범죄실행에 정신적·물질적 도움을 준 점을 인정할 수 있다. 乙은 甲의 살인죄를 방조한 것으로서 살인죄의 종범으로 처벌받게 된다.

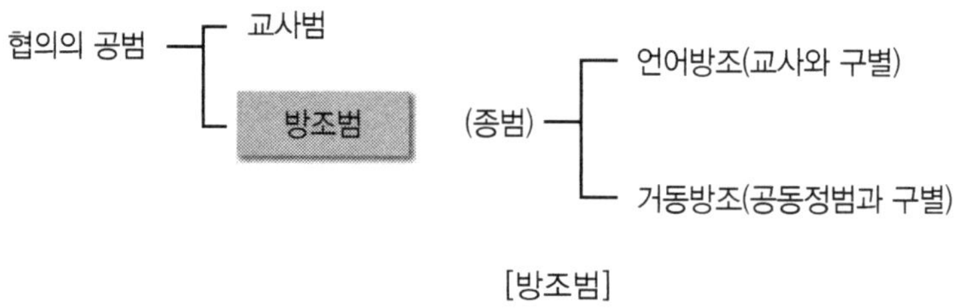

[방조범]

CHAPTER 17

신분범(身分犯)의 공범도 처벌받을까?

제33조 [공범과 신분]

신분이 있어야 성립되는 범죄에 신분 없는 사람이 가담한 경우에는 그 신분 없는 사람에게도 제30조부터 제32조까지의 규정을 적용한다. 다만, 신분 때문에 형의 경중이 달라지는 경우에 신분이 없는 사람은 무거운 형으로 벌하지 아니한다.

✹ **사건일지 _** 공무원인 甲은 자신의 직무와 관련하여 A로부터 청탁을 받고 그 대가로서 3천만 원을 받기로 하였지만, 돈을 직접 받는 일에 있어서는 자기의 처인 乙과 이야기하라며 乙의 핸드폰 번호를 적어주었다. A는 乙과 통화한 후 개인적으로 만나 3천만 원이 든 사과박스를 乙에게 건네주었다. 이때 공무원이 아닌 乙도 수뢰죄로 처벌받아야 하는가.

해결테크

✹ 급소 1 _ 신분범

신분이 범죄의 성립이나 형의 경중에 영향을 미치는 범죄를 **신분범**이라고 한다. 여기서 신분이란 남녀의 성별, 내외국인의 구별, 친족관계 또는 공무원의 자격뿐만 아니라 널리 일정한 범죄행위에 대한 인적관계인 특수한 지위나 상태를 말한다. 사안에서 문제되는 **수뢰죄**(제129조)는 공무원 또는 중재인만이 범할 수 있는 죄이므로 신분범에 해당되는바, 공무원이 아닌 아내 乙이 수뢰죄의 공동정범으로 처벌되는지가 문제 되는 것이다.

✹ 급소 2 _ 신분범의 종류

1) 신분이 있어야 범죄가 성립하는 경우를 구성적 신분이라 하고 이때를 **진정신분범**이라 한다. 위증죄와 같이 증인만이 범죄의 주체가 되는 범죄가 진정신분범의 예에 해당한다.

2) 범죄의 성립에는 영향이 없으나 신분이 형을 가감하는 기능을 하는 경우를 **가감적 신분**이라 하고, 이를 **부진정신분범**이라고 한다. 업무상배임죄와 같이 업무에 종사하는 자에 대해서 배임죄보다 형을 가중하는 경우가 부진정신분범의 예이다.

3) 신분으로 인하여 범죄의 성립이나 처벌이 조각되는 경우가 있는 데, 이를 **소극적 신분**이라고 한다. 의사는 의료법 위반죄로 처벌되지 아니하는 소극적 신분을 가지고 있는데, 이것이 소극적 신분의 예라고 할 것이다.

✹ 급소 3 _ 제33조의 해석

1) 본문의 “신분관계로 인하여 성립될 범죄”란 진정신분범 외에 부진정신분범을 포함하는지에 대해 견해 대립이 있다. 통설은 부진정신분범에 있어서는 신분이 범죄의 구성에 영향을 미치는 것이 아니라 형벌을 가감하는 기능을 가질 뿐이고, 별도로 동조 단서에서 규정하고 있으므로 본문은 진정신분범만 적용된다고 한다.

2) 「전3조를 적용한다」에 대해서는 공동정범 · 교사범 · 종범이 모두 해당된다고 보나, 간접정범은 성립될 수 없다고 본다.
3) 단서의 신분관계로 인하여 형의 경중이 있는 경우에는 중한 형으로 벌하지 아니한다」의 의미 중, 본문이 진정신분범에 대해서만 적용된다고 보는 통설은, 단서를 부진정신분범의 공범성립과 그 과형에 대한 규정으로 이해한다.
4) 「중한 형으로 벌하지 아니한다」의 의미는 책임 개별화 원칙에 의해 각자의 형으로 처벌한다는 의미로 본다.

실제사례

A의 자(子)인 甲과 甲의 친구 乙이 공동으로 甲의 부(父)인 A를 살해한 경우, 존속살해죄(제250조 제2항)는 직계비속이라는 신분에 의해 형이 중한 **부진정신분범**이다. 통설은 제33조 본문은 진정신분범의 공범성립과 과형을, 제33조 단서는 부진정신분범의 공범성립과 과형을 규정한 것으로 보므로, 甲은 존속살해죄 乙은 보통살인죄가 성립하고, 甲은 존속살해죄 乙은 보통살인죄로 처벌된다고 한다. 그러나 판례는 제33조 본문은 진정신분범의 공범성립과 과형, 부진정신분범의 공범성립을 제33조 단서는 부진정신분범의 과형만을 규정한 것으로 보므로, 甲과 乙은 모두 존속살해죄가 성립하고, 甲은 존속살해죄 乙은 보통살인죄로 처벌된다고 함으로써, 부진정신분범의 공범성립에 제33조를 적용함에 있어 통설과 판례는 서로 견해를 달리하고 있다.

결론

공무원인 甲과 공무원이 아닌 乙이 공동으로 뇌물을 받은 경우, 수뢰죄는 공무원 또는 중재인이라는 신분이 있어야만 성립하는 **진정신분범**이므로 본문이 적용되고, 전3조를 적용한다는 말에는 공동정범도 포함되므로 결국 비공무원인 乙도 수뢰죄의 공동정범이 된다. 따라서 甲의 처 乙도 수뢰죄의 기능적 역할분담을 한 이상, 수뢰죄로 처벌받게 된다.

CHAPTER 18

간접정범(間接正犯)은 정범으로 처벌할까?

제34조 [간접정범, 특수한 교사, 방조에 대한 형의 가중]

① 어느 행위로 인하여 처벌되지 아니하는 자 또는 과실범으로 처벌되는 자를 교사 또는 방조하여 범죄행위의 결과를 발생하게 한 자는 교사 또는 방조의 예에 의하여 처벌한다.

✹ **사건일지 _** 甲은 행사할 목적으로 통화를 위조함에 있어서, 그 수단으로 컴퓨터 디자인 사원모집 광고를 내어, 이에 참여한 자들로부터 그 실력을 테스트한다는 명목으로 일만 원짜리 지폐를 그리도록 하였다. 이에 행사의 목적이 없는 乙과 丙 등 사원 모집에 응한 자들이 일만 원짜리 지폐를 실물과 거의 유사하도록 만들어 甲에게 제출하였다(일반인들은 거의 식별이 불가능한 정도로 정교하게 만들어짐). 甲은 어떻게 처벌되는가?

해결테크

✹ **급소 1 _ 간접정범의 의의**

간접정범이란 타인을 도구로 이용하여 범죄를 실행하는 것을 말한다. 즉 범죄의 구성요건요소인 고의 또는 목적이 없거나 신분이 없거나 위법성 내지는 책임이 없거나 하여 처벌되지 아니하는 자 내지는 과실범으로 처벌되는 행위자의 의사를 지배하여 그를 도구로 이용하여 범죄행위를 한다는 점을 특색으로 하는 범죄행위이다. 따라서 본인이 직접 범죄행위를 하지 아니하였다 하더라도 행위자에 대한 강력한 의사지배로 인하여, 행위하게 하였다는 점에서 간접정범은 정범이며, 교사범이나 방조범과 같은 공범으로 볼 수 없다.

사안의 경우, 위조지폐를 만든 乙과 丙은 통화위조죄(제207조)의 구성요건인 행사할 목적이 없었으므로 통화위조죄로 처벌할 수 없는 자에 해당하는바, 이러한 위조통화를 발생시킨 데 대해 갑에게 통화위조죄의 간접정범의 성립을 인정할 수 있는지가 문제된다.

✸ 급소 2 _ 간접정범의 유형

간접정범은

1) 목적범에서 목적 없는 고의 있는 자를 이용하거나 고의 없는 자를 이용한 경우,
2) 구성요건에 해당하나 위법성 조각사 유에 해당하는 행위를 이용하는 경우,
3) 구성요건에 해당하고 위법하나 책임이 조각되는 행위를 이용하는 경우,
4) 과실범으로 처벌되는 자를 이용한 경우 등이 있다.

결론

乙과 丙은 행사할 목적이 없었으므로 통화위조죄가 성립하지 않는 다. 이에 반하여 甲은 형사의 목적이 없는 乙과 丙 등을 이용하여 행사의 목적으로 통화를 위조하였으므로 통화위조죄의 간접정범이 성립한다.

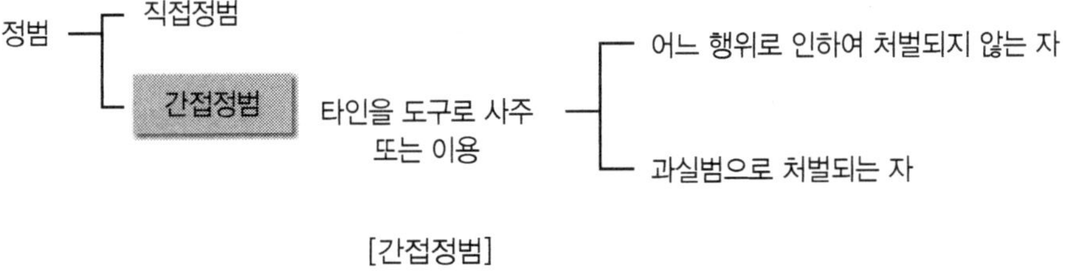

[간접정범]

CHAPTER 19

누범(累犯)의 형은 몇 배까지 가중하나?

제35조 [누범]

① 금고(禁錮) 이상의 형을 선고받아 그 집행이 종료되거나 면제된 후 3년 내에 금고 이상에 해당하는 죄를 지은 사람은 누범(累犯)으로 처벌한다.

② 누범의 형은 그 죄에 대하여 정한 형의 장기(長期)의 2배까지 가중한다.

✸ 사건일지 _ 특수절도죄를 범해 징역1년을 선고받아 2023년 11月부터 2024년 10월 31일 복역 후 출소한 甲은 다시 사기죄를 범한 후 지금 재판중이다. 甲이 선고받을 수 있는 최고의 형량은 얼마나 되겠는가?

해결테크

✸ 급소 1 _ 누범

누범이란 범죄를 누적적으로 범하는 것을 말한다. 누범은 가중처벌 하는데 그 이유는 전범(前犯)에 대하여 형벌을 받았음에도 전범에 의한 형벌의 경고기능을 무시하고 다시 범행을 하였다는 데 있다.

✹ 급소 2 _ 누범가중의 요건

(1) 금고 이상의 형의 선고

형의 선고는 유효하여야 한다. 일반 사면에 의해 형의 선고의 효력이 상실된 때에는 그 범죄는 누범의 전과가 될 수 없다. 집행유예를 받은 자가 그 선고의 실효 또는 취소됨이 없이 유예기간을 경과한 때에도 형의 선고는 효력을 잃으므로 집행유예기간 경과 후 다시 죄를 범하여도 누범이 될 수 없다.

(2) 형의 집행종료 · 면제

형의 집행을 종료하였다 함은 형기가 만료된 경우를 말하며 형의 집행을 면제받은 경우에는 형의 시효가 완성된 때(제77조), 특별사면에 의해 형의 집행이 면제된 때, 외국에서 형의 집행을 받았을 때 등이다.

(3) 금고 이상에 해당하는 죄

금고 이상의 형에 해당하는 죄는 법정형이 아니라 선고형을 말한다. 같은 죄명이거나 죄질이 같아야 하는 것은 아니다.

(4) 전범의 집행종료 또는 면제 후 3년 이내에 범한 죄

✹ 급소 3 _ 가중처벌

누범에 해당될 때에는 장기의 2배까지 가중한다. 다만 장기가 50년을 초과할 수는 없다.

결론

1) 甲은 누범 가중조건에 해당한다. 그 이전에 사기죄를 범한 것이 甲의 사기습벽의 발현으로 이루어진 경우, 즉 상습범에 해당하는 때에는 상습범 가중이 이루어진 후 누범 가중을 한다(형법 제56조).

2) 사기죄의 법정형은 10년 이하의 징역 또는 2천만 원 이하의 벌금형이다. 상습범일 경우 제351조에 의해 1/2을 가중하므로 1.5개월 이상 20년 이하의 징역 또는 75,000원 이상 3천만 원 이하의 벌금에 처하게 된다.

3) 이 형량을 기준으로 누범가중을 하면 장기의 2배만 가중하므로 1.5개월 이상 40년 이하의 징역 또는 75,000원 이상 6천만 원 이하의 벌금에 처하게 된다.

용어해설 형벌의 종류

1) **사형** … 사람의 생명을 빼앗는 형으로 교도소 내에서 교수형에 처하고, 군형법상 총살형이 있다.

2) **징역** … 1개월 이상 15년 이하의 유기징역과 무기징역이 있다.

3) **금고** … 무기금고와 1개월 이상 15년 이하의 유기금고로 나뉜다. 노동을 하지 않는다는 점에서 징역과 다르지만, 신체의 자유를 박탈하는 점에 서는 동일하다.

4) **자격상실** … 일정한 형의 선고가 있으면 그 선고의 효력으로서 당연히 일정한 자격이 상실되는 것을 말한다(제43조 참조).

5) **자격정지** … 일정한 기간 동안 일정한 자격의 전부 또는 일부를 정지시키는 것을 말한다. 당연정지와 판결선고에 의한 정지가 있다. 자

격정지 기간은 1년 이상 15년 이하이다.

6) **벌금** … 벌금형은 범죄인에 대하여 일정한 금액의 지불의무를 강제적으로 부담하게 하는 것을 내용으로 한다. 벌금의 하한은 50,000원이며 상한은 없다. 감경하는 경우에는 5만원 미만의 벌금이 있을 수도 있다.

7) **구류** … 구류형은 수형자를 교도소 내에 구치하여 자유를 박탈하는 것을 내용으로 하는 형벌로서, 징역에 복무하지 않고 기간은 1일 이상 30일 미만이다. 이 점 금고형과 구별된다.

8) **과료** … 재산형의 일종으로 2천원 이상 50,000원 미만의 금액에 대한 강제 납부의무의 형이다.

9) **몰수** … 몰수는 범죄 반복이나 범죄에 의한 이득의 금지를 목적으로 범죄행위와 관련된 재산을 박탈하는 부가형이다.

CHAPTER 20

경합범(競合犯)이란 수개 또는 수종의 구성요건이 침해된 경우이다

제37조 [경합범]

판결이 확정되지 아니한 수개의 죄 또는 금고 이상의 형에 처한 판결이 확정된 죄와 그 판결 확정 전에 범한 죄를 경합범으로 한다. 〈개정 2004 · 1 · 20〉

✸ **사건일지 _** 강도살인죄로 무기징역을 선고받고 복역하다가 탈옥한 甲은 주차장에 주차되어 있는 타인의 자동차를 훔쳐 타고 다녔다. 한편 甲을 검거하기 위한 경찰관 乙과 丙을 주먹으로 때리고 도망쳤으며, 이 사건으로 乙 · 丙은 안면타박상을 입었다. 甲은 어떻게 처벌되겠는가?

해결테크

✸ 급소 1 _ 경합범

경합범이란 판결이 확정되지 아니한 수개의 죄 또는 금고 이상의 형에 처한 판결이 확정된 죄와 그 판결확정전에 범한 죄를 말한다. 형법 제37조 전단의 죄를 **동시적 경합범**이라고 하고, 후단의 죄를 **사후적 경합범**이라고 한다. 그러나 수개의 행위라 하더라도 법조경합관계나 포괄일죄의 관계 즉, 일죄에 해당한다면 경합범은 성립하지 아니한다.

✸ 급소 2 _ 경합범의 요건

1) 동시적 경합범

예컨대 A·B·C·D·E 죄를 범하고 그 어느 것도 확정판결을 받지 않은 때에 그 전부가 경합범이 된다. 따라서 i) 수개의 행위로 수 개의 죄를 범할 것, ii) 수개의 죄는 모두 판결이 확정되지 않았을 것, ii) 수개의 죄는 동시에 판결될 것이 필요하다.

2) 사후적 경합범

A. B. C 죄를 범한 후 C 죄에 대하여 금고 이상의 형에 처한 판결이 확정되었는데, 그 후 다시 D. E 죄를 범한 경우, A, B, C 되는 사후적 경합법이 되지만 D. E 죄는 동시적 경합병이 된다. 따라서 A. B. C죄와 D, E 죄는 경합범이 아니다. 한편 C 죄에 대해 금고 이하의 형에 처한 판결이 확정되었다면 A. B. C 죄는 사후적 경합범이 되지 않고, A. B. D. E 죄는 동시적 경합범이 된다.

✸ 급소 3 _ 경합범의 처분

1) 동시적 경합범의 경우(제38조)

가장 무거운 죄에 대하여 정한 형이 사형, 무기징역, 무기금고인 경우에는 가장 무거운 죄에 대하여 정한 형으로 처벌한다(제1항 제1호). 각 죄에 대하여 정한 형이 사형, 무기징역, 무기금고 이외의 같은 종류의 형인 경우에는 가장 무거운 죄에 대하여 정한 형의 장기 또는 다액에 그 2분의 1까지 가중하되 각 죄에 대하여 정한 형의 장기 또는 다액을 합산한 형기 또는 액수를 초과할 수 없다. 다만, 과료와 과료, 몰수와 몰수는 병과할 수 있다(제1항 제2호) . 각죄에 대하여 정한 형이 무기징역, 무기금고 외의 다른 종류의 형인 경우에는 병과한다(제1항 제3호).

2) 사후적 경합범의 경우(제39조)

경합범 중 판결을 받지 아니한 죄가 있는 때에는 그 죄와 판결이 확정된 죄를 동시에 판결할 경우와 형평을 고려하여 그 죄에 대하여 형을 선고한다. 이 경우 그 형을 감경 또는 면제할 수 있다(제39조 제1항).

A, B, C 죄를 범한 후 C 죄에 대하여 금고 이상의 형에 처한 판결이 확정된 경우, A, B, C 죄는 사후적 경합범 관계에 있지만, A, B 죄에 대해서만 C 죄와 동시에 판결할 경우와의 형평을 고려하여 그 죄에 대하여 형을 선고한다.

결론

甲의 행위는 우선 탈옥한 것부터 시작된다.

i) 탈옥한 행위는 형법 제145조의 도주죄에 해당한다. 도주죄는 1년 이하의 징역에 처해지게 된다.

ii) 타인의 자동차를 훔친 행위는 절도죄에 해당한다(제329조). 절도죄는 6년 이하의 징역과 1천만원 이하의 벌금에 처한다.

iii) 경찰관을 때리고 도주한 행위는 공무집행방해죄(제136조)에 해당한다. 공무집행방해죄는 5년 이하의 징역 또는 1천만 원 이하의 벌금형에 처한다.

iv) 안면타박상이라는 폭행치상의 결과는 폭행치상죄(제262조)에 해당하고 7년 이하의 징역, 10년 이하의 자격정지 또는 1천만 원 이하의 벌금에 처한다. 위의 네 범죄행위는 동시 심판이 가능한 범죄행위로서 **동시적 경합범**에 해당한다.

따라서 각 죄에 대해 징역형을 선택한 경우, 1년 이하의 징역, 6년 이하의 징역, 5년 이하의 징역, 7년 이하의 징역형을 경합할 경우 가장 중한 7년형의 1/2를 가중하므로(제38조 제2항) 1개월 이상 10년 6개월의 이하의 징역형에 처해지게 된다.

CHAPTER 21

유리창을 깰 생각으로 돌멩이를 집어던졌는데 乙이 맞아 상해를 입었다면 어떤 처벌을 받겠는가?

제40조 [상상적 경합]

한 개의 행위가 여러 개의 죄에 해당하는 경우에는 가장 무거운 죄에 대하여 정한 형으로 처벌한다.

✸ 사건일지 _ 甲은 乙과 다투고 난 후 화풀이로 乙의 집 유리창을 깰 생각으로 돌멩이를 집어던졌다. 돌멩이는 乙의 유리창에 맞지 않고 열려있는 창문을 통해 방에 누워 있던 乙의 머리에 맞아 乙이 전치 2주의 상해를 입었다면 甲은 어떻게 처벌 받겠는가?

해결테크

✸ 급소 1 _ 상상적경합

상상적경합이란 하나의 행위가 수개의 죄에 해당하는 경우를 말한다. 즉 사안과 같이 재물손괴미수죄(제366조. 제371조 미수범 처벌규정)에 해당되는 행위가 동시에 과실치상죄(제266조)로도 평가되는 경우, 수 개의 행위로 수 개의 범죄행위를 한 실체적 경합범과 같이 처벌하게 된다면 행위자에게 너무 가혹한 결과가 될 수 있다. 따라서 형법은 한 개의 행위가 여러 개의 죄에 해당하는 경우, 즉 **상상적 경합**의 경우에는 가장 무거운 죄에 대하여 정한 형으로 처벌한다고 규정하고 있는 것이다.

✸ 급소 2 _ 상상적 경합의 요건

첫 번째 요건으로서 1개의 행위가 있을 것을 요하는 바, **행위의 단일성**과 **행위의 동일성**이 요구된다. 두번째 요건으로서 수개의 죄에 해당할 것을 요건으로 한다.

예를 들어 생명·신체·자유·명예와 같은 전속적 법익에 있어서 는 수인의 법익주체에 대한 침해가 단순히 한번 해당한 구성요건이 양적으로 증가하는데 그치는 것이 아니라, 수개의 죄에 해당하게 된 다. 즉 하나의 폭탄으로 10명의 사상자를 냈다면 10개의 살인죄가 성 립하고 10개의 살인죄의 상상적 경합이 된다.

그러나 재산과 같은 비전속적 법익은 수개의 죄에 해당하지 아니하므로, 하나의 절도행위로 인해 수인의 재물을 절취하였다면, 수개의 절도죄에 해당하는 것이 아니고 하나의 절도죄가 성립하는 데 불과하다.

✸ 급소 3 _ 상상적 경합의 효과

상상적경합의 경우에는 가장 중한 죄에 정한 형으로 처벌한다. 즉 사람을 살해하려고 총을 쏘아 A를 살해하고 A를 관통한 탄환에 의해 B가 다쳤다면 A에 대한 형이 더욱 중한 살인죄로만 처벌받고 B에 대한 상해 결과에 대해서는 별도로 처벌받지 않는다.

결론

甲의 행위는 돌멩이를 투척한 행위 하나 뿐이다. 그러나 나타난 결과는 재물에 대한 손괴미수와 사람에 대한 상해기수이다. 두 가지 결과가 모두 범죄행위에 해당하므로 상상적 경합관계에 있게 된다. 乙에 대한 상해의 고의는 없었으므로 재물손괴미수와 과실치상죄에 해당할 수 있는데, 과실치상은 500만원 이하의 벌금, 구류, 과료로, 손괴미수는 3년 이하의 징역 또는 700만원 이하의 벌금에 처하므로 결국 재물손괴미수죄로 처벌받게 된다.

실체적 경합(병합죄 또는 경합범): 판결이 확정되지 않은 수개의 죄 또는 판결이 확정된 죄와 그 판결확정 전에 범한 죄

[경합범]

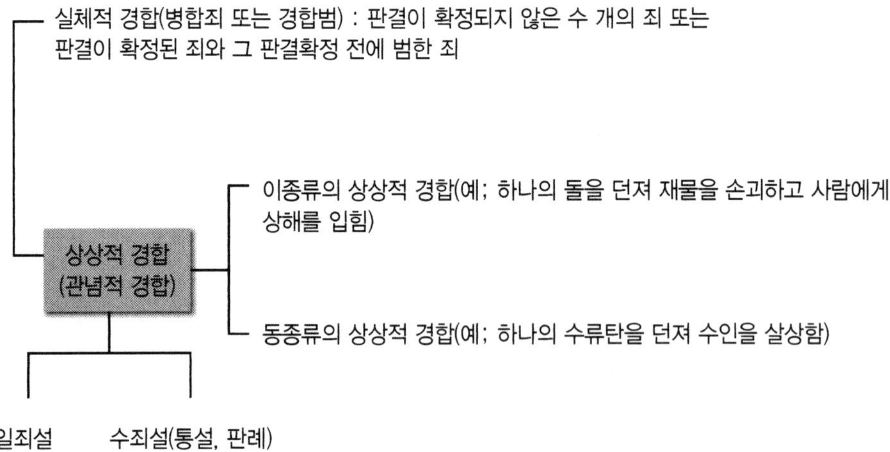

PART 02

76가지 사례를 알면 개인에 대한 범죄가 훤히 보인다

CHAPTER 01

제1절 살인죄

살인을 교사한 자도 정범과 법정형이 같을까?

제250조 [살인, 존속살해]

① 사람을 살해한 자는 사형, 무기 또는 5년 이상의 징역에 처한다.

*시효 25년

✸ 사건일지 _ 미국 LA 폭력단의 사주(使嗾)를 받은 살인청부업자가 수십억 원대의 이혼위자료 청구소송을 제기한 부인을 살해해 달라는 사업가 남편의 부탁을 받고 국내에 들어와 잔인한 살인극을 벌였다. 0000년 0월 0일 낮 12시 30분경 甲은 서울시 00구 00동의 乙의 집에서 마당을 쓸 고 있던 乙의 목과 가슴 등을 흉기로 마구 찔러 숨지게 했다. 경찰 수사 결과 甲은 지난해 LA 코리아타운에서 평소 알고 지내던 중국계 미국인 丙으로부터 乙을 죽이면 3만 달러를 주겠다는 제안을 받고 범행을 한 것으로 드러났다. 甲과 丙은 어떠한 범죄로 처벌받게 되는가?

해결테크

✸ 급소 1 _ 살인죄

살인죄는 사람을 살해함으로써 타인의 생명을 침해하는 범죄이다. 따라서 자살의 경우에는 본죄에 해당하지 아니하며, 본죄가 성립하려면 자기 자신 이외의 타인을 살해하여야 한다. 그러나 타인일지라도 자기 또는 배우자의 직계존속을 살해하는 경우 형법 제250조 제2항의 존속살해죄를 구성하게 된다.

✹ 급소 2 _ 사람의 시기(始期)와 종기(終期)

살인죄 내지 존속살해죄의 객체는 사람이므로 태아와 사람의 구별 기준 즉, 사람의 시기와 살해행위와 관련하여 사람의 종기가 문제된다. 먼저 사람의 시기(始期 : 언제부터 사람으로 보는가)에 관하여는 형법상 학설의 대립이 있으나, 분만이 개시되는 시점, 즉 진통 시부터 사람으로 본다.

사람의 종기(終期), 즉 사망의 시점을 어떻게 볼 것인가에 대하여 뇌의 기능이 정지한 때를 사망으로 보자는 견해(뇌사시설)가 주장되고 있으나, 아직 보편적으로 받아들여지지 아니하고 있으며, 호흡과 맥박(심장의 고동)이 멈춘 때를 사망시기로 보는 것이 일반적이다.

✹ 급소 3 _ 교사행위

범죄를 행할 의사가 없는 자를 사주하여(시켜서) 특정한 범죄행위를 할 것을 결의하고 사주를 받은 자가 실제로 사주 받은 범죄를 실행하는 경우, 사주한 자는 교사범으로 처벌받게 된다. 교사범은 정범, 즉 범죄를 실행한 자와 동일한 형으로 처벌한다(제31조 제1항 참조). 여기에서 동일한 형이란 법정형이 동일하다는 것이지 재판장이 실제로 선고하는 형이 동일하다는 의미는 아니다.

결론

甲은 乙을 살해하였으므로 형법 제250조의 보통살인죄의 책임을 부담하며, 丙은 甲을 교사하여 乙을 살해하도록 하였으므로 보통살인죄의 교사범의 책임을 부담하게 된다.

☞ **용어풀이**

법정형(法定刑) _ 입법자가 각 구성요건의 유형화된 실질적 불법을 일반적으로 평가해 정해놓은 형벌 범위로서 형법 각칙상의 형벌을 말한다.
법률이 그 범죄에 대해 미리 정해 둔 형벌의 종류와 형량 범위
즉, 어떤 범죄를 저질렀을 때 처해질 수 있는 형벌의 종류(징역, 벌금 등)와 그 정도(몇 년~몇 년)를 법이 미리 규정해 둔 것이다.

CHAPTER 02

주워다 기른 자식이 부모를 살해했는데 입양요건을 갖추지 못했다. 존속살해일까?

제250조 [살인, 존속살해]

② 자기 또는 배우자의 직계존속을 살해한 자는 사형, 무기 또는 7년 이상의 징역에 처한다. *시효 25년

✸ 사건일지 _ 乙녀는 평소 자녀를 가질 수 없어 안타까워하던 중 다른 사람이 乙의 집 대문 앞에 버리고 간 생후 2개월 된 甲을 자신과 남편 사이에 태어난 친생자인 것처럼 출생신고를 하고 길렀다(단, 입양의 요건은 갖추지 못하였다). 그 후 성인이 된 甲은 乙과 다투는 과정에서 乙을 살해하고 말았다. 甲은 존속살해죄를 범한 것인가?

해결테크

✸ 급소 1 _ 존속살해죄

존속살해죄는 자기 또는 배우자의 직계존속을 살해함으로서 성립하는 범죄이다. 이기에서 직계존속관계는 자연혈족인 친생자관계에 있는 경우뿐만 아니라, 입양에 의하여 법정혈족관계가 성립하는 양친자(養親子) 관계

에서도 인정된다.

이러한 직계존속 관계는 반드시 가족관계등록증을 기준으로 하여야 하는 것은 아니나, 법률상 직계존속일 것을 요한다.

✹ 급소 2 _ 혼인외의 자의 경우

혼인외의 출생자의 경우 생모(母)와의 관계에서는 출산과 동시에 친생자 관계가 발생한다. 그러나 그 실부(實父)와의 관계에서는 인지(認知)가 있어야 친생자관계가 인정된다. 따라서 인지의 절차가 행하여지지 아니한 혼인외의 출생자가 그 실부(實父)를 살해한 경우 보통 살인죄에 의하여 처벌받는다.

✹ 급소 3 _ 타가에 입양간 자가 그의 생부나 생모를 살해한 경우

입양이 있더라도 종전의 자연혈족관계가 소멸되는 것은 아니므로 입양을 간 자가 그 생모를 살해한 경우 존속살해죄가 성립된다. 그러나 친양자(親養子) 입양 전의 친족관계는 가정법원의 친양자입양판결이 확정된 때에는 종료하므로, 타가에 입양간 친양자가 그 생부와 생모를 살해한 경우에는 보통살인죄가 성립된다.

✹ 급소 4 _ 배우자의 의미

존속살해죄에서의 배우자는 법률상의 배우자를 말하며 사실혼관계에 있는 배우자를 의미하는 것이 아니다. 따라서 사실혼관계에 있는 배우자의 부모를 살해한 경우에는 보통살인죄를 구성하게 된다.

결론

乙은 甲을 마치 친생자인 것처럼 출생신고를 하였으나 이로 인하여 자연혈족 관계인 친생자 관계가 생기지 아니하며, 또한 입양의 요건을 갖추지 못하였으므로 법정혈족관계인 양친자 관계도 발생하지 않는다. 즉 乙과 甲사이에는 직계존비속의 관계가 존재하지 아니한다. 따라서 甲이 乙을 살해한 것은 존속살해가 아니라 보통살인죄를 구성하게 되는 것이다.

용어풀이

인지(認知) _ 혼인외에 출생한 자를 그 생부나 생모가 자기의 자라고 인정하는 행위를 말한다.

형법상 형량 비교

1. 보통살인죄 (형법 제250조 제1항)

사형, 무기 또는 5년 이상의 징역

최저형: 징역 5년

선택 가능한 형벌 범위가 넓음

사형 · 무기 · 유기징역 모두 가능

2. 존속살해죄 (형법 제251조)

사형 또는 무기징역

유기징역 선택 불가

최저형: 무기징역

사실상 법정 최고 수준의 중형

CHAPTER 03

환자의 부탁을 받고 살해하면 촉탁 살인죄를 구성할까?

제252조 [촉탁, 승낙에 의한 살인]

① 사람의 촉탁이나 승낙을 받아 그를 살해한 자는 1년 이상 10년 이하의 징역에 처한다. *시효10년

✸ 사건일지 _ 甲은 위암 말기의 판정을 받은 환자로서 죽을 때가 임박하여 극심한 고통에 시달리고 있다. 甲은 이렇게 고통을 겪느니 차라리 일찍 죽어서 고통이나 겪지 않는 것이 더 낫겠다는 생각에, 자신의 부인 乙에게 자신을 죽여달라고 애원하였다. 부인 乙도 그처럼 고통스러워하는 남편의 모습을 더 이상 보고 있을 수 없어 남편 甲의 말대로 그를 살해하였다. 이때 부인 乙은 처벌받아야 하는가?

해결테크

✸ 급소 1 _ 촉탁·승낙에 의한 살인죄는 사람의 촉탁 또는 승낙을 받아 그를 살해하는 경우에 성립하는 범죄이다.

촉탁이라 함은 이미 죽음에 대한 결심을 한 피해자의 요구에 의하여 살인

의 결의를 하는 것을 말한다. 따라서 촉탁이 있기 전에 이미 살해의 결의가 있는 경우에는 촉탁이라 할 수 없다.

이에 반하여 **승낙**이라 함은 이미 살해의 결의를 한 자가 피해자에 대하여 동의를 얻는 것을 말한다.

✸ **급소 2** _ 이 죄에서 촉탁 또는 승낙은 사망의 의미를 인식할 수 있는 의사능력 있는 자의 자유의사에 의하여 이루어져야 한다. 따라서 술에 취하여 의식이 불완전한 상태에 있는 자 또는 정신병자, 의사능력이 없는 유아의 촉탁 내지 승낙을 얻은 경우에는 이 죄에 해당하지 아니한다. 또 위계·위력에 의해 피해자가 살해의 촉탁이나 승낙을 한 경우에는 그 의사결정에 하자가 있었으므로 진정한 의미의 촉탁·승낙이 아니어서 위계에 의한 살인죄를 구성한다(제253조).

결론

甲의 촉탁에 의해 乙이 살해의 결심을 하고 진지한 촉탁으로 볼 수 있으니 촉탁에 의한 살인죄를 구성할 수 있다.

용어풀이

안락사와 존엄사 _ 영화에서 가끔 나오는 장면 중의 하나인 전쟁 중 부상한 전우의 고통을 덜어주기 위해 죽인다거나, 식물 인간에게서 생명연장조치를 제거하는 경우를 법적으로 본다면, 전자는 안락사의 문제이고, 후자는 존엄사의 문제이다.

1) 안락사

진정 안락사 – 고통의 완화를 위한 조치가 생명단축의 위험성을 수반하는 경우를 말한다. 처벌되지 않는다.

부진정 안락사 – 환자를 극심한 고통에서 해방시키기 위하여 적극적으로 환자의 의사에 의해 생명의 단절조치를 취하거나 또는 생명의 연장조치를 중지하는 것을 말한다. 엄격한 요건하에서 이루어지는 조치에 대하여 학설은 범죄성립을 부정하나, 판례는 동의살인(同意殺人)으로 본다.

2) 존엄사

깨어날 가망 없는 식물상태의 인간에게 인간다운 죽음을 맞이하도록 생명연장의 조치를 중단하는 것을 말하며, 일정한 요건 하에 범죄가 성립하지 않는다.

CHAPTER 05

자살교사 · 방조죄 : 함께 죽기로 하고 투신하였다가 자신만 살아나면 처벌받을까?

제252조 [촉탁, 승낙에 의한 살인 등]

② 사람을 교사하거나 방조하여 자살하게 한 자도 제1항의 형에 처한다.

*시효10년

✷ **사건일지 _** 甲은 암환자인 그의 남편 乙이 회복 가망이 없음을 비관한 나머지 같이 자살할 것을 결의하고 乙의 동의를 얻어서 함께 한강에 투신하였으나, 甲은 약간의 상처를 입었을 뿐이고, 乙은 사망하였다. 이때 甲은 어떤 처벌을 받는가?

해결테크

✷ **급소 1 _ 자살교사 · 방조**

여기서 교사란 자살 의사가 없는 자에게 자살의 결의를 하게 하는 것이고, 방조란 이미 자살을 결의하고 있는 자에게 도움을 주어 자살을 용이하게 하는 것을 말한다.

✹ 급소 1 _ 합의동사

자살교사·방조죄와 위계·위력에 의한 살인죄 간에 구별하기 어려운 상황이 있으니, 합의동사(合意同死)의 문제이다. 이 경우 해결 방법은 i) 두 사람 모두 진정으로 죽을 의사로 자살을 기도했으나 어느 1人만 살아난 경우에는 살아난 사람은 자살방조의 죄책을 지고, i) 진정으로 죽을 의사 없이 합의동사를 종용했다면 위계에 의한 살인죄의 죄책을 진다.

결론

甲은 乙에게 자살을 결심하게 하고 자신도 함께 죽을 의도로 한강에 투신하였다가 자신만 살아난 경우이므로 자살교사·방조의 책임을 져서 1년 이상 10년 이하의 징역에 처하게 된다.

자살교사 (自殺敎唆): 자살할 의사가 없는 사람에게 자살할 결의를 일으키게 하는 행위.

자살방조 (自殺傍助): 자살하려는 사람의 자살 행위를 용이하게 해주는 행위. (예: 독약, 총기 등 자살 도구를 제공하거나, 자살 장소를 제공하는 것)

CHAPTER 06

위협을 통해 자살하도록 하면 위력에 의한 살인죄가 성립된다

제253조 [위계 등에 의한 촉탁살인 등]
전조의 경우에 위계 또는 위력으로써 촉탁 또는 승낙하게 하거나 자살을 결의하게 한 때에는 제250조의 예에 의한다. *시효25년

✸ **사건일지 _** 쿠데타에 의해 정권을 장악한 甲은 반정부 투쟁을 주도한 야당지도자 乙을 체포한 후, 乙이 스스로 목숨을 끊으면 그동안의 민주화운동에 대한 업적을 인정하여 성대한 국장을 치러줄 것이지만, 그렇지 않으면 乙의 온 가족을 고문한 후 살해하겠다고 말하였다. 이에 乙은 죄 없는 가족을 살리기 위해 석방된 후 자택에서 스스로 목을 매어 숨졌을 때 甲의 죄책은?

해결테크

✸ **급소 1 _** 자살관여

자살은 범죄가 되지 아니한다. 범죄가 되지 아니하는 행위를 사주하거나 돕더라도 역시 범죄가 될 수 없음이 원칙이다. 이를 '공범(共犯)의 종속성'이라고 하는데, 공범(교사범·방조범)은 정범의 범죄가 일정한 정도까지 성

립 실현될 것을 요하는 것이다. 정범의 행위가 자살이니 공범도 처벌되지 않아야 하지만, 우리 형법에는 특별규정으로서 자살교사 · 방조 · 위계 · 위력에 의한 살인죄를 규정하고 있다.

✸ 급소 2 _ 자살 관여의 수단

자살을 교사 · 방조하는 수단이 위계 · 위력일 경우에는 이 죄가 성립되어 살인죄의 형으로 처벌하고 있고, 그 이외의 수단일 때에는 자살교사 · 방조라는 별도의 형으로 처벌된다(제252조 제2항).

✸ 급소 3 _ 위력 · 위계

위력이란 사람의 의사를 제압하기에 족한 일체의 세력을 말한다. 위계란 목적이나 수단을 상대방에게 알리지 아니하고 그의 부지(不知)나 착오를 이용하여 그 목적을 달성하려는 것을 말한다.

결론

정권을 장악하여 야당 지도자에게 가족의 신변에 대한 위협을 통하여 자살하도록 한 것이므로 위력에 의한 살인죄에 해당하여 살인죄의 예에 의해서 처벌된다.

CHAPTER 07

제2절 상해와 폭행의 죄

머리카락을 잡아당겨 빠졌다면 상해죄를 구성할까?

제257조 [상해, 존속상해]

① 사람의 신체를 상해한 자는 7년 이하의 징역, 10년 이하의 자격정지 또는 1천만원 이하의 벌금에 처한다. *시효7년

② 자기 또는 배우자의 직계 존속에 대하여 제1항의 죄를 범한 때에는 10년 이하의 징역 또는 1천500만원 이하의 벌금에 처한다. *시효10년

✸ 사건일지 _ 택시 운전기사인 甲은 지난 0000년 0월 0일 밤 12시 45분경 피해자인 乙녀를 태우고 잠실로 가던 중, 乙에게 한마디의 양해도 구하지 않고 합승하기 위해 가다 서기를 20여 차례나 반복할 뿐 아니라, 직선거리로 가지 않고 우회하였다. 이에 승객 乙이 항의하자 乙녀에게 욕설을 퍼부으며 택시에서 내리게 하고 머리카락을 잡아당겨 머리카락 일부가 빠졌다. 甲의 죄책은?

해결테크

✸ 급소 1 _ 폭행죄와 상해죄의 구별

甲은 乙의 신체에 유형력을 행사하여 머리카락이 뽑히는 결과가 발생하였

는바, 이를 폭행죄(형법 제260조)로 보아야 할지 상해죄로 보아야 할이지, 그 구별기준이 문제가 된다. 상해한 신체의 생리적 기능을 훼손(치아탈락, 성병감염, 찰과상, 처녀막파열, 피하출혈)하거나 생리적 기능에 장애를 초래(식욕감퇴, 보행불능, 수면장애)하는 행위를 말한다. 따라서 머리카락을 절단하거나 머리카락을 뽑는 행위는 신체의 생리적 기능에 영향을 주는 행위라고는 볼 수 없으므로 상해에 해당하지 아니할 것이다.

✸ 급소 2 _ 자신의 신체에 상해를 가하는 경우

상해는 타인의 신체에 대하여 이루어져야 한다. 따라서 자신의 신체에 상해를 가하는 경우에는 상해죄가 성립하지 아니한다. 그러나 신체검사에서 병역면제의 판정을 얻기 위해 자신의 신체에 상해를 가하는 경우에는 **병역법위반**으로 처벌된다.

✸ 급소 3 _ 존속상해

자기 또는 배우자의 직계존속에 대하여 상해를 가하는 경우에는 존속상해죄로 처벌된다. 이 죄에서의 배우자, 직계존속의 의미는 살인의 죄에서 살펴본 존속의 개념과 같다(존속살해죄 부분 참조).

✸ 급소 4 _ 폭력행위등처벌에관한법률

위의 범죄를 집단적 · 상습적으로 범하는 「폭력행위등처벌에관한법률」이 적용되어 형법에서 규정한 것보다 가중처벌하게 되어 있다.

결론

택시운전기사인 甲은 乙녀의 머리카락을 잡아당겨 일부가 빠져 신체의 완전성을 침해하긴 하였지만, 이는 생리적 기능에 영향을 줄 정도는 아니므로 폭행죄를 구성함은 별론으로 하고, 상해죄에 해당하지는 않는다. 따라서 甲은 형법 제 257조의 책임을 지지 않는다.

CHAPTER 08

에이즈를 감염시키기 위해 잠자리를 같이하여 감염자를 만들었다면 중상해죄에 해당할까?

제258조 [중상해, 존속중상해]

① 사람의 신체를 상해하여 생명에 대한 위험을 발생하게 한 자는 1년 이상 10년 이하의 징역에 처한다. *시효10년

② 신체의 상해로 인하여 불구 또는 불치나 난치의 질병에 이르게 한 자도 전항의 형과 같다.

③ 자기 또는 배우자의 직계존속에 대하여 전 2항의 죄를 범한 때에는 2년 이상 15년 이하의 유기징역에 처한다. *시효10년

✸ 사건일지 _ AIDS에 감염된 甲여인은 세상을 비관하고 자기 자신만 죽게 되는 것이 억울하다는 생각이 들자, 다른 사람도 자기와 같은 고통을 받아야 된다며 AIDS에 감염시킬 의도로 룸살롱이나 단란주점·나이트 클럽 등을 전전하며 자신의 AIDS 감염 사실을 숨긴 채 수많은 남자를 유혹하여 잠자리를 같이하였고, 이로 인해 13명의 새로운 AIDS 감염자를 생기게 하였다. 이 경우 甲여인은 어떤 죄책을 지겠는가?

해결테크

✹ 급소 1 _ 중상해죄

중상해죄는 사람의 신체에 상해를 가하여 생명에 위험을 발생하게 하거나, 상해로 인하여 불구에 이르게 하거나, 불치 또는 난치의 질병에 이르게 함으로써 성립하는 범죄를 말한다.

✹ 급소 2 _ 생명에 대한 위험

생명에 대한 위험을 발생하게 한다는 것은 생명에 대한 구체적 위험을 발생시키는 것을 의미하고, 생명 침해의 결과가 발생할 것을 요하지 아니한다. 상해행위로 인하여 피해자가 사망한 경우에는 상해치사죄(형법 제259조)라는 별개의 죄가 성립하게 된다.

✹ 급소 3 _ 불구

불구란 신체에 있어서 중요 부분에 대한 상실을 의미한다. 신체의 어느 부분이 중요 부분에 해당하는가에 대한 판단은 피해자의 개인적 사정에 따라 결정하는 것이 아니라, 사회 일반인의 관점에서 판단하여 신체에 있어서 중요한 기능을 하는지에 따라 객관적으로 결정하여야 한다. 예를 들이, 피아니스트의 손가락을 절단하였더라도 사회일반인을 기준으로 하여 신체의 중요 부분인지 여부를 판단해야 하므로, 불구라고 볼 수는 없는 것이다.

✸ **급소 4 _** 불치 또는 난치의 질병은 치료가 불가능하거나 현저히 곤란한 경우를 말하는 것으로, 불치 또는 난치에 해당하는지 여부는 현재의 의학 수준에 비추어 판단한다.

결론

甲은 AIDS에 감염된 사실을 알면서도 이 사실을 숨기고 다른 사람들에게 AIDS를 감염시킬 의도로 잠자리를 같이하여 13명에게 AIDS를 감염시킨 것이다. 현재의 의학 수준에 비추어 보건대 AIDS가 성행위를 통해 감염될 확률은 약 1% 이하로 낮지만, 일단 감염된 경우 사망에 이를 확률은 50~70% 정도로 생명에 구체적 위험을 발생시킨 불치 또는 난치의 질병에 해당한다고 할 것인바, 甲은 중상해죄의 죄책을 지게 되고, 각 피해자에 대하여 13개의 중상해죄는 실체적 경합관계에 있게 된다.

CHAPTER 09

사람을 향해 물건을 던졌는데, 다치지 않았다면 폭행죄로 처벌될까?

제260조 [폭행, 존속폭행]

① 사람의 신체에 대하여 폭행을 가한 자는 2년 이하의 징역, 500만원 이하의 벌금, 구류 또는 과료에 처한다. *시효5년

② 자기 또는 배우자의 직계존속에 대하여 제1항의 죄를 범한 때에는 5년 이하의 징역 또는 700만원 이하의 벌금에 처한다. *시효7년

③ 제1항 및 제2항의 죄는 피해자의 명시한 의사에 반하여 공소를 제기할 수 없다.

✸ **사건일지 _** 甲은 일정한 직업이 없는 자로서 0000년 0월 0일 14시 30분 서울시 소재 모 술집에서 술값 때문에 시비가 붙어, 고함을 지르면서 테이블 위에 있던 물컵을 던지고 다시 둥근 의자를 들고 종업원을 향하여 집어 던지는 등의 행위를 한 것이다. 甲은 어떠한 범죄행위를 한 것인가?

해결테크

✸ **급소 1 _ 폭행죄란**

폭행죄는 사람의 신체에 대한 직접적인 유형력을 가함으로써 성립하는 범

죄이다. 따라서 사람의 신체에 대하여 폭행하는 경우에만 폭행죄가 성립하고, 사람이 아닌 물건에 대한 유형력의 행사는 이 죄의 폭행에 해당하지 않는다. 또한 신체에 대한 간접적인 유형력의 행사도 행행위에 해당하지 아니한다.

✸ 급소 2 _ 폭행에 해당하는 예

i) 폭언을 수차 반복하는 것,

ii) 욕설을 퍼부으며 때릴 듯이 물건을 휘두르는 것,

iii) 돌을 던져 의복을 스친 경우,

iiv) 갑자기 고함을 질러 사람을 놀라게 하는 것,

v) 야간에 계속 장난 전화를 거는 행위 등

✸ 급소 3 _ 폭행에 해당하지 않는 경우

비닐봉지에 인분을 넣어 타인의 집 앞마당에 던지는 행위

결론

甲이 술집 종업원에 대하여 물컵과 의자를 던진 행위는 사람의 신체에 대한 유형력의 행사로서 형법 제260조의 폭행에 해당한다. 따라서 甲은 폭행죄의 책임을 지게 된다. 단 甲의 폭행이 2인 이상이 공동으로 또는 집단적, 상습적으로 이루어진 경우에는 폭력행위등처벌에관한법률이 적용되어 가중처벌된다.

CHAPTER 10

시비끝에 승용차 범퍼로 사람을 넘어뜨리면 어떤 처벌을 받을까?

제261조 [특수폭행]

단체 또는 다중의 위력을 보이거나 위험한 물건을 휴대하여 제260조 제1항 또는 제2항의 죄를 범한 때에는 5년 이하의 징역 또는 천만원 이하의 벌금에 처한다. *시효7년

✸ **사건일지 _** 운전자 甲은 견인료 납부를 요구하면서 승용차의 앞을 가로막고 있는 공익근무요원 乙의 다리 부분을 위 승용차 앞 범퍼 부분으로 들이받고 약 1m 정도 진행하여 乙을 땅바닥에 넘어뜨렸다. 이때 甲은 어떻게 처벌되겠는가?

해결테크

✸ **급소 1 _ 특수폭행죄란**

1) **특수폭행죄**는 단체 또는 다중의 위력을 보여 폭행하거나 위험한 물건을 휴대하여 폭행하는 경우에 성립하는 범죄이다.

2) **단체**라 함은 일정한 목적을 가진 사람들의 집합으로서 어느 정도의 계속성을 가진 조직을 말한다. 그러나 여기에서의 일정한 목적은 반드시

불법(不法)의 목적만을 의미하는 것은 아니다.

3) **다중**이라 함은 단체를 이루지 못한 다수인의 집합을 말하며, 위력은 사람의 의사를 제압함에 족한 세력을 말한다.

4) **위험한 물건**에는 성질상 위험한 물건과 그 사용방법에 따라 위험한 물건이 되는 것이 있다. 따라서 총이나 폭발물 등과 같이 강력한 파괴력을 지닌 것뿐 아니라, 염산이 든 병이나 파리약병이나 가위 또는 드라이버 등도 위험한 물건에 해당한다.

5) **휴대**의 의미의 해석에 있어 몇 가지 견해가 대립하고 있다. 휴대의 사전적 의미 그대로 몸에 지니는 것을 의미한다는 견해, 반드시 몸에 지닐 필요는 없고 몸 가까이 두고 쉽게 사용할 수 있는 경우도 휴대에 해당한다는 견해, 널리 이용할 수 있는 경우에도 휴대로 해석하는 견해 등이 대립된다. 그러나 이와 같이 처벌조건인 휴대의 의미를 넓게 해석할 경우에는 처벌의 범위를 넓히는 결과가 되는바, 비판의 여지가 있다.

결론

위 사례의 경우 자동차 범퍼가 위험한 물건인지, 자동차를 운행하는 것을 휴대한 것으로 볼 수 있는지에 대하여서는 견해의 대립이 있을 수 있다. 우리 대법원 판례는 당해 사안에 대하여 특수폭행에 해당 한다고 판시하고 있다(判 1998. 5. 29, 98도1086; 대판 1997. 5. 30, 97도597). **'휴대한다'**라는 말에 '널리 이용한다'라는 뜻도 포함되어 있다고 보는 입장인 것이다. 그러나 휴대한다라는 문언의 의미를 확대하여 처벌의 범위를 넓히는 것은 타당하다고 할 수는 없고, 자동차를 이용하여 사람에게 직접적인 유형력을 행사하는 행위를 일반 폭행죄보다 더 중하게 처벌하여야 할 필요성도 있다고 할 수 있으므로, 형법 개정을 통하여 이러한 해석의 문제를 해결함이 타당하다고 할 것이다.

구분	단순 폭행죄 (형법 제260조 제1항)	특수 폭행죄 (형법 제261조)
성립 요건	사람의 신체에 대해 단순 폭행을 가하는 행위	① 단체 또는 다중의 위력을 보이거나, ② 위험한 물건을 휴대하여 폭행하는 행위
처벌 수위	2년 이하의 징역, 500만 원 이하의 벌금, 구류 또는 과료	5년 이하의 징역 또는 1,000만 원 이하의 벌금
반의사불벌죄	○ (해당)	× (해당하지 않음)
합의 효력	피해자가 처벌을 원하지 않으면 공소 기각 (처벌 면제)	합의해도 처벌되며, 합의는 양형(형량 결정)에만 참작됨
적용 이유	가장 기본적이고 경미한 폭행	행위의 위험성이 높아 불법이 가중됨

CHAPTER 11

밤마다 음란전화를 걸어 신경쇠약증에 걸리게 했다면, 이 경우의 죄는?

제262조 [폭행치사상]

전 2조의 죄를 범하여 사람을 사상에 이르게 한 때에는 제257조 내지 제259조의 예에 의한다. *시효7년, 10년

✷ 사건일지 _ 甲은 자기 집의 파출부 乙의 전화번호를 알게 되었다. 늦은 밤시간마다 장난으로 전화를 걸어 음란한 말을 계속해서 이에 시달린 나머지 乙이 그만 신경쇠약 증세를 보이고 있다. 이 경우 甲의 죄는?

해결테크

✷ 급소 1 _ 폭행의 범위

늦은 밤시간에 계속하여 전화를 걸어 음란한 말을 하는 경우를 폭 행죄의 폭행에 해당한다고 볼 수 있을지가 문제된다. 그러나 물리적인 힘을 신체에 가하는 경우뿐 아니라 욕설을 하는 등의 언어폭력도 신체의 청각기관을 직접적으로 자극하는 음향에 해당하는 경우 폭행죄의 폭행에 해당할 수 있다고 보는 것이 우리 판례의 태도이다.

✸ 급소 2 _ 치상

폭행에 의해 신경쇠약증이라는 병리적 현상을 초래하였는바, 음란 전화라는 폭행에 의해 생리적 기능 훼손의 결과가 발생하였고 행위와 결과 사이에 직접적인 인과관계가 인정되며, 이러한 결과 발생할 것에 대하여 행위자의 예견가능성이 객관적으로 인정되므로 폭행치상죄라는 결과적 가중범의 성립이 인정된다(제15조 제2항).

이와 같은 예로서 강간을 피하기 위해 도망하다가 교통사고를 당하여 상해를 입은 경우에도 강간치상죄를 인정할 수 있다.

결론

언어폭력으로 인해 신경쇠약증에 걸린 것이므로 폭행치상죄에 해당한다. 폭행치상죄와 상해죄는 구별되는 범죄이지만 처벌은 모두 상해죄에 준하여 처벌하고 있다. 따라서 7년 이하의 징역이나 10년 이하의 자격정지, 1천만원 이하의 자격정지, 또는 1천만원 이하의 벌금에 처하게 된다. 한편, 성폭력 범죄의 처벌 등에 관한 특례법 제13조는 "자기 또는 다른 사람의 성적 욕망을 유발하거나 만족시킬 목적으로 전화, 우편, 컴퓨터, 그 밖의 통신매체를 통하여 성적 수치심이나 혐오감을 일으키는 말, 음향, 글, 그림, 영상 또는 물건을 상대방에게 도달하게 하는 사람"을 처벌하는데, 甲의 행위는 성폭력범죄의 처벌 등에 관한 특례법위반(통신매체이용음란)죄에 해당하기도 한다.

에유, 밤마다 걸려오는
음란전화에 노이로제
걸렸다니까!
못난놈!
甲
乙
甲의 음란전화라는 언어폭력으로
乙이 신경쇠약증에 걸렸다면
폭행치상죄로 처벌되나, 야간에
이루어졌다면폭력
행위 등 처벌에 관한 법률에 의해
형이 1/2까지 가중처벌됩니다.

CHAPTER 12 제3절 과실치상의 죄

길에서 공놀이를 하다가 행인이 다치면 처벌받을까?

제266조 [과실치상]

① 과실로 인하여 사람의 신체를 상해에 이르게 한 자는 500만원 이하의 벌금, 구류 또는 과료에 처한다. ※시효5년

② 제1항의 죄는 피해자의 명시한 의사에 반하여 공소를 제기할 수 없다.

✸ 사건일지 _ OO대학교 OO과 3학년에 재학 중인 甲은 OO년 O월 O일 OO시 학교 옆 골목길에서 친구인 乙과 야구공 던지기 놀이를 통행인이 많은 곳에서 하고 있었다. 통행인이 야구공에 맞을 가능성이 많음에도 그 위험의 발생을 방지하기 위한 노력을 게을리한 채 공을 던지다가 甲은 지나가던 피해자의 뒷머리에 맞게 하여 피해자가 약 2주의 치료를 요하는 상처를 입었을 때 어떤 처벌을 받는지?

해결테크

✸ 급소 1 _ 과실치상죄란

과실로 인하여 사람의 신체를 상해에 이르게 한 때에 성립하는 범죄가 과

실치상죄이다. 과실치상죄는 **반의사불벌죄**(反意思不罰罪)로서 피해자가 가해자의 처벌을 바라지 않는다는 의사를 표시한 경우에는 가해자를 기소할 수 없는 범죄이다.

✸ 급소 2 _ 과실의 의미

과실이란 결과 발생의 위험을 예견하고 이를 회피 또는 방지하여야 할 주의의무를 위반하는 것을 말한다. 즉 **주의의무 위반**이라는 데에 과실의 본질이 있다.

✸ 급소 3 _ 형법상 과실범죄

형법은 원칙적으로 고의범을 처벌하며 과실로 인하여 범죄행위를 한 경우에는 법률에 특별규정이 있는 경우에만 예외적으로 처벌하도 록 규정되어 있다. 과실치사죄, 과실치상죄, 실화죄, 과실일수죄(물을 넘치게 하여 성립되는 죄), 과실폭발물파열죄, 과실교통방해죄, 업무상과실장물취득죄가 바로 그것이다.

결론

甲은 피해자에 대한 상해의 고의 없이 공놀이를 하던 중 상해의 결과가 발생한 것이므로 상해죄에 해당하지 않는다. 그러나 공놀이를 하면서 통행인들이 야구공에 맞지 않도록 할 주의의무가 있음에도 불구하고 이 주의의무에 위반하여 피해자에게 상처를 입힌 것이 인정된다. 따라서 甲은 과실치상죄로 처벌받게 된다.

CHAPTER 13

의사가 병명을 일러주지 않아 재차 연탄가스에 중독되었다면, 업무상과실치상죄에 해당될까?

제268조 [업무상과실 · 중과실치사상]

업무상과실 또는 중대한 과실로 사람을 사망이나 상해에 이르게 한 자는 5년 이하의 금고 또는 2천만원 이하의 벌금에 처한다. *시효7년

✵ 사건일지 _ 대구 ○○병원 인턴과정 수련의 甲은 乙이 자기 집 안방에서 취침하다가 연탄가스 중독으로 병원 응급실에 후송되어 온 것을 일산화탄소 중독으로 판명하고 치료한 후 회복케 하였다. 이튿날 병원에서 퇴원할 당시 乙은 甲에게 자신의 병명을 문의하였는데도 의사 甲은 乙에게 아무런 요양방법도 지도해주지 아니하여 乙은 자신이 일산화탄소에 중독되었던 사실을 모르고 퇴원 즉시 사고가 난 자기 집 안방에서 다시 취침하다가 전신 피부 파열 등 일산화탄소 중독을 입었다. 의사 甲은 처벌받겠는가?

해결테크

✵ 급소 1 _ 업무상과실

업무상과실로 인하여 사람을 사상에 이르게 함으로써 성립하는 범죄이다.

신분관계로 형이 가중되는 경우이며, 업무담당자라는 이유로 형을 가중하는 근거에 대해서는 견해가 대립하나, 업무자에게는 일반적으로 결과에 대한 예견 가능성이 크기 때문에 형을 가중하는 것이라고 본다.

✹ 급소 2 _ 업무

업무란 사람이 사회적 지위에 기하여 계속적으로 행하는 사무를 말한다. 계속할 의사로 행한 것이면 단 1회의 행위라도 업무라 할 수 있다.

예) • 의사의 개업 첫날 의료사고
• 승용차를 구입한 다음 날 사람을 사상케 한 경우
• 면허 없이 자동차를 운전

업무는 사람의 생명·신체에 위험을 야기할 수 있는 업무에 한정된다. 따라서 어머니가 요리 중 딸아이의 손가락을 다치게 했다고 업무상 과실치상이 되는 것은 아니다.

✹ 급소 3 _ 교통사고처리특례법, 의료법 등

일정한 직종에 종사하는 자는 형법에 대한 특별법이 마련되어 있어 우선 적용된다. 자동차 운전자의 경우에는 교통사고처리특례법, 의사의 의료사고에는 의료법 등이 그것이다.

결론

甲은 의료법 제22조에 규정되어 있는 요양방법의 지도 의무를 해태하여 재차 연탄가스에 중독되는 결과를 초래하였다. 형법 제268조의 업무상과실이 인정되고 치상의 점도 인정되므로 5년 이하의 금고나 2천만원 이하의 징역에 처하게 된다.

CHAPTER 14

상대방의 의사에 반하여 인스타그램 메시지를 지속적 또는 반복적으로 보내면 처벌받을까?

스토킹범죄의 처벌 등에 관한 법률

제2조 [정의]

이 법에서 사용하는 용어의 뜻은 다음과 같다.

1. "스토킹 행위"란 상대방의 의사에 반하여 정당한 이유 없이 다음 각 목의 어느 하나에 해당하는 행위를 하여 상대방에게 불안감 또는 공포심을 일으키는 것을 말한다.

다. 상대방에게 우편 · 전화 · 팩스 또는 정보통신망 이용촉진 및 정보보호 등에 관한 법률 제2조 제1항 제1호의 정보통신망(이하 "정보통신망"이라 한다)을 이용하여 물건이나 글 · 말 · 부호 · 음향 · 그림 · 영상 · 화상(이하 "물건 등"이라 한다)을 도달하게 하거나 정보통신망을 이용하는 프로그램 또는 전화의 기능에 의하여 글 · 말 · 부호 · 음향 · 그림 · 영상 · 화상이 상대방 등에게 나타나게 하는 행위

제18조 (**스토킹범죄**)

① 스토킹범죄를 저지른 사람은 3년 이하의 징역 또는 3천만원 이하의 벌금에 처한다.

✸ 사건일지 _

甲은 0000년 00월경 乙녀가 인스타그램에 게시한 동영상을 보고 乙녀에게 호감이 생기자 乙녀를 만나기 위해 0000년 00월 00일 00:00경 불상의 장소에서 자신의 휴대전화를 이용하여 乙녀의 인스타그램 계정, 乙녀의 동생 丙녀의 업무용 휴대전화, 네이버 예약 계정에 일 방적으로 "ㅎㅎㅇ"라는 내용의 인스타그램 메시지를 전송한 것을 비롯하여, 5개월 동안 700여회에 걸쳐 乙과 丙에게 일방적으로 인스타그램 메시지 등을 전송하였다. 甲은 어떤 죄로 처벌받겠는가?

해결테크

✸ 급소 1 _ 스토킹으로 인해 일상적인 생활이 어려울 정도로 정신적, 신체적인 피해를 입는 사례가 빈번히 발생하고, 스토킹 초기에 가해자를 처벌하고 피해자를 보호하는 조치가 이뤄지지 않음으로써 폭행, 상해, 살인 등의 강력범죄화 되고 있어 심각한 사회 문제로 대두됨에 따라, 스토킹이 범죄임을 명확히 규정하고 가해자처벌 및 피해자보호절차를 마련하여 강력범죄화를 방지하기 위해 스토킹범죄의 처벌 등에 관한 법률이 2021. 4. 20. 제정되었다.

✸ 급소 2 _ 스토킹행위와 스토킹범죄

스토킹행위란 상대방 또는 그의 동거인 등 가족(이하 "상대방 등"이라 함)에게 접근하거나 따라다니거나 진로를 막아서는 행위, 상대방 등의 주거, 직장, 학교, 그 밖에 일상적으로 생활하는 장소 또는 그 부근에서 기다리거나 지켜보는 행위, 상대방 등에게 우편·전화·팩스 또는 정보통신망을 이용하여 물건이나 글·말·부호·음향·그림·영상·화상을 도달하게 하거나 나타나게 하는 행위, 상대방 등에게 직접 또는 제3자를 통하여 물건 등을 도달하게 하거나 주거 등 또는 그 부근에 물건 등을 두는 행위, 상대방 등의 주거 등 또는 그 부근에 놓여 있는 물건 등을 훼손하는 행위, 상대방 등의 개인정보, 위치정보를 제3자에게 제공하거나 배포 또는 게시하는 행위, 정보통신망을 통하여 상대방 등의 이름, 명칭, 사진, 영상 또는 신분에 관한 정보를 이용하여 자신이 상대방 등인 것처럼 가장하는 행위를 말한다. 스토킹범죄란 상대방의 의사에 반하여 정당한 이유 없이 지속적 또는 반복적으로 스토킹행위를 하여 상대방에게 불안감 또는 공포심을 일으키는 것을 말한다.

✹ **급소 3** _ 현실적으로 상대방이 불안감 내지 공포심을 갖게 되어야 스토킹 행위에 해당하는지와 관련하여 판례는 스토킹 행위가 객관적. 일반적으로 볼 때 이를 인식한 상대방으로 하여금 불안감 또는 공포심을 일으키기에 충분한 정도라고 평가되는 경우, 현실적으로 상대방이 불안감 내지 공포심을 갖게 되었는지 여부와 관계없이 스토킹 행위에 해당되고, 스토킹 행위가 지속되거나 반복되면 스토킹범죄가 성립한다. '스토킹 행위가 객관적. 일반적으로 볼 때 상대방으로 하여금 불안감 또는 공포심을 일으키기에 충분한 정도인지는 행위자와 상대방의 관계·지위·성향·행위에 이르게 된 경위, 행위 태양, 행위자와 상대방의 언동, 주변의 상황 등 행위

전후의 여러 사정을 종합하여 객관적으로 판단하여야 한다.'고 판시하였다.(대판 2023. 9. 27. 2023도6411 판결)

✸ **급소 4** _ 스토킹범죄는 반의사불벌죄가 아니다. 따라서 피해자의 명시한 의사에 반하여서도 공소를 제기할 수 있다.

결론

甲은 乙과 丙의 의사에 반하여 정당한 이유 없이 지속적 또는 반복적으로 5개월여 동안 700여 회에 걸쳐 乙과 丙에게 일방적으로 인스타그램 메시지 등을 전송하는 스토킹행위를 하여 乙과 丙에게 불안감과 공포심을 일으키게 하였고 이러한 甲의 행위는 스토킹범죄의 처벌 등에 관한 법률 제18조 제1항에 해당하여 스토킹범죄의 처벌 등에 관한 법률위반죄로 처벌된다.

CHAPTER 15 제4절 유기와 학대의 죄

반신불수의 시어머니를 버려두면 처벌될까?

제271조 [유기, 존속유기]

① 나이가 많거나 어림, 질병 그 밖의 사정으로 도움이 필요한 사람을 법률상 또는 계약상 보호할 의무가 있는 자가 유기한 경우에는 3년 이하의 징역 또는 500만원 이하의 벌금에 처한다. *시효5년

② 자기 또는 배우자의 직계존속에 대하여 제1항의 죄를 지은 경우에는 10년 이하의 징역 또는 1천500만원 이하의 벌금에 처한다. *시효10년

✱ **사건일지 _** 甲은 결혼 후 시어머니를 모시고 살아왔는데 피해자인 시어머니 때문에 평소 남편 乙과 자주 다투었다. 0000년 0월경부터는 시어머니가 뇌일혈로 반신불수가 되어 움직이기 어렵게 되었으며 치료비까지 많이 들어가 그 뒷바라지가 곤란하게 되자, 甲은 피해자에게 의사에게 데리고 가는 것처럼 꾸미고 손수레에 태워 같은 동네 뒷산에 있는 굴속으로 데리고 가서 피해자를 그곳에 버려둔 채 집으로 돌아왔다. 甲은 어떻게 처벌되는가?

해결테크

✱ **급소 1 _ 유기죄**는 나이가 많거나 어림·질병 기타의 사정으로 인하여 부조를 요하는 자를 보호할 법률상 또는 계약상 의무 있는 자가 이들을

보호하지 아니하고 유기하는 경우에 성립하는 범죄이다. 유기죄는 보호의 필요가 있는 자를 보호 없는 상태로 방치하여 피유기자가 생명 또는 신체의 위험에 빠지게 하는 데 그 본질이 있다.

✸ 급소 2 _ 보호의무자

이 죄가 성립하려면 유기행위를 하는 자에게 부조를 요하는 자에 대하여 보호할 법률상 또는 계약상의 의무가 있어야 한다. 따라서 이러한 의무가 없는 자가 유기행위를 하더라도 유기죄가 성립하지 않는다.

✸ 급소 3 _ 부조를 요하는 자란

이 죄에서 부조를 요하는 자라 함은 다른 사람의 도움이 없이는 자기의 생명·신체에 대한 위험을 스스로 극복할 수 없는 사람을 말한다.

결론

민법 제974조에 의하여 배우자의 직계존속인 시어머니에 대하여 甲은 법률상의 부양의무가 있다. 그럼에도 불구하고 甲은 반신불수가 된 피해자를 뒷산에 있는 굴속에 유기하여 피해자가 보호 없는 상태에 있게 한 점이 인정된다. 따라서 甲은 형법 제272조 제2항의 존속 유기죄를 범한 것이다.

CHAPTER 16

시어머니에게 욕설을 하고 식사를 제대로 제공치 않았다면 존속학대죄에 해당할까?

제273조 [학대, 존속학대]

① 자기의 보호 또는 감독을 받는 사람을 학대한 자는 2년 이하의 징역 또는 500만원 이하의 벌금에 처한다. *시효5년

② 자기 또는 배우자의 직계존속에 대하여 전항의 죄를 범한 때에는 5년 이 하의 징역 또는 700만원 이하의 벌금에 처한다. *시효7년

✹ 사건일지 _ 甲은 乙의 처로서 시어머니와 함께 살고 있었다. 그런데 시어머니가 어느 날 중풍에 걸려 거동을 할 수 없게 되었다. 甲은 시어머니인 丙을 간호해야 할 의무가 있음에도 불구하고 아무런 조치도 취하지 않을 뿐 아니라 남편 乙과 싸움이 있을 때마다 시어머니에게 욕설을 퍼부으며 식사도 주지 아니하는 등 시어머니에게 정신적·육체적 고통을 가했다. 甲은 어떠한 범죄행위를 한 것인가?

해결테크

✹ 급소 1 _ 학대죄란

학대죄는 자기의 보호 또는 감독을 받는 자를 학대함으로써 성립하는 범

죄이다. 학대란 육체적·정신적인 고통을 가하는 가혹한 대우를 의미한다. **보호** 또는 **감독**의 근거에는 제한이 없다. 따라서 법률상, 계약상 타인을 보호·감독하는 경우는 물론 널리 사무관리나 조리(條理) 또는 관습에 의하여 타인을 보호·감독하는 경우도 포함한다. 다만 보호를 받는 자가 18세 미만인 경우에는 아동복지법의 적용을 받게 된다.

✸ 급소 2 _ 학대의 의미

학대에는 육체적으로 고통을 가하는 행위뿐만 아니라 정신적으로 고통을 가하는 행위도 포함된다. 학대에 해당하는지 여부는 보호·감독자와 보호·감독을 받는 자의 지위와 환경을 고려하여 구체적으로 검토하여 판단하여야 한다. 예컨대, 일상생활에 필요한 음식물을 주지 않거나 휴식·수면 등을 허용하지 않거나 폭행을 가하는 경우가 여기에 해당한다.

결론

甲은 자신이 보호해야 할 책임이 있는 시어머니에게 욕설을 퍼부으며 식사도 차려주지 않는 등 시어머니에게 정신적·육체적 고통을 가한 점이 인정된다. 따라서 甲은 존속학대죄를 범한 것이다.

아가야~ 배고파 죽겠다. 미음 좀 끓여와라. 그리고 나 병원 좀 데려가라.
乙
시어머니
어디 늙어서 당신 같은 며느리나 얻어라!
甲
며느리
나쁜 X! 늙었으면…… 내가 왜 밥을 차려…… 어쩌구 저쩌구…… XX!
천만의 말씀! 자신이 보호해야 할 책임이 있는 시어머니에게 정신적 육체적 고통을 가하였으니 甲은 존속학대죄로 처벌됩니다.
法

CHAPTER 17

제5절 체포 · 감금의 죄

동승자의 하차 요청에도 불구하고 계속하여 차를 운전하면 감금죄에 해당할까?

제276조 [체포, 감금, 존속체포, 존속감금]

① 사람을 체포 또는 감금한 자는 5년이하의 징역 또는 700만원이하의 벌 금에 처한다. *시효7년

② 자기 또는 배우자의 직계존속에 대하여 제1항의 죄를 범한 때에는 10년 이하의 징역 또는 1천500만원이하의 벌금에 처한다. *시효10년

✵ 사건일지 _ 甲은 ㅇㅇ운수 소속 충남4바 xxxx호 택시 운전사로서 0000년 00월 0일 11:00경 위 택시를 운전하고 대전을 출발하여 조치원으로 가는 도중, 충남 ㅇㅇ군 ㅇㅇ면 ㅇㅇ리 앞길에서 마침 그곳을 지나가던 같은 면 ㅇㅇ리에 사는 피해자 乙(여, 23세)을 발견하고 정차하여 행선지를 물었다. 乙녀가 ㅇㅇ저수지 앞까지 간다고 하므로 그곳까지 태워다 주겠다고 하면서 그 차에 승차시켜 주행하다가 乙이 ㅇㅇ저수지 앞에서 내려 달라고 요청하였으나 엉큼한 생각을 품은 나머지 응하지 않고 시속 80km의 속력으로 계속 조치원까지 약 50킬로미터를 더 주행하였다. 이때 甲은 무슨 죄를 범한 것인가?

해결테크

✹ 급소 1 _ 체포 · 감금죄

사람을 체포 또는 감금함으로써 성립하는 범죄이다. 사람의 **잠재적인 이전의 자유**를 침해하는 범죄이므로 신체적 활동의 자유를 가지는 한, 술에 취해 자고 있는 사람이든, 연구에 몰두하고 있는 사람이든, 밖에서 문을 잠그는 행위는 감금죄를 구성하게 된다.

✹ 급소 2 _ 체포란 사람의 신체에 대해서 직접적 · 현실적 구속을 가하여 행동의 자유를 장소적으로 제한하는 것을 말한다. 따라서 신체에 대한 현실적 구속이 없이 일정한 장소에 나오지 않으면 잡아들이겠다고 협박하여 나오게 한 경우에는 강요죄에 해당할 뿐 체포라 할 수 없다.

✹ 급소 3 _ 감금이란 사람을 일정한 장소 밖으로 나가지 못하게 하여 신체적 활동의 자유를 장소적으로 제한하는 것을 말한다. 그리고 감금의 수단, 방법에는 제한이 없다. 맹견을 풀어 지키게 하여 생명, 신체에 위험이 따르거나 목욕 중인 부녀의 옷을 숨겨 수치심 때문에 밖으로 나가지 못하게 한 경우에도 감금이 된다.

✷ **급소 4 _** 체포 · 감금의 수단으로 폭행 · 협박을 하더라도 이죄만 성립할 뿐 폭행죄 또는 협박죄가 별도로 성립하지는 않는다. 체포 · 감금에 의하여 일정 시간의 계속으로 기수(旣遂)가 되며, 피해자의 자유가 회복되어야 종료된다.

결론

내려달라는 요청에도 불구하고 계속하여 차를 운전함으로써 乙녀의 신체 활동의 자유를 침해한 것으로 일정 시간이 계속되었다면 감금죄에 해당한다. 2인 이상이 공동으로 또는 집단에 의하거나 상습적으로 이루어지는 경우에는 폭력행위등처벌에관한법률에 의해 가중처벌 받게 된다.

CHAPTER 18

여자의 옷을 벗겨 때리고 감금 중 여자가 탈출하다가 죽었다면 어떤 죄로 처벌되나?

제277조 [중체포, 중감금, 존속중체포, 존속중감금]

① 사람을 체포 또는 감금하여 가혹한 행위를 가한 자는 7년 이하의 징역에 처한다. *시효 7년

② 자기 또는 배우자의 직계존속에 대하여 전항의 죄를 범한 때에는 2년 이하의 유기징역에 처한다.*시효10년

제281조 [체포 · 감금 등의 치사상]

① 제276조 내지 제280조의 죄를 범하여 사람을 상해에 이르게 한 때에는 1년 이상의 유기징역에 처한다. 사망에 이르게 한 때에는 3년 이상의 유 기징역에 처한다. *시효 10년

② 자기 또는 배우자의 직계존속에 대하여 제276조 내지 제280조의 죄를 범하여 상해에 이르게 한 때에는 2년 이상의 유기징역에 처한다. 사망에 이르게 한 때에는 무기 또는 5년 이상의 징역에 처한다. *시효10년

✸ 사건일지 _ 폭력조직원인 甲은 동거하는 乙녀(19세)가 술집에 다시 나가 일을 하겠다고 한다는 이유로 안방 문에 못질을 하여 밖으로 나갈 수 없게 한 다음, 乙녀가 술집에 나가기 위해 준비해 둔 화장품 및 화장품 휴대가방 등을 창문 밖으로 던져버리고 乙녀를 때리고 옷을 벗긴 다음 가위로 모발을 잘랐다. 乙이 이를 피하기 위해 창문 밖으로 뛰어내리려 하자, 甲은 2회에 걸

쳐 이를 제지하였다. 乙은 죽는다고 소리치며 울다가 甲이 밖에서 걸려온 인터폰을 받으려고 거실로 나온 사이 갑자기 안방 창문을 통하여 알몸으로 아파트 아래 잔디밭에 뛰어내려 장기파열상 등을 입고 사망하였다. 甲은 어떤 죄로 처벌받아야 하나?

해결테크

✹ **급소 1 _** 사람을 체포·감금하여 **가혹한 행위**를 한 우에는 체포·감금죄에 비하여 그 형이 가중되게 되는데 중체포·감금죄가 성립하게 되며, 자기 또는 배우자의 직계존속에 대해서는 제277조 제2항의 중존속 체포·감금죄를 구성한다.

✹ **급소 2 _** 가혹행위라 함은 정신적 육체적 고통을 주는 일체의 행위를 말한다.

예) •음식물을 주지 않는다거나
•잠을 자지 못하게 한다거나
•옷을 벗겨 전라로 만드는 경우 등

✹ **급소 3 _ 감금치사상·중감금치사상**

감금행위나 감금에 수반된 폭행, 감금 중의 가혹행위 등에 의하여 피감금자가 다치거나 사망한 때에 감금치사상죄 내지는 중감금치사상죄가 성립한다.

결론

甲은 乙을 감금한 후 폭행과 옷을 벗기는 등 정신적·육체적 고통을 주었다. 이는 중감금에 해당하고, 이를 피하기 위한 피해자의 창문을 통한 탈출로 인해 사망의 결과에 이르게 된 것이라면 甲의 중감금 행위와 乙의 사망 사이에는 인과관계가 있고, 甲에게 그로 인한 결과에 대한 예견 가능성도 있다고 볼 수 있으므로 (중)감금치사죄로 처벌받게 된다.

CHAPTER 19

제6절 협박의 죄

위험물을 휴대하고 협박을 하면 어떤 죄로 처벌되나?

제284조 [특수협박]

체 또는 다중의 위력을 보이거나 위험한 물건을 휴대하여 전조제1항, 제2항의 죄를 범한 때에는 7년 이하의 징역 또는 1천만원 이하의 벌금에 처한다.

✷ **사건일지 _** 甲은 자신의 집 앞에서 옆집에 사는 乙과 주차 문제로 시비를 하던 중 乙이 무식한 놈과는 더 이상 할 이야기가 없다며 자기 집으로 돌아가자, 甲은 乙을 따라가 그의 집 앞에서 소지하고 있던 가위로 乙의 목에 겨누면서 찌를 듯이 위협하며 말을 듣지 않으면 집에 불을 질러버리겠다고 하였다. 甲은 어떠한 범죄행위를 한 것인가?

해결테크

✷ **급소 1 _** 협박죄는 사람을 협박함으로써 성립하는 범죄이다. 자기 또는 배우자의 직계존속을 협박하면 존속협박죄가 성립하며, 단체 또는 다중의 위력을 보이거나 위험한 물건을 휴대하여 협박을 한 경우에는 특수협박죄(제284조)가 성립된다.

✸ 급소 1 _ 협박의 의미

협박이라 함은 해악을 고지하여 상대방에게 공포심을 일으키게 하는 것을 말한다. 협박이라고 하기 위하여는 해악의 발생이 직접 또는 간접적으로 행위자에 의하여 좌우될 수 있는 것이어야 한다. 따라서 단순히 처벌을 받을 것이라고 말하는 경우에는 경고에 불과하고 본 죄의 협박에는 해당하지 않는다. 그러나 해악이 반드시 현실적으로 발생할 가능성이 있거나 행위자가 이를 실현할 의사가 있을 것은 요하지 않는다. 그러므로 객관적으로 행위자가 해악을 실현할 의사가 있다는 인상을 주었고 상대방이 사실상의 해악이 발생할 가능성이 있다고 인식하면 족하다.

결론

甲은 乙의 목에 가위를 들이대고 집에 불을 질러버리겠다고 하였으므로 성질과 용도에 비추어 위험한 물건을 휴대하여 해악을 고지한 것에 해당하여 형법 제284조의 특수협박죄에 해당한다. 한편, 요즘 편리한 1인 1차 소유 시대를 살아가고 있지만 운전자 간 양보, 배려의식 부재로 인해 차량을 이용한 고의적인 중앙선 침범, 급제동, 무리한 진로변경 등의 행위로 상대방 운전자에게 보복운전을 하는 사례가 빈발하고 있어 사회적인 문제로 대두되고 있다. 우리 대법원 판례는 차량을 위험한 물건으로, 고의적인 중앙선 침범 등 보복운전행위를 협박으로 보고 있다. 따라서 차량을 이용한 보복운전은 특수협박죄로 가중처벌된다는 사실을 기억하여야 한다.

CHAPTER 20

제7절 약취와 유인의 죄

미성년자를 자기 지배하에 두고 행상을 시켰다면 어떠한 처벌을 받을까?

제287조 [미성년자 약취, 유인]

미성년자를 약취 또는 유인한 사람은 10년 이하의 징역에 처한다.*시효10년

✸ **사건일지 _** 15세의 乙녀는 사이비 종교 교주 甲의 독자적인 교리 설교에 감명을 받고 가출한 후, 甲이 관리하는 한국복음전도회 부산 및 마산 지관에 입관할 것을 호소하였다. 이에 甲은 乙녀를 자신의 지배하에 두고 소위 '주(主)의 일(껌팔이 등 행상)'을 하게 하였다. 甲의 형사책임은 어떠한가?

해결테크

✸ **급소 1 _ 종교의 자유와 사이비 교주**

헌법에 의해 종교의 자유가 보장되고 있다. 형법에서는 사이비 종 교라고 하여 무조건 처벌하거나 그 종교단체를 해산시킬 수 있는 규 정은 없다. 결국 사이비 종교가 집단적으로 신도의 자살을 유도(오대양 사건)하는 등 범죄를 저지른 경우에 한하여 형법이 관여한다.

✷ 급소 2 _ 미성년자 약취 · 유인

1) 미성년자를 약취 · 유인하면 제287조의 미성년자 약취 유인죄가 성립하게 된다.

2) 미성년자는 민법상 개념으로 만 19세에 달하지 아니한 자를 말하며

3) 약취란 피해자의 의사에 반하여 사람을 현재의 보호상태로부터 이탈하게 하여 자기 또는 제3자의 실력적 지배하에 옮기는 것을 말한다.

4) 유인이란 사람을 기망(속이다)하거나 또는 유혹하여 자기 또는 제3자의 실력적 지배하에 옮기는 것을 말한다.

5) 이 죄가 성립하기 위하여 장소적 이전을 요하는가에 관해서는 견 해의 대립이 있으나, 통설적인 견해는 장소적 이전이 꼭 필요한 것은 아니라고 보고 있다.

✷ 급소 3 _ 특정범죄가중처벌법 제5조의 2

특정범죄 가중처벌 등에 관한 법률 제5조의 2는 13세 미만의 미성년자에 대하여 형법 제287조의 죄를 범한 사람에게 재물이나 재산상의 이익을 취득할 의사가 있거나 목적이 있는 경우와 미성년자를 살해할 목적 등이 있는 경우에 가중처벌하고 있다.

결론

사이비종교 교주 甲은 독자적인 교리 설교로 乙을 현혹하였음은 물론, 이에 이끌려 스스로 가출한 乙을 자신의 지배하에 두고 껌팔이행상을 시켰는바, 형법 제287조의 미성년자 약취, 유인죄에 해당한다.

CHAPTER 21

제8절 강간과 추행의 죄

강제로 부녀자의 성기에 남성의 성기를 일단 삽입했다면 바로 중단했더라도 강간죄가 성립될까?

제297조 [강간]

폭행 또는 협박으로 부녀를 강간한 자는 3년 이상의 유기징역에 한다. * 시효10년

✸ 사건일지 _ 甲은 ㅇㅇ상사 사원으로서 0000년 0월 0일 18시경 서울 ㅇㅇ동에 사는 친구의 집에 초대를 받아 그의 집에 도착하였으나, 친구는 아직 돌아오지 않았고 그의 처 乙만이 집 안방에서 혼자 재봉을 하고 있었다. 이것을 보고 있던 甲은 갑자기 욕정을 일으켜 乙녀를 넘어뜨리고 수 건으로 입을 틀어막는 등 폭행을 가하여 반항하지 못하게 한 다음 乙녀의 하의를 벗기고 성기를 삽입하였으나, 친구가 오는 인기척에 중단하였다. 甲은 무슨 죄로 처벌되는가?

해결테크

✸ 급소 1 _ 폭행 협박을 통한 간음

강간죄는 폭행 · 협박을 통하여 부녀를 간음함으로써 성립하게 된다. 폭행 · 협박의 정도는 폭행죄 · 협박죄의 정도와는 달리 상대방의 반항을 불

가능하게 하거나 현저히 곤란하게 하는 정도의 폭행·협박임을 요한다. **간음**이란 남자 성기와 여자 성기의 결합을 말한다. 간음을 하려고 폭행·협박에 들어가면 강간죄의 실행에 착수한 것이며, 간음의 성공 여부는 강간죄의 기수와 미수의 구별 기준이 될 뿐이다. 남자의 성기 가 여자의 성기에 삽입되었을 때 강간죄의 기수가 된다.

✸ 급소 2 _ 강간죄의 실행의 착수(着手)시기와 기수(旣遂)시기

강간죄의 실행의 착수시기는 간음을 위한 폭행·협박이 개시된 시기이고, 강간죄의 기수시기는 간음 시, 즉 여자의 성기에 남자의 성기가 삽입된 시기이다.

✸ 급소 3 _ 강간죄의 주체와 객체

강간죄의 주체에는 제한이 없으므로 남자는 물론 여자도 강간죄의 주체가 될 수 있다. 강간죄의 객체는 남녀를 불문하므로 여자는 물론 남자도 객체가 될 수 있다. 따라서 기혼, 미혼, 성년, 미성년을 불문한다. 성관계를 원하지 않는 매춘부를 폭행·협박하여 간음하면 강간죄가 성립한다. 종전 판례는 성전환자(성전환 수술을 받은 자)는 강간죄의 객체인 부녀에 해당하지 않는다고 보았다. 그런데 최근 판례 (대판 2009도 3580)는 성전환자를 강간죄의 객체인 부녀에 해당한다고 하였다. 2012.12.18. 형법 개정 전에는 강간죄의 객체는 부녀만으로 제한되었으나 위 개정으로 남녀를 불문하고 사람이기만 하면 강간죄의 객체가 될 수 있으므로, 성전환자가 부녀에 해당하는지 여부는 더 이상 논란의 여지가 없게 되었다.

✸ 급소 4 _ 친고죄의 문제

2012. 12. 18. 형법 개정시 강간죄 등 성범죄에 관하여 고소가 있어야 공소를 제기할 수 있도록 한 규정을 삭제하였으므로, 이제 강간되는 더 이상 친고죄가 아니다.

결론

친구 집에 찾아왔다가 욕정을 일으켜 친구의 부인을 수건으로 입을 틀어막는 등의 폭행을 통하여 간음한 것이므로 강간죄에 해당하고, 강간의 기수시기는 **삽입시설**이 통설·판례이므로 일단 삽입을 하였으면 사정을 하는 등 성행위를 계속한바 없더라도 강간죄가 성립된다.

CHAPTER 22

강제로 성기에 손가락을 넣거나 입에 성기를 넣으면 강간죄로 처벌될까?

제297조의2 [유사강간]
폭행 또는 협박으로 사람에 대하여 구강, 항문 등 신체(성기는 제외한다)의 내부에 성기를 넣거나 성기, 항문에 손가락 등 신체(성기는 제외한다)의 일부 또는 도구를 넣는 행위를 한 사람은 2년 이상의 유기징역에 처한다. *시효 10년

✸ **사건일지 _** 甲은 직장 동료인 乙과 함께 야근을 마치고 乙을 귀가시켜 주기 위해 자신의 승용차 조수석에 태우고 운행하다가 불상의 장소에 정차한 후 乙에게 입을 맞추고, 싫다고 거부하는 乙의 몸 위로 올라탄 뒤 음부에 손가락을 집어넣고, 몸부림치며 저항하는 乙의 머리를 잡아당겨 누른 뒤 자신의 성기를 乙의 입에 집어넣었다. 乙이 울기 시작하자 甲은 행위를 멈추었다. 갑은 어떤 죄로 처벌받겠는가?

해결테크

✸ **급소 1 _** 유사강간죄는 다양화된 성범죄에 효과적으로 대처하기 위하여 2012. 12. 18.에 신설되었다.

✸ **급소 2 _** 폭행 또는 협박으로 사람에 대하여 성기를 제외한 구강, 항문 등 신체의 내부에 성기를 넣는 행위를 하거나 성기, 항문에 성기를 제외한 손가락 등 신체의 일부 또는 도구를 넣는 행 위를 함으로써 성립한다. 이 죄의 행위 주체와 객체는 남녀, 기혼·미혼, 성년·미성년을 불문한다.

✸ **급소 3 _** 폭행 또는 협박의 의미와 정도는 강간죄에 있어서의 폭행 또는 협박과 같이 상대방의 반항을 불가능하게 하거나 현저히 곤란하게 할 정도여야 한다.

✸ **급소 4 _** 폭행, 협박을 개시함으로써 실행의 착수에 이르고, 성기를 제외한 구장, 항문 등 신체의 내 부에 성기를 넣거나 성기, 항문에 성기를 제외한 손가락 등 신체의 일부 또는 도구를 넣음으로써 기수에 이른다.

결론

甲은 乙의 의사에 반하여 乙의 성기에 손가락을 집어넣고, 자신의 성기를 乙의 입에 집어넣는 행위를 하였으므로, 甲의 이러한 행위는 형법 제297조의2의 유사강간죄에 해당한다.

CHAPTER 23

동성(同性)인 후배의 의사에 반하여 신체를 만지면 강제추행죄에 해당할까?

제298조 [강제추행]

폭행 또는 협박으로 사람에 대하여 추행한 자는 10년 이하의 징역 또는 1천 500만원 이하의 벌금에 처한다. *시효10년

✸ 사건일지 _ 甲녀는 모 한의원에서 실장 직책으로 근무하고 있는데, 자신보다 6살 어리고 같은 한의원에서 간호조무사로 근무하고 있는 乙녀를 좋아하게 되었다. 甲은 위 한의원 내에서 수회에 걸쳐 둘만이 있게 되는 틈을 이용하여, 그의 가슴을 움켜쥐거나 엉덩이를 만지고 자신의 볼을 그의 볼에 가져다 대는 등의 행위를 하였다. 甲이 그런 행위를 할 때마다 乙은 반사적으로 얼굴을 돌리거나 몸을 뒤로 빼는 등 甲의 신체접촉을 피하려고 하는 한편, 신체접촉을 거부한다는 내용의 문자메시지를 甲의 휴대전화로 보내거나 한의원의 총괄실장과 원장에게 호소하기도 하였다. 甲녀는 어떠한 범죄로 처벌받게 되는가?

해결테크

✸ 급소 1 _ 강제추행죄란

강제추행죄는 폭행 또는 협박으로 사람에 대하여 추행을 함으로써 성립한다. 이 죄는 사람의 성적 자유 내지 성적 자기결정의 자유를 보호하기 위하여 규정된 범죄이다.

✸ 급소 2 _ 강제추행죄의 주체와 객체

이 죄의 주체에는 아무런 제한이 없다. 이 죄의 객체는 사람이다. 여자뿐 아니라 남자도 포함되며, 혼인의 유무를 불문한다. 법률상의 처에 대하여 추행하는 경우에는 부부관계의 특수성을 고려할 때 이 죄가 성립하지 않고 강요죄(强要罪)가 문제될 뿐이다.

✸ 급소 3 _ 추행의 의미

추행이란 일반인에게 성적 수치심이나 혐오감을 일으키게 하고 성적 도덕관념에 반하는 행위를 의미한다. 가해자에게 성욕을 자극, 흥분, 만족시키려는 주관적 동기나 목적이 있어야만 강제추행죄가 성립하는 것은 아니다.

✸ 급소 4 _ 기습추행

강제추행되는 상대방에 대하여 폭행 또는 협박을 가하며 항거를 곤란하게 한 뒤에 추행을 하는 경우뿐만 아니라, 상대방의 의사에 반하는 유형력의 행사로서의 신체접촉 등의 폭행행위 자체가 추행에 해당할 수도 있는데 이를 기습 추행이라 한다. 갑자기 뒤에서 몸을 껴안는 행위, 갑자기 볼에 입을 맞추거나 허벅지를 쓰다듬는 행위, 블루스 춤을 추다가 가슴을 만지는 행위 등이 기습추행이라고 볼 수 있다.

결론

비록 甲과 乙이 모두 여성으로서 동성인 점을 고려하더라도 甲이 乙의 가슴을 움켜쥐거나 엉덩이를 만지는 등의 행동을 한 것은 그로 하여금 성적 수치심을 느끼게 할 만한 행위가 명백하므로 甲의 행위는 강제추행죄에 해당된다.

CHAPTER 24

처녀막 재생수술을 한 여자를 강간하여 처녀막을 파열시켰다면 강간치상죄에 해당할까?

제301조 [강간 등 상해 · 치상]

제297조, 제297조의2 및 제298조부터 제300조까지의 죄를 범한 자가 사람을 상해하거나 상해에 이르게 한 때에는 무기 또는 5년 이상의 징역에 처한다. *시효 15년

✹ 사건일지 _ 乙녀는 다방 종업원으로 6개월 정도의 동거 경험이 있는 자로서 과거생활을 청산하고 남자를 사귀어 결혼할 계획을 세운 뒤 처녀막 재생수술을 하였다. 乙은 그 후 구두를 사러 시내 백화점에 갔다가 귀가하는 도중 집 근처 골목길에서 생면부지의 甲(모 초등학교 체육교사)과 마주치게 되었다. 체육복차림의 甲은 미니스커트를 입은 乙을 협박하여 여자의 팬티만 내린 채 서 있는 자세로 강간하였다. 甲은 무슨 죄로 처벌되는가?

해결테크

✹ 급소 1 _ 강간치상

강간치상죄는 강간으로 인하여 피해자가 상해를 입은 경우에 성립하는 범죄이다. 이 죄에서의 상해는 반드시 간음행위에 의하여 이루어질 필요는

없으며, 강간을 위하여 폭행을 하던 중 상해를 입은 경우에도 이 죄가 성립한다. 상해란 상해죄에서 살펴본 바와 마찬가지로 생리적 기능에 훼손을 가져오는 경우를 말한다.

✷ 급소 2 _ 간음의 성공여부

이 죄는 반드시 간음행위가 성공하여야만 성립하는 것은 아니다. 따라서 간음행위가 미수에 그친 경우라도 피해자가 상해를 입으면 이 죄가 성립한다.

✷ 급소 3 _ 처녀막 파열이 상해에 해당하는지

처녀막은 부녀자의 신체에 있어서 생리 조직의 일부를 구성하는 것으로 파열되면 정도의 차이는 있어도 생활기능에 장애가 오는 것으로 보아야 할 것이다. 따라서 처녀막 파열은 강간치상죄를 구성하는 상해에 해당한다.

결론

乙은 비록 성경험을 가진 여자이지만 새로이 처녀막 재생수술을 하여 과거생활을 청산하고 새로운 인생을 살려는 계획이 있었다. 그러나 甲의 강간행위에 의하여 재생수술을 한 처녀막이 파열되었다면 乙의 인생에 있어 생활기능에 장애를 주었다 할 수 있다. 그러므로 강간치상죄를 구성하는 상해를 입었다고 보아야 할 것이다. 결론적으로 甲은 강간치상죄의 책임을 면할 수 없다.

CHAPTER 25

한 사람은 폭행만 하고 다른 사람이 강간을 하였어도, 전원 특수강간죄로 처벌될까?

*성폭력범죄의 처벌 등에 관한 특례법

제4조 [특수강간 등] ① 흉기나 그 밖의 위험한 물건을 지닌 채 또는 2명 이상이 합동하여 「형법」 제297조(강간)의 죄를 범한 사람은 무기징역 또는 7년 이상의 징역에 처한다. *시효15년

② 제1항의 방법으로 「형법」 제298조(강제추행)의 죄를 범한 사람은 5년 이상의 유기징역에 처한다. *시효10년

③ 제1항의 방법으로 「형법」 제299조(준강간, 준강제추행)의 죄를 범한 사람은 제1항 또는 제2항의 예에 따라 처벌한다.

제15조 [미수범] 제3조부터 제9조까지, 제14조, 제14조의2 및 제14조의3의 미수범은 처벌한다.

✸ **사건일지 _** 甲, 乙, 丙 등은 합동하여 0000년 0월 0일 21시 경 서울 00구 00동에 있는 00여관으로 피해자 丁(23세의 여자)을 유인한 후, 그 여관 000호실에서 甲이 그녀를 침대에 넘어뜨리고 손을 움직이지 못하도록 완력으로 제압하여 반항할 수 없도록 한 다음, 乙·丙의 순으로 丁녀를 강간하였다. 甲은 丁녀가 불쌍해서 강간을 하지는 않았다. 甲·乙·丙은 어떠한 범죄로 처벌받게 되는가?

해결테크

✷ 급소 1 _ 2인이상이 합동하여

집단범죄는 1인에 의한 범죄에 비하여 위험성이 더 크기 때문에 형법과 관련 특별법에서 가중처벌하고 있다. 2인 이상이 합동하여 부녀를 강간한 경우에는 형법이 아니라 「성폭력범죄의처벌및피해자구조에관한법률」에 의하여 처벌된다. 흔히 말하는 **윤간**(輪姦)이라는 것은 동법 제6조의 특수강간에 해당된다.

✷ 급소 2 _ 특수강간에서의 강간

강간죄의 강간과 다르지 않다. 폭행·협박으로 반항을 억압한 후 간음하는 것이다. 특수강간죄가 성립하기 위해 반드시 전원이 간음행위를 하여야 하는 것은 결코 아니다. 2인 이상이 합동하여 범행을 하되, 한 명은 간음하고 다른 사람은 폭행·협박 등을 통하여 간음을 용이하게 해 주었을 뿐이라고 하더라도 모두 특수강간죄의 정범으로 처벌받게 된다.

결론

甲, 乙, 丙은 합동하여 같은 장소에서 丁녀를 강간하였는데, 비록 甲은 丁을 직접 강간하지는 않았다고 하더라도, 乙과 丙이 丁을 용이하게 강간할 수 있도록 丁의 팔을 잡는 등의 폭력행위로 반항을 억압함으로써 범죄 실행에 있어 기능적 역할을 분담한 사실이 인정되므로, 甲은 乙, 丙과 함께 성폭력범죄의 처벌 등에 관한 특례법 제4조 제1항의 성폭력범죄의 처벌 등에 관한 특례법 위반(특수강간)죄로 처벌받게 된다.

CHAPTER 26

사실상 자신의 감독하에 있는 부녀자를 추행하면 업무상위력등에의한추행죄를 구성한다

성폭력범죄의 처벌 등에 관한 특례법

제10조 [업무상 위력 등에 의한 추행] ① 업무, 고용이나 그 밖의 관계로 인하여 자기의 보호, 감독을 받는 사람에 대하여 위계 또는 위력으로 추행한 사람은 3년 이하의 징역 또는 1천500만원 이하의 벌금에 처한다. *시효 5년

② 법률에 따라 구금된 사람을 감호하는 사람이 그 사람을 추행한 때에는 5년 이하의 징역 또는 2천만원 이하의 벌금에 처한다. *시효 7년

제15조 [미수범] 제3조부터 제9조까지, 제14조, 제14조의2 및 제14조의3의 미수범은 처벌한다.

✸ 사건일지 _ 甲은 미장원을 경영하는 乙녀의 남편으로 수시로 미장원에 출입하면서 청소 등 그의 처를 도와주고 있었으며, 미장원 종업원 丙녀(21세)는 甲을 '주인아저씨'라고 부르면서 직접·간접의 지시에 따르고 있었다. 어느 날 甲은 丙녀를 데리고 나와서 식사를 하고, 丙녀의 숙소로 보내준다고 하면서 丙이 상경 후 아직 서울지리에 생소한 것을 이용하여 차를 서울 근교로 몰아 차 안에서 말을 듣지 않으면 해고시키겠다고 협박하면서 丙녀의 팬티에 손을 넣어 음부를 비비고, 강제로 丙녀의 손을 잡아당겨 자신의 발기된 음경을 만지게 하는 등 애무를 하였다. 그러나 甲은 너무 흥분한 나머지 스

스로 사정을 하여 성행위를 하지는 못했다. 이 경우 甲의 죄책은?

해결테크

✸ 급소 1 _ 피보호, 감독자 추행

업무, 고용이나 그 밖의 관계로 인하여 자기의 보호, 감독을 받는 사람에 대하여 위계 또는 위력으로 추행하는 경우이다.

✸ 급소 2 _ 보호 감독을 받는 지위로 인하여 피보호, 감독자의 성적 자기 결정의 자유가 부당하게 침해되는 것을 방지하기 위한 것이다.

✸ 급소 3 _ 집주인이 가정부를 추행하거나 직장에서 부녀를 해고시킬만 한 지위에 있는 자가 부하 여직원을 추행하는 경우 등이 이에 해당하겠다. 이 경우 위계나 위력을 행사하여 추행할 것이어야 함은 물론이다.

✸ 급소 4 _ 보호, 감독의 원인

공적, 사적 업무를 불문하고, 고용인과 피고용인의 관계에 있어야 한다. 기타 관계로 인하여 보호, 감독을 받는 사람에는 사실상의 보호 또는 감독을 받는 상황에 있는 사람도 포함된다.

결론

자신의 처가 경영하는 미장원이지만 甲은 사실상 丙녀를 보호·감독하는 지위에 있는 자로 볼 수 있고, 그런 지위를 이용하여 丙녀를 추행한 것이므로, 甲은 성폭력범죄의 처벌 등에 관한 특례법 제10조 제1항의 성폭력범죄의 처벌 등에 관한 특례법(업무상위력 등에 의한 추행)죄로 처벌받게 된다.

CHAPTER 27

합의하에 성관계를 가졌더라도 상대가 만 13세가 안 되었다면, 미성년자에 대한 의제 강간·추행죄에 해당된다.

제305조 [미성년자에 대한 간음, 추행]

① 13세 미만의 사람에 대하여 간음 또는 추행을 한 자는 제297조, 제297조의2, 제298조, 제301조 또는 제301조의2의 예에 의한다.

② 13세 이상 16세 미만의 사람에 대하여 간음 또는 추행을 한 19세 이상의 자는 제297조, 제297조의2, 제298조, 제301조 또는 제301조의2의 예에 의한다.

✹ 사건일지 _ 甲은 23세의 직장인으로서 0000년 0월 0일 밤 10시경 서울에 있는 OO나이트 클럽에 갔다. 그곳에서 乙녀를 만나게 되었고 당시 乙녀는 노랑머리에 얼굴에 짙은 화장을 하고 있어 정확한 나이를 알 수는 없었지만 어려보인다는 생각은 하고 있었다. 둘은 나이트클럽을 나와 합의로 근처에 있는 OO모텔에서 성관계를 가졌다. 그 후 알게 되었는데 乙녀는 OO중학교 2학년에 재학중이고 나이는 만13세가 되지 않았음을 알게 되었다. 甲의 행위는 처벌받는 행위인가?

해결테크

✹ 급소 1 _ 의제강간

13세 미만의 부녀를 간음할 경우 성립하는 범죄이다. 간음을 위해서 폭행이나 협박도 필요 없고 둘 사이의 원만한 합의에 의한 경우에도 범죄가 성립된다. 이는 형법이 성적 자기결정을 할 수 있는 능력을 13세로 보고 있는 것이다. 만약 폭행이나 협박으로 13세 미만의 부녀를 간음했다면 이 죄가 아니라 제297조의 강간죄가 된다.

✹ 급소 2 _ 돈을 주고 관계를 가진 경우

윤락업소에서 돈을 주고 13세 미만의 여자와 관계를 가진 경우에도 이 죄가 성립하게 된다. 이 때는 「성매매알선등행위의처벌에관한법률」에 의해서 처벌받을 수도 있고, 돈을 받고 매춘을 한 여자와 성매매를 알선한 업소 주인 등도 처벌받게 된다.

✹ 급소 3 _ 미성년자 의제강간 연령기준 상향

텔레그램을 이용한 성착취 사건 등 사이버 성범죄로 인한 피해자가 날로 증가하는 추세에 대응하여, 2020. 5. 19. 형법 개정시 미성년자 의제강간 연령기준을 13세에서 16세로

상향하였다. 그러면서 피해 미성년자가 13세 이상 16세 미만인 경우에는 범행주체가 19세 이상일 경우에만 처벌하도록 형법 제305 제2항을 신설하였다.

결론

13세가 안 된 여자를 간음했으니 형법 제305조 제1항의 미성년자의제강간죄가 성립할 수 있다. 다만 성관계를 가질 당시에 13세가 되지 아니한 사실을 미필적(未必的 : 그런지 아닌지 잘모르겠지만 그렇더라도 할 수 없다는 생각)으로라도 알고 있어야 할 것이며, 여자가 자신의 나이가 13세가 넘었다고 거짓말하고 이를 믿고 관계를 가진 경우에는 행위 주체에게 고의가 없으므로 2020. 5. 19. 형법 개정 전에는 제305조 제1항이 적용되지 않아 미성년자 의제강간죄로 처벌할 수 없었다. 그렇지만 제305조 제2항의 신설로 피해 미성년자가 13세 이상 16세 미만인지 여부, 범죄 주체가 19세 이상의 자인지 여부가 검토되어 미성년자의제강간죄로 처벌될 수도 있게 되었다.

CHAPTER 28

제9절 명예에 관한 죄

진실일지라도 여러 사람 앞에서 특정인의 명예를 훼손시켰다면 명예훼손죄에 해당할까?

제307조 [명예훼손]

① 공연히 사실을 적시하여 사람의 명예를 훼손한 자는 2년이하의 징역이나 금고 또는 500만원이하의 벌금에 처한다. *시효 5년

② 공연히 허위의 사실을 적시하여 사람의 명예를 훼손한 자는 5년이하의 징역, 10년이하의 자격정지 또는 1천만원 이하의 벌금에 처한다. *시효 7년

제308조[사자의 명예훼손]

공연히 허위의 사실을 적시하여 사자의 명예를 훼손한 자는 2년이하의 징역이나 금고 또는 500만원이하의 벌금에 처한다. *시효 5년

제310조 [위법성의 조각]

제307조 제1항의 행위가 진실한 사실로서 오로지 공공의 이익에 관한 때에는 처벌하지 아니한다.

✸ **사건일지 _** 피의자는 0000년 실시한 국회의원 선거에 즈음하여 00당 공천으로 서울시 제0선거구에 입후보한자이다. 甲은 00구 00동에 소재한 00중학교 교정에서 열린 합동연설회 석상에서 약 500여명의 청중이 모인 가운

데 선거연설 중 반대당인 OO당의 후보 乙에 대하여 언급함에 있어 '乙후보는 유부남이면서 자신의 선거운동원인 유부녀와 간통을 한 파렴치한이다' 라는 등의 발언을 하였다. 그런데 그것은 허위가 아니었다. 甲은 어떠한 범죄행위를 한 것인가?

해결테크

✸ 급소 1 _ 명예훼손죄란

명예훼손죄는 공연히 사실을 적시(摘示: 지적하여 보임)하여 사람의 명예를 훼손하는 경우에 성립하는 범죄이다. 적시한 사실이 허위인 경우에는 그 사실이 진실인 경우보다 중한 형으로 처벌하게 되어 있다.

✸ 급소 2 _ 사실의 적시

명예훼손죄가 성립하려면 사실의 적시가 있어야 하는데, 여기에서의 사실의 적시는 타인의 명예를 훼손하기에 족한 구체적 사실이어야 한다. 따라서 구체적인 사실의 적시가 없이 단순히 '이 사기꾼 같은 놈'이라고만 한 경우에는 모욕죄(侮辱罪)가 성립할 수는 있어도 명예훼손죄는 구성하지 않는다.

✸ 급소 3 _ 공연성

사실을 적시하는 경우에도 공연성이 있어야 한다. 공연성(公然性)은 불특정 또는 다수인이 인식할 수 있어야 한다. 다수인이 인식할 수 있는 조건이었다면 현실적으로 인식하지 않아도 공연성이 인정된다. 따라서 공중목욕탕에서 다수인이 있는 가운데 명예훼손적 발언을 한 경우 비록 다른 사람들이 모두 귀기울여 듣지 않았다고 하더라도 공연성이 인정된다.

✸ 급소 4 _ 전파가능성이론

우리 대법원은 전파가능성을 공연성에 관한 확립된 법리로서 일관되게 판시하고 있다. 이 전파가능성이론은 명예훼손죄의 공연성에 관하여 소수의 사람에게 적시하였더라도 그 상대방이 불특정 또는 다수인에게 적시된 사실을 전파할 가능성이 있는 때에는 공연성이 인정된다고 한다.

✸ 급소 5 _ 피해자의 특정

명예훼손을 함에 있어서는 피해자가 특정되어야 한다. 여기에서 피해자는 반드시 1인일 필요는 없으나, 경기도민이라든가 공무원 전체 등의 경우에는 피해자가 특정되었다고 볼 수 없다. 이 죄에서 피해자는 자연인 뿐 아니라 법인인 경우에도 명예의 주체가 된다.

✸ 급소 6 _ 사망한 자의 경우에는 적시한 사실이 허위의 사실일 경우에만 사자(死者)의 명예훼손죄(제308조)가 성립한다.

✸ 급소 7 _ 위법성의 조각

진실한 사실을 적시하여 명예훼손을 한 경우에도, 그 사실의 적시가 오로지 공익에 관한 때에는 위법성이 조각되어 처벌되지 않는다. 따라서 형법

第307조 第2항의 허위사실적시에 기한 명예훼손죄, 제 308조의 사자 명예훼손죄, 제309조의 출판물명예훼손의 행위에는 적용되지 않는다.

결론

위 사례에서 甲은 수백명이 모인 장소에서 발언하였기 때문에 공연성이 인정됨은 물론, 피해자도 특정되었으며 그것이 진실일지라도 그의 명예를 훼손하기에 족한 구체적 사실을 적시하였으므로 형법 第307조 第1항의 명예훼손죄를 범하였으며, 위와 같은 사실을 적시한 것이 공익을 위한 목적으로 보여지지도 아니하는 바, 위법성도 조각되지 않는다.

CHAPTER 29

상욕을 퍼부은 경우는 명예훼손죄일까, 모욕죄에 해당할까?

제311조 [모욕죄]

공연히 사람을 모욕한 자는 1년이하의 징역이나 금고 또는 200만원 이하의 벌금에 처한다. *시효 5년

✱ 사건일지 _ 甲은 乙녀와 동거생활을 하고 지내왔으나 최근 들어 乙이 다른 남자를 사귀고 동거생활을 청산하려하자, 甲은 乙을 설득해 보려고 乙이 다니던 OO회사 앞 OO카페에서 만났다. 甲은 乙이 자신의 말을 듣지 않자 'X할 년, X같은 년, 아무하고나 놀아나는 XX년아 잘 먹고 잘 살아라'고 큰소리로 떠들었다. 당시 그 카페에는 종업원 등 손님 10여명이 차를 마시고 있었다. 甲은 어떠한 범죄행위를 한 것인가?

해결테크

✱ 급소 1 _ 모욕죄란

모욕죄는 공연히 사람을 모욕함으로써 성립하는 범죄이다. 이 죄의 보호법익은 외적명예이다. 따라서 이죄와 명예훼손죄는 사실의 적시 유무에 의

하여 구별된다. 즉 사실의 적시가 있는 경우에는 명예훼손죄, 사실의 적시가 없는 경우에는 모욕죄가 성립한다.

✹ **급소 2 _** 이 죄에 있어서도 명예훼손죄와 마찬가지로 공연성을 요건으로 하며, 그 객체는 사람으로 자연인과 법인을 포함한다. 단, 사망한 자의 경우는 이 죄에서의 사람에 해당하지 않는다.

✹ **급소 3 _ 모욕**이란 사실을 적시하지 아니하고 사람에 대하여 경멸의 의사를 표시하는 것을 말한다. 즉 추상적인 관념을 사용하여 사람의 인격을 경멸하는 가치판단을 표시하는 것(빨갱이 계집년, 무당, 듣보잡, 함량미달, 순경 새끼)을 말한다. 사실을 적시한 경우에도 구체적 사실이 아닌 경우에는 이 죄에 해당한다.

✹ **급소 4 _** 모욕죄는 친고죄(親告罪)에 해당한다. 따라서 피해자의 고소가 없는 경우에는 공소를 제기할 수 없다.

결론

甲은 乙에게 상스러운 말을 함으로써 乙의 명예를 훼손한 점이 인정되나 구체적 사실의 적시가 없었으므로 형법 제307조의 명예훼손죄는 성립하지 않고, 형법 제311조의 모욕죄를 범한 것이다.

CHAPTER 30

비방할 목적으로 어느 특정인을 지목한 것을 알 수 있는 경우에는 출판물등에의한명예훼손죄가 성립한다?

제309조 [출판물등에 의한 명예훼손]

① 사람을 비방할 목적으로 신문, 잡지 또는 라디오 기타 출판물에 의하여 제307조 제1항의 죄를 범한 자는 3년이하의 징역에 처한다. *시효 5년

② 제1항의 방법으로 제307조제2항의 죄를 범한 자는 7년이하의 징역, 10년이하의 자격정지 또는 1천500만원이하의 벌금에 처한다. *시효 7년

✸ 사건일지 _ 피고인 甲은 0000년 0월 0일경 00월간지 국장대우인 乙로부터 광주민주화운동 관련 화보를 특집으로 게재하게 되었으니 이에 관련된 자료사진을 제공하여 달라는 부탁을 받았다. 甲은 1980년경부터 1981년 12월 24일경까지 특전사령부에 근무할 당시 입수하여 소지하고 있던 1969년 6월 16일경 흑산도 대간첩작전에 참가한 피해자 丙 등이 작전 종료 후 사살한 무장공비 및 노획물을 모아놓고 그 앞에서 기념촬영한 사진 1매를 마치 광주민주화운동 당시 자신이 직접 특전부사령부 요원으로 광주현장에서 촬영한 것처럼 설명하면서 乙에게 교부하였다. 그래서 이 사진이 00잡지에 게재될 경우 마치 丙 등 피해자들이 1980년 5월 광주민주화 운동 당시 공수부대원

으로 광주에 출동하여 광주시민을 사살하고 사살된 시민들 앞에서 기념촬영을 한 것처럼 보여지게 하였다. 甲은 어떠한 범죄행위를 한 것인가?

해결테크

✸ **급소 1** _ 출판물등에 의한 명예훼손죄는 사람을 비방할 목적으로 신문·잡지 또는 라디오 기타 출판물에 의하여 사람의 명예를 훼손한 경우에 성립하는 범죄이다.

✸ **급소 2** _ 이 죄가 성립하려면 비방의 목적이 있어야 하며, 명예를 훼손하는 방법이 신문·잡지·라디오 기타 출판물에 의하여 예컨대 비방할 목적이 없이 신문·잡지·라디오 기타 출판물에 의하여 명예를 훼손하거나, 비방할 목적은 있어도 출판물이라고 할 수 없는 방법에 의하여 명예를 훼손하는 때에는 이 죄가 성립하지 않는다.

✸ **급소 3** _ 이 죄에서 말하는 **기타 출판물**이 무엇을 의미하느냐가 문제된다. 여기서 출판물이라고 하려면 적어도 등록, 출판된 제본 인쇄물과 같은 정도의 호용과 기능을 가진 인쇄물이어야 한다. 그러므로 컴퓨터 워드프로세서로 작성되어 프린트된 A4 용지 7쪽 분량의 인쇄물, 낱장 종이에 자신의 주장을 광고하는 문안을 담은 인쇄물 따위는 출판물에 해당하지 않는다.

결론

위 사례에서 대법원은 피고인 甲이 위 사진을 乙에게 교부할 당시에 피고인에게는 위 丙 등의 피해자들을 비방할 목적이 있었다고 하였으며, 출판물에의한명예훼손죄에 있어서 피해자는 특정되어야 하지만, 그 표현의 내용을 주위사정과 종합하여 판단할 때 어느 특정인을 지목한 것을 알 수 있는 경우에는 피해자가 특정되었다고 볼 수 있다. 따라서 甲은 출판물등에의한명예훼손죄를 범한 것이다.

CHAPTER 30 제10절 신용, 업무와 경매에 관한 죄

허위사실을 유포하여 신용을 실추시키면 명예훼손죄일까 신용훼손죄에 해당할까?

제313조 [신용훼손]

허위의 사실을 유포하거나 기타 위계로서 사람의 신용을 훼손한 자는 5년이하의 징역 또는 1천500만원이하의 벌금에 처한다. *시효 7년

✸ **사건일지 _** 甲은 00주식회사의 신용을 훼손할 의도로 '00주식회사는 자본금 200억원에 손실 600억원의 결손 업체로서 예수보증금을 찾기가 막연하다.'는 허위의 내용이 담긴 유인물을 인쇄하여 00주식회사의 거래업체들에게 유포하였다. 甲은 어떠한 범죄로 처벌받게 되는가?

해결테크

✸ 급소 1 _ 신용훼손죄란

신용훼손죄는 허위의 사실을 유포하거나 기타 위계로써 사람의 신용을 훼손하는 경우에 성립하는 범죄이다.

✸ 급소 2 _ 신용이란

사람의 경제적 지위에 있어서 사회적 평가를 말한다. 즉 사람의 지급능력·지급의사에 관한 타인의 신뢰를 실추하게 할 우려가 있는 행위를 함으로써, 사람의 사회적 평가인 외부적 명예를 훼손하는 것으로의 성격도 가지고 있으나, 재산적 지위에 관한 평가라는 점에서 따로 신용훼손죄를 규정한 것이다.

✸ 급소 3 _ 허위사실의 유포와 위계

허위사실의 유포라 함은 객관적으로 진실과 부합하지 않는 과거 또는 현재의 사실을 불특정 또는 다수인에게 전파시키는 것을 말하며, 단순한 의견이나 가치판단을 표시하는 것은 이에 해당하지 않는다. **위계를 사용한다** 함은 사람을 거짓으로 속여 착오에 빠뜨리는 데 충분한 모든 수단을 쓰는 것을 말하며 유혹의 수단도 포함된다.

결론

甲은 ○○주식회사의 거래업체에 허위사실을 유포하여 ○○주식회사의 신용을 실추시킨 점이 인정된다. 따라서 甲은 형법 제313조의 신용훼손죄를 범한 것이다.

OO주식회사는 600억 원의 결손 업체로서 예수 보증금을 찾기도 힘들죠!
뭐라고? 그게 사실이어요?
OO주식회사의 거래 업체에 허위사실을 유포하여 OO주식회사의 신용을 실추 시켰으므로 甲은 신용훼손죄로 처벌 됩니다.
과자 부스러기 얻어먹기도 힘들어지겠는데……

CHAPTER 31

학력을 속여 위장취업을 하면 위계에의한업무방해죄가 성립될까?

제314조 [업무방해]

① 제313조의 방법 또는 위력으로써 사람의 업무를 방해 한 자는 5년 이하의 징역 또는 1천500만원 이하의 벌금에 처한다. *시효 7년

② 컴퓨터 등 정보처리장치 또는 전자기록등 특수매체기록을 손괴하거나 정보처리장치에 허위의 정보 또는 부정한 명령을 입력하거나 기타 방법으로 정보처리에 장애를 발생하게 하여 사람의 업무를 방해한 자도 제1항의 형과 같다.

✸ **사건일지 _** 피고인 甲은 서울 소재 S대학 정치외교학과에 입학한 학력과 국가보안법 위반죄의 처벌전력이 있는 자이다. 노동운동을 하기 위하여 노동현장에 취업할 의도를 가지고 있던 중 OO주식회사에서 공원을 모집한다는 사실을 알고, 이 회사에 취업하고자 고등학교 졸업자인 친구 乙의 명의로 허위의 학력과 경력을 기재한 이력서와 乙의 고등학교 생활기록부를 이 회사에 제출하였고, 응모자를 대상으로 하는 중학교 수준의 객관식 문제와 '노사분규를 어떻게 생각하는가'라는 주관식 문제 등의 시험을 보아 합격하여 이 회사에 취업하였다. 甲은 업무방해죄를 범한 것인가?

해결테크

✸ 급소 1 _ 업무방해죄란

업무방해죄는 허위사실을 유포하거나 위력 또는 기타 위계로써 사람의 업무를 방해하는 경우에 성립하는 범죄이다.

✸ 급소 2 _ 업무란

이 죄의 업무라 함은 직업 또는 사회생활상의 지위에 기하여 계속적으로 종사하는 사무 또는 사업을 말하는 것이고, 그러한 주된 업무와 밀접하여 불가분의 관계에 있는 부수적인 업무도 포함한다. 이 죄의 업무는 타인의 위법한 침해로부터 보호할 가치가 있는 것이면 되고, 그 업무의 기초가 되는 계약 또는 행정행위 등이 반드시 적법하여야 하는 것은 아니다.

따라서 농지임대차가 농지개혁법상 무효라고 하더라도 그 임차한 농지의 경작행위를 방해하는 것은 이 죄가 성립한다.

결론

대법원은 위 사례에서 다음과 같이 판단하였다. 응모자에 대하여 시험을 보게 한 것은 단순히 노동력을 평가하기 위한 것만이 아니라, 노사간의 신뢰형성 및 기업질서 유지를 위한 응모자의 지능과 경험 · 교육정도 · 정직성 및 직장에 대한 적용도 등을 감안하여 회사의 근로자로서 고용할 만한 적격자인지 여부를 결정하기 위한 자료를 얻기 위한 것이다. 위계에의한업무방해죄에 있어서 위계라 함은 행위자의 행위목적을 달성하기 위하여 상대방에게 오인·착각 또는 부지를 일으키게 하여 이를 이용하는 것을 말하며, 상대방이 이에 따라 그릇된 행위나 처분을 하였다면 위계에의한업무방해죄가 성립한다고 하여 업무방해죄의 성립을 인정하였다.

CHAPTER 32

입찰 내정 최저가격을 알려주어 낙찰되게 하였다면 입찰방해죄에 해당될까?

제315조 [경매, 입찰의 방해]

위계 또는 위력 기타 방법으로 경매 또는 입찰의 공정을 해한 자는 2년 이하의 징역 또는 700만원이하의 벌금에 처한다. *시효 5년

✸ 사건일지 _ 甲은 서울시 OO교육구청의 교육장이다. 0000년 0월 0일 그 곳 교육청에서 실시한 같은 시에 있는 OO중학교 체육관 건설공사의 입찰에 있어서 그 교육청의 지명입찰자인 건축도급업자 乙에게 甲은 그 곳 교육장실에서 전화로 그 입찰내정 최저한도 가격 등을 알려주어 그로 하여금 예정가대로 입찰하게 하여 다른 업자들보다 우선하여 낙찰자로 결정되게 하였다. 甲은 어떤 범죄행위를 한 것인가?

해결테크

✸ 급소 1 _ 경매입찰방해죄란

입찰방해죄는 위계 또는 위력 기타 방법으로 경매 또는 입찰의 공정을 해함으로써 성립하는 범죄이다.

✸ 급소 2 _ 경매란

매도인이 다수인으로부터 구두의 청약을 받고 그 가운데 최고가격 청약자에게 승낙함으로써 성립하는 매매를 말한다.

✸ 급소 3 _ 입찰이란

경쟁계약에 있어서 경쟁에 참가한 다수인에게 문서로 계약의 내용을 표시하게 하여 가장 유리한 청약자를 상대방으로 하여 계약을 성립시키는 것을 말한다.

✸ 급소 4 _ 공정을 해한다

경매 · 입찰에 부당한 영향을 주는 행위를 말한다. 공정을 방해할 위험이 있으면 충분하고, 현실적으로 손해의 발생 여부를 묻지 아니한다. 공정을 해하는 행위에는 경매 · 입찰 가격의 공정을 해하는 경우와, 경매 · 입찰 절차의 공정을 행하는 경우를 생각해 볼 수 있다.

결론

甲은 00중학교 체육관 건설공사의 입찰에서 특정 건축업자에 입찰내정 최저가격 등을 알려주어 다른 업자보다 우선하여 낙찰자로 결정되게 함으로써 입찰의 공정을 해한 점이 인정된다. 따라서 甲은 형법 제315조의 입찰방해죄를 범한 것이다.

예정가가 21억 5천
만원이니 21억 4990
만원을 써 넣으시오.
O.K
입찰 내정 최저가를 알려줘
다른 업자보다 우선 낙찰되도록
함으로써 입찰의 공정을
해하였으니 입찰방해죄로
처벌합니다.
이런 경우를 개같은
경우라고도 하고,
짜고치는 go-stop이
라고도 한다지

CHAPTER 33 제11절 주거 침입의 죄

불법선거운동을 적발하려는 목적으로 대화 내용을 도청하기 위한 도청기를 설치하려고 음식점에 들어갔다면 甲은 처벌받아야 하는가?

제319조 [주거침입, 퇴거불응]

① 사람의 주거, 관리하는 건조물, 선박이나 항공기 또는 점유하는 방실에 침입한 자는 3년이하의 징역 또는 500만원이하의 벌금에 처한다.

*시효 5년

② 전항의 장소에서 퇴거요구를 받고 응하지 아니한 자도 전항의 형과 같다.

✸ 사건일지 _ 甲은 불법선거운동을 적발하려는 목적으로 부산시장 등 기관장들의 조찬 모임의 대화 내용을 도청하기 위한 도청용 송신기를 설치하려고 손님을 가장하여 조찬모임 장소인 음식점에 들어갔다. 甲은 처벌받아야 하는가?

해결테크

✸ 급소 1 _ 주거 · 관리하는 건조물이나 선박 · 항공기 · 점유하는 방실

주거란 사람이 일상생활을 영위하기 위하여 점거하는 장소로서 반드시 영구적일 필요는 없다. 주거의 설비 또는 구조는 묻지 아니하며, 따라서 천막·판잣집은 물론 토굴이라도 주거에 해당된다.

관리란 사실상 사람이 관리·지배하는 것을 말한다. 건조물이란 주거를 제외한 일체의 건물을 말한다.

점유하는 방실이란 건물 내에서 사실상 지배·관리하는 구획을 말한다. 점포·사무실·연구실은 물론, 호텔·여관의 투숙중인 방이 여기에 속한다.

✸ 급소 2 _ 침입이란 주거권자의 의사에 반하여 주거에 들어가는 것을 말한다. 행위자의 신체가 주거에 들어가야 한다. 이 죄의 미수범은 처벌되므로 신체의 전부가 들어가야 기수가 되고, 일부만 들어간 때에는 미수에 해당한다고 보는 견해가 통설이나, 판례는 신체의 일부만 들어가도 주거의 평온을 해하는 경우에는 기수가 된다고 판시한다.

✸ 급소 3 _ 일반인의 출입이 허용된 장소에 범죄 목적으로 침입

원칙 일반인의 출입이 허용된 장소 즉 공공기관이나 은행·역 또는 음식점·버스 터미널 등에 들어가는 경우에는 주거 침입이라 할 수 없다. 이러한 장소는 출입이 일반적으로 허용되고 또 목적이 위법하다는 것만으로 주거의 평온을 해하는 것이라 할 수 없으므로 이 죄의 성립를 부정해야 할 것이다.

예외

i) 출입이 금지된 시간에 들어간 경우

ii) 담벽을 넘거나 창문을 뜯고 들어가는 등 통상의 출입방법을 벗어난 때

iii) 강도를 위해 복면을 하고 흉기를 들고 침입하거나 집단 난입한 경우

✸ 급소 4 _ 주거권자의 승낙

주거에서 생활을 함께 하는 주거권자의 승낙에 의해 주거에 들어간 경우에는 이 죄가 성립하지 아니한다. 승낙은 진의에 의한 것이어야 하므로 위압에 의한 승낙이나 착오에 의한 승낙은 이 죄의 성립을 조각하지 아니한다.

결론

음식점 주인의 허락을 받아 음식점으로 들어갔더라도 대화를 도청하기 위한 목적으로 들어간다는 사실을 알았다면 주거권자는 허락하지 아니했을 것이다. 또 불법선거 운동을 적발하려는 목적으로 이루어진 것이므로 정당한 행위로서 허용되는 것이라는 주장이 가능할지 모르나, 타인의 주거에 도청장치를 설치하기 위해 주거에 들어간다는 것은 정당한 행위로 평가하기에는 무리가 있다고 본다.

☞ **용어풀이**

정당행위(正當行爲) … 정당행위란 법률에 의한 행위, 업무로 인한 행위, 기타 사회상규에 위배되지 아니한 행위로서 범죄 유형에는 해당하지만 그 행위를 위법한 것이라고 볼 수 없어 처벌되지 않는 행위를 말한다. 이러한 사유를 위법성 조각의 사유라고 하는데 정당방위, 긴급피난, 피해자의 승낙, 자구행위 등이 있다.

CHAPTER 34

신체의 일부만이 타인의 주거 안으로 들어갔다면 주거침입죄가 성립할까?

제319조 [주거침입, 퇴거불응]

① 사람의 주거, 관리하는 건조물, 선박이나 항공기 또는 점유하는 방실에 침입한 자는 3년 이하의 징역 또는 500만원 이하의 벌금에 처한다.
*시효 5년

② 전항의 장소에서 퇴거요구를 받고 응하지 아니한 자도 전항의 형과 같다.

✸ 사건일지 _ 甲은 피해자 丙의 집에서 그녀를 강간하기 위하여 그 집 담벽에 발을 딛고 창문을 열고 안으로 얼굴을 들이미는 등으로 동인의 주거에 침입하려 하였으나 丙이 소리치는 바람에 그 목적을 이루지 못하고 도주하다가 체포되었다. 甲에게는 주거침입죄의 기수가 성립하는가?

해결테크

✸ 급소 1 _ 주거침입죄의 기수시기

주거침입죄가 기수가 되기 위하여 신체의 일부가 들어가야 하는 것인가, 신체의 전부가 들어가야 하는 것인가에 대해 견해의 대립이 있다. 일부침입설은 신체의 일부가 들어가도 기수가 성립한다는 입장으로서 사실상 주거의 평온의 교란 여부로 기수여부를 파악한다. 반면에 전부침입설은 형법에 미수범 규정이 있기 때문에 전부침입설로 보아야 자연스러운 해석이 가능하다는 점을 근거로 하여 주거침입죄의 고의로 신체가 전부침입할 것을 내용으로 한다고 주장한다.

판례는 주거침입죄의 범위는 반드시 신체의 전부가 타인의 주거 안으로 들어간다는 인식이 있어야만 하는 것이 아니라, 신체의 일부라도 타인의 주거 안으로 들어간다는 인식이 있으면 족하다고 보아 일부침입설의 입장을 취하고 있다.

✹ 급소 2 _ 주거침입죄의 보호법익

형법상의 주거침입죄가 보호하는 보호법익이 무엇인지와 관련하여 주거에서 생활하는 자의 주거권을 보호법익으로 한다는 견해와 주거에 있어서의 사실상의 평온을 보호법익으로 한다는 주장이 대립되나, 판례는 주거에 있어서의 사실상의 평온을 보호법익으로 한다고 보고 있다.

결론

반드시 신체의 전부가 들어가야만 주거침입죄의 기수가 된다는 견해에 의하면 甲은 주거침입죄의 미수가 되나, 신체의 일부만이 침입하였더라도 甲녀의 주거의 사실상의 평온을 해쳤다면 주거침입죄의 기수를 인정하는 것이 타당할 것이다.

CHAPTER 35

분실물을 찾으려고 남의 집을 뒤지면 주거·신체 등수색죄에 해당한다

제321조 [주거 · 신체 수색]

사람의 신체, 주거, 관리하는 건조물, 자동차, 선박이나 항공기 또는 점유하는 방실을 수색한 자는 3년이하의 징역에 처한다. *시효 5년

✹ **사건일지 _** 甲은 0000년 0월 0일 20시경 집에서 책상 위에 두었던 로렉스 손목시계가 없어진 것을 발견하였다. 이것은 같은 날 16시경 자신의 집에 놀러왔던 이웃집 중학생 乙의 범행이라고 속단하고 위 도난품을 찾기 위해 같은 날 22시경 이웃집 乙의 아버지의 집을 함부로 마구 뒤졌다. 죄가 되겠는가?

해결테크

✹ **급소 1 _** 사람의 신체 · 주거 · 관리하는 건조물, 자동차 · 선박이나 항공기 또는 점유하는 방실을 수색한 경우에 성립된다.

✹ **급소 2 _** 함부로 사람의 신체를 수색하는 경우도 이 죄가 성립되며 사

법경찰이나 검사도 영장없이 타인의 신체를 수색해서는 안 된다.

✸ **급소 3** _ 피해자의 승낙이 있거나 적법한 절차에 따라 영장을 가지고 신체나 주거를 수색하는 때에는 이 죄가 성립되지 않는다.

결론

甲은 乙이 범인이라고 속단하고 그의 아버지의 집을 마구 뒤져 수색하였으니 주거수색죄를 범한 것이다. 타인의 주거나 장소, 사람의 신체를 수색하기 위해서는 반드시 피해자의 승낙을 얻든지 사법기관에 조력을 요청하여야 한다. 이 경우에는 주거침입죄와 주거수색죄 모두에 해당한다.

☞ **참고**

(1) 피해자의 승낙

피해자의 승낙이란 처분할 수 있는 법익의 주체가 법익 침해를 허락하는 것이다. 허락이 있음을 알고서 행위해야 한다. 피해자의 승낙이 있는 경우에는 앞에서 살펴본 바와 같이 범죄행위일지라도 위법하지 아니하여 처벌받지 않는다(형법 제21조 참조).

(2) 자구행위

사건일지와 달리 乙이 실제 범인이고 범행현장을 목격하고 절취하여 달아나고 있는 乙을 쫓아 붙잡고 시계를 도로 찾기 위해 乙의 신체를 수색한 경우라면 자구행위로서 위법하지 아니한 행위가 될 수도 있다. 이처럼 자구행위란 법정절차에 의하여 청구권을 보전하기 어려운 경우, 그 청구권의 실행불능 또는 청구권의 현저한 실행곤란을 피하기 위한 행위로서, 상당한 이유가 있는 때에는 역시 벌하지 않는다.

CHAPTER 36

제12절 비밀침해의 죄

편지를 뜯었다면 보지 않더라도 비밀침해죄에 해당될까?

제316조 [비밀침해]

① 봉함 기타 비밀장치한 사람의 편지, 문서 또는 도화를 개봉한 자는 3년 이하의 징역이나 금고 또는 500만원 이하의 벌금에 처한다. *시효 5년

② 봉함 기타 비밀장치한 사람의 편지, 문서, 도서 또는 전자기록 등 특수매체기록을 기술적 수단을 이용하여 그 내용을 알아낸 자도 제1항의 형과 같다. *시효 5년

✸ 사건일지 _ 甲은 회사 동료 乙에게 온 연애편지의 내용을 알고 싶어서 몰래 뜯어서 읽으려는 순간 乙이 갑자기 들어오자 읽지는 못하고 재빨리 책상 서랍에 넣었다. 甲은 어떠한 범죄로 처벌되겠는가?

해결테크

✸ 급소 1 _ 비밀침해죄란

비밀침해죄는 봉함 기타 비밀장치한 사람의 편지·문서 또는 도화(그림)를 개봉하거나 기술적 수단을 이용하여 그 내용을 알아낸 경우에 성립하는 범죄이다. 또한 전자기록 등 특수 매체기록을 기술적 수단을 이용하여 그

내용을 알아내는 경우에도 이 죄가 성립한다.

✸ 급소 2 _ 봉함 기타 비밀장치한 문서등의 개봉

이 죄가 성립하려면 문서·편지 등에 봉함 기타 비밀장치를 하여 그것을 뜯어보지 않고는 그 내용을 알 수 없도록 한 장치를 말한다. 따라서 이러한 비밀장치를 하지 않은 우편엽서 등의 내용을 알아내어도 이 죄는 성립하지 아니한다. 그리고 이 죄의 성립에는 그 내용을 알아냈는지 유무는 상관이 없고, 단지 개봉하여 그 내용을 알 수 있는 상태에 두기만 하면 바로 이 죄가 성립하게 된다.

✸ 급소 3 _ 기술적 수단을 이용하여 내용을 알아내는 경우에도 이 죄가 성립한다. 이 죄에서 기술적 수단이라 함은 투시기를 이용하거나 약물을 사용하여 그 내용을 알아내는 경우 등이 여기에 포함되고, 단순히 불빛에 비추어 그 내용을 알아낸 경우는 이 죄에서의 기술적 수단이 아니다.

✸ 급소 4 _ 전자기록등 특수매체 기록이란 전자적 기록 이외에 전기적 기록이나 광기술을 이용하여 저장되어 직접 지각 할 수 없는 기록을 말한다.

✸ 급소 5 _ 이 죄는 친고죄로서 고소권자의 고소가 없는 경우에는 공소를 제기할 수 없다. 여기에서 고소권자는 누구인지가 문제되는데, 편지 등의 비밀은 발신인과 수신인에 공통되는 것으로 발송인뿐만 아니라 수신인도 언제나 피해자가 되고 따라서 고소권자이다.

결론

甲은 乙에게 온 편지를 뜯었으므로 그 내용을 알 수 있는 상태에 두었다. 따라서 그 내용을 알았는지 여부를 불문하고 형법 제316조의 비밀침해죄를 범한 것이다.

CHAPTER 37

의사가 진찰 후 환자의 비처녀성을 타인에게 알렸다면 업무상비밀누설죄에 해당된다

제317조 [업무상비밀누설]

① 의사, 한의사, 치과의사, 약제사, 약종상, 조산사, 변호사, 변리사, 공인회계사, 공증인, 대서업자나 그 직무상보조자 또는 차등의 직에 있던 자가 그 업무처리 중 지득한 타인의 비밀을 누설한 때에는 3년 이하의 징역이나 금고, 10년 이하의 자격정지 또는 700만원 이하의 벌금에 처한다. *시효 5년

② 종교의 직에 있는 자 또는 있던 자가 그 직무상 지득한 사람의 비밀을 누설한 때에도 전항의 형과 같다.

✸ 사건일지 _ 甲은 서울시 OO동에서 산부인과 의원을 개업하고 있는 의사로서 OOOO년 O월 O일 병원에 진료를 받으러 온 동네 처녀 乙녀를 진찰한 결과, 乙의 처녀막이 이미 파열되었음은 물론 음부가 매우 검고 음순이 튀어나오는 등 성경험이 많은 사실을 알게 되었다. 다음날 甲은 자신의 집에 찾아 온 같은 동네에 사는 친구에게 OO의 맏딸 乙은 보통 성경험이 많은 것이 아니라고 말하였다. 甲은 어떠한 범죄로 처벌받게 되는가?

.

해결테크

✹ 급소 1 _ 업무상 비밀누설죄란

업무상비밀누설죄는 의사 · 한의사 · 변호사 등 형법 제317조 제1항에 열거되어 있는 자 및 종교의 직에 있는 자 또는 있었던 자가 직무상 지득한 비밀을 누설한 경우에 성립하는 범죄이다.

✹ 급소 2 _ 신분범

이 죄의 주체는 형법 제317조에 열거된 자 또는 그 직에 있었던 자에 제한된다. 여기에 열거되지 아니한 자는 이죄의 주체가 될 수 없다. 이러한 의미에서 이 죄는 진정신분범(眞正身分犯)이라고 할 수 있다.

✹ 급소 3 _ 비밀이란

특정인 또는 일정한 범위의 사람에게만 알려져 있는 사실로서 타인에게 알려지지 않는 것이 본인에게 이익이 있는 사실을 말하다.

✹ 급소 4 _ 직무상 지득한 비밀

이 죄의 비밀은 업무처리 중 또는 직무상 지득(知得)한 것임을 요한다. 따라서 업무처리와 관계없이 알게 된 사실은 그것이 비밀에 속한다 하더라도 이 죄의 비밀에는 해당하지 않는다.

결론

甲은 산부인과 의사로서 환자 乙을 진료하여 알게 된 사실을 자신의 친구에게 누설한 점이 인정된다. 甲은 형법 제317조 제1항의 의사에 해당하며, 그가 누설한 비밀도 甲의 진료업무의 수행상 알게 된 것이므로 업무상비밀누설죄가 성립한다.

CHAPTER 38

불법영득의 의사가 없다면 절도죄가 성립되지 않을까?

제329조 [절도]

타인의 재물을 절취한 자는 6년 이하의 징역 또는 1천만원 이하의 벌금에 처한다. *시효 7년

✸ **사건일지 _** 甲은 乙과 내연관계에 있었다. 그러나 乙녀가 계속하여 회피하면서 만나주지 않자 甲은 다시 내연관계를 회복시켜 볼 생각으로 乙의 아파트를 찾아가 그녀의 소유 패물을 가져온 뒤 보관하고 있으면서 乙의 딸(고3년)에게 전화하여 이 사실을 乙에게 연락하라고 알려주었다. 그 후 乙이 찾아오자 패물을 돌려 주며 내연관계를 지속하려고 시도하였다. 甲은 절도죄의 책임을 지게 되는가?

해결테크

✸ **급소 1 _** 절도죄는 타인이 점유하고 있는 타인 소유의 물건을 그의 의사에 반하여 취득함으로써 성립하는 범죄이다.

✸ 급소 2 _ 절도죄가 성립하기 위해서는 행위자에게 타인의 재물이라는 점에 대한 인식과 불법영득(不法領得)의 의사가 있어야 한다. 불법영득의 의사라 함은 권리자를 배제하고 타인의 물건을 자기의 소유물과 같이 그 경제적 용법에 따라 이용하고 처분할 의사를 말한다.

✸ 급소 3 _ 반드시 타인의 재물이어야 하며 다른 사람에게 빌려준 자기의 물건은 절도죄가 성립할 수 없다. 다만 공동 소유의 경우에는 타인의 재물로 보게 된다.

결론

甲은 乙과의 내연관계를 회복시킬 목적으로 그녀의 물건을 가져와 보관한 후 乙이 이를 찾으러 오면 그때 물건을 반환하면서 잘 이야기해 내연관계를 지속시켜 볼 생각으로 그 물건을 가져온 것이므로 이 경우에는 불법영득의 의사가 인정되지 아니한다. 따라서 甲에게는 절도죄가 성립하지 않는다.

*** 불법영득(不法領得)의 의사**

"타인의 재물을 권리자 의사에 반하여 자기 소유물처럼 이용 · 처분할 의사"

甲은 나와 혼인
관계도 없는 남남 사이로
남의 집에 와서 패물을
뒤져갔으니, 절도죄로
처벌해주세요!
乙
아버지 돌아가시고 내가
너나 너희 엄마에게 얼마나 잘해
주었니? 그런데 엄마가 아저씨를
만나주지 않으니, 패물을 가져가
보관하고 있으면 찾아오겠지.
엄마에게 전해라.
네
물건을 찾으려 오도록 하여 대화를
하려한 것이지 물건을 가지려는
불법영득의 의사가 없었으므로
절도죄는 성립되지 않습니다.
나이 들어도
사람은 유치한
행동을 낳곤
하지.
甲

CHAPTER 39

야간에 담을 넘는 순간 경보기가 울려 절취하지 못하고 잡혔다면 야간주거침입절도죄의 미수범으로 처벌될까?

제330조 [야간주거침입절도]

야간에 사람의 주거, 관리하는 건조물, 선박, 항공기 또는 점유하는 방실(房室)에 침입하여 타인의 재물을 절취(竊取)한 자는 10년 이하의 징역에 처한다. *시효 10년

✸ 사건일지 _ 甲은 乙과 그의 가족이 모두 해수욕장에 피서간 틈을 이용하여 甲의 집에 들어가 귀중품을 훔치기로 마음먹고 0000년 0월 0일 밤 23일경 甲의 집 담을 넘는 순간 집을 지키던 乙의 개가 짖어대고 자동경보기가 울려 긴급출동한 경찰에게 붙잡혔다 甲의 죄책은?

해결테크

✸ 급소 1 _ 야간 주거침입 절도

야간에 사람의 주거, 간수관리하는 건조물이나 선박, 항공기 또는 점유하는 방실에 침입하여 타인의 재물을 절취함으로써 성립되는 범죄이다.

✸ 급소 2 _ 주거 등은 주거침입죄의 내용과 같으나 항공기가 빠져있고, 야간의 의미는 일몰 후 일출 전을 의미한다.

✸ 급소 3 _ 주거 등은 주거침입죄의 내용과 같다. 야간이라고 함은 일몰 후부터 다음날 일출 전까지를 말한다.

✸ 급소 4 _ 착수시기

절도에 성공하지 못했더라도 미수범 처벌규정이 있기 때문에 미수범으로 처벌될 수 있다. 언제부터, 즉 어떤 행위를 해야 미수범으로 처벌되고, 어떤 행위까지는 처벌받지 않는 것인지를 구별하는 기준이 바로 '실행의 착수' 개념이다.

실행의 착수가 있다면 미수범 처벌규정이 있는 한 최소한 미수범으로 처벌될 수는 있다. 야간주거침입절도는 주거에 침입한 때 실행의 착수가 있다고 본다.

✸ 급소 5 _ 기수시기

야간주거침입절도죄에서 주거침입이 개시된 이후, 기수시기는 절취행위를 통해 재물을 취득할 때에 기수가 된다고 보아야 한다. 구체적인 사안에서 재물이 쉽게 운반 가능한 것인 경우에는 손에 잡았거나, 자신의 옷 내지는 가방에 넣은 경우, 재물의 운반이 용이하지 아니한 경우에는 피해자의 지배로부터 벗어난 경우에 절도죄의 기수를 인정할 수 있을 것이다.

결론

절도할 생각으로 야간에 乙의 주거에 침입한 경우 야간주거침입절도죄의 실행에 착수한 것이므로 최소한 이 죄의 미수범의 죄책은 져야 한다. 재물을 절취한 때(취득한 때) 기수범이 되는 것이다.

주간이라면 아직 절도죄에는 착수가 없었고, 다만 주거침입죄만 기수가 된다.

☞참고

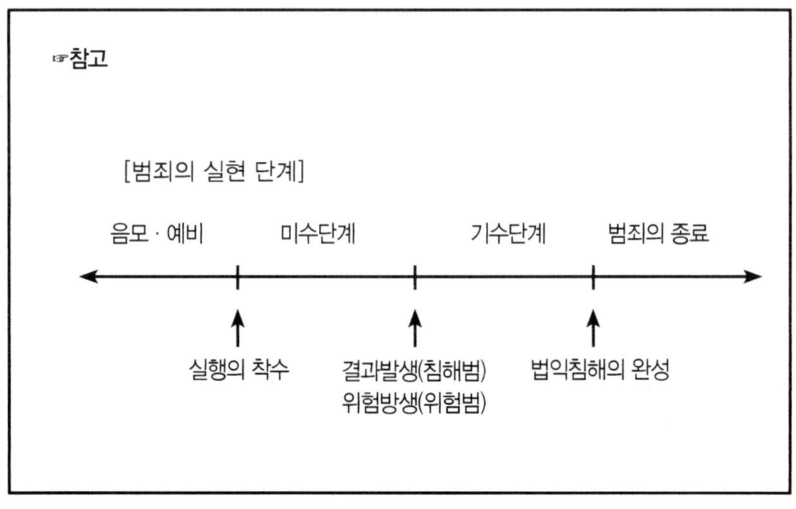

CHAPTER 40

현장에 있지 않은 공범도 특수절도의 공동정범으로 처벌될까?

제331조 [특수절도]

① 야간에 문이나 담 그 밖의 건조물의 일부를 손괴하고 제330조의 장소에 침입하여 타인의 재물을 절취한 자는 1년 이상 10년 이하의 징역에 처한다. 시효 10년

② 흉기를 휴대하거나 2인이상이 합동하여 타인의 재물을 절취한 자도 전항의 형과 같다.

✸ **사건일지 _** 甲·乙·丙은 축산농가를 전문적으로 털어온 자들로서 한적한 마을에 들어가, 甲은 마을 어귀에 트럭을 대기 중이었고, 乙·丙이 마을에 들어가서 가지고 간 절단기로 우사 문을 부수고 황소 7마리를 몰고 나와 트럭에 싣는 도중 새벽 교회에 갔다오던 동네 아주머니의 신고로 붙잡히게 되었다. 甲·乙·丙의 행위는 각각 어떻게 처벌받아야 하는가?

해결테크

✸ **급소 1 _ 특수절도**

특수절도에는 3가지 유형이 있다. 첫째로는 손괴후 야간주거침입 절도(제

331조 제1항), 둘째 흉기 휴대 절도(제331조 제2항 전단), 셋째 합동절도(제331조 제2항 후단)가 그것이다.특수절도는 일반절도에 비해 형이 가중된다.

✸ 급소 2 _ 문 손잡이나 자물쇠 등 시정(잠금)장치를 부수고 제330조에 기재된 장소에 침입하여 절취한 경우가 첫째 유형이고, 흉기 즉 본래 사람의 살상용을 위해 제조된 물건(삽, 망치, 도끼)이나 그 용법에 따라서는 사람을 다치게 할 수 있는 물건(총기, 도검)을 소지하고 절도하는 경우는 두번째 유형이며, 2인 이상이 같은 현장에서 범행을 하는 경우가 셋째 유형에 속한다.

✸ 급소 3 _ 합동절도

특히 셋째 유형인 합동절도의 합동의 의미와 현장에 있지 아니한 공범(위의 사안에서 甲)이 특수절도가 아닌 일반절도죄로 처벌받는지, 특수절도죄로 처벌받는지 여부에 대해서 견해 대립이 많고 판례가 바뀌어 왔다. 현재 판례의 태도로는 같은 현장에 있지 않은 공범도 특수절도죄로 처벌된다.

결론

乙과 丙은 현장에 나가서 자물쇠를 절단기로 절단하는 등 현장에서 함께 도우며 절취에 나섰으므로 제331조 제1항의 특수절도 및 제2항의 특수절도에 해당하게 된다. 甲은 위 특수절도의 방조 내지는 일반절도의 공동정범이 된다고 보았던 판례가 폐기되고 특수절도의 공동정범이 되는 것으로 판시하고 있다. 따라서 甲·乙·丙 모두 특수절도죄로 처벌받게 된다.

☞ 참고

2人이상의 범죄가담 형태

1) 2인 이상이 범죄에 가담하는 형태는 여러 가지가 있을 수 있다. 거의 같은 정도로 범죄에 기여하는 경우 공동정범이 되는데 공동가공의 의사와 실행의 역할분담이 있어야 한다.
2) 교사범은 범행의사가 없는 자에게 범죄행위를 하도록 시키는 것이고, 이때 교사자는 범죄행위에 나아간 피교사자와 같은 형으로 처벌된다(실제 선고되는 형량에서는 차이가 있을 수 있다).
3) 방조범은 범행 결의를 가지고 있는 자를 더욱 쉽게 범죄행위에 나가도록 돕는 것을 말한다. 이 때는 정범의 형보다 감경한다.
4) 간접정범은 5살짜리 꼬마에게 아버지의 시계를 가져오도록 하는 경우와 같이 처벌되지 않는 자 또는 과실범으로 처벌되는 자를 사주하여 자신의 범죄를 실현하는 것이다. 이 경우 정범의 형으로 처벌된다.

CHAPTER 41

자동차를 불법으로 사용한 경우 어떤 처벌을 받게 되는가?

제331조의2 [자동차등 불법사용]

권리자의 동의없이 타인의 자동차, 선박, 항공기 또는 원동기장치자전거를 일시 사용한 자는 3년 이하의 징역, 500만원 이하의 벌금, 구류 또는 과료에 처한다. *시효5년

✸ 사건일지 _ 甲은 자기의 부인이 출산진통이 시작되자 병원으로 가기 위해 택시를 기다렸지만 택시가 서지 않고 또 빈 택시도 보이지 않자, 마침 열쇠를 꽂아둔 채 주차되어 있는 타인의 자동차에 부인을 태우고 운전하여 병원에 갔다. 이 경우 甲은 처벌받아야 하는가?

해결테크

✸ 급소 1 _ 자동차등 불법사용

절도죄는 타인의 재물을 영득하는 것을 말한다. 일시 사용하고 다시 돌려줄 생각으로 타인의 재물을 가져가고 재물의 본질적 기능을 침해하지 않는 한 다시 돌려준다면 절도죄는 성립하지 않는다. 이는 불법영득의 의사가 없기 때문인다. 그러나 자동차, 선박 등은 현대인의 사회생활에서 필수 불가결한

교통수단으로서 예외적으로 사용절도를 처벌하기 위해 규정한 것이다.

✹ **급소 2 _** 객체는 제331조의 2에 규정된 물건에 한하고 원동기장치가 되지 않은 자전거를 타고 돌려준 경우에는 이 죄가 성립하지 않는다.

✹ **급소 3 _** 자동차를 훔칠 생각으로 타고 가거나 다시 돌려주지 않는다면 이 죄가 아니라 절도죄가 된다.

결론

자동차등 불법사용죄에 해당하게 된다. 다만 자기 또는 타인의 급박한 위난을 피하기 위한 행위 즉 긴급피난 행위로서 위법하지 아니할 수도 있다.

☞ **참고**

긴급피난이란 자기 또는 타인의 법익에 대한 현재의 위난을 피하기 위한 행위로서 상당한 이유가 있는 행위를 말한다. 법인은 생명 · 신체에 대한 위난뿐만 아니라 재산상의 이익이라도 상관없다. 위난을 피하기 위한 행위가 새로운 법익을 침해하는 경우, 보호하기 위한 법익이 새로 침해되는 법익보다 우월한 것을 요한다.

예) (i) 극장에 불이 나서 살기 위해 옆사람을 밀쳐 다치게 한 때

(ii) 광견에 쫓기자 옆가게 문을 부수고 뛰어든 경우

(iii) 응급환자를 병원에 호송하기 위해 제한속도를 초과하여 운전한 경우 등이다.

CHAPTER 42

소위 해결사를 고용해 폭행·협박으로 외상대금을 받은 경우 강도죄일까?

제333조 [강도]

폭행 또는 협박으로 타인의 재물을 강취하거나 기타 재산상의 이익을 취득하거나 제3자로 하여금 이를 취득하게 한 자는 3년 이상의 유기징역에 처한다. *시효10년

✷ 사건일지 _ 외상물품대금을 갚지 않자 채권자인 甲은 이른바 해결사를 고용하여 대금을 받기로 작정하고 전문폭력단원인 乙을 고용하여 외상대금을 받아 줄 것을 의뢰하였다. 乙은 채무자를 찾아가 '죽여버리겠다'며 칼로 목을 찌르는 흉내를 내기도 하면서 갖가지 협박으로 대금을 받아냈다. 甲과 乙의 죄는 어떤 것인가?

해결테크

✷ 급소 1 _ 재물-재산상 이익

타인의 재물을 말하고 자신의 재물일 경우엔 점유강취죄가 성립할 수도 있다. 재물의 개념은 절도죄의 그것과 같다. 재산상의 이익은 재물 이외의 일체의 재산적 가치 이익을 말한다.

자신이 받아야 할 돈이라도 채무자의 의사에 반해 폭행·협박으로 받아낸다면 강도죄가 될 수 있다.

✸ 급소 2 _ 폭행·협박

폭행은 사람의 신체에 대한 직접적인 유형력의 행사를 말하고, 협박은 법익 침해의 위험을 고지하여 사람이 두려움을 갖도록 하는 것을 말한다. 폭행·협박이 폭행죄, 협박죄의 그것보다 강도가 높아야 하며, 반항을 억압하거나 반항이 불가능한 정도에 이르러야 한다.

결론

乙은 채무자를 찾아가 폭행과 협박으로 돈을 받아온 것이므로 강도죄의 정범에 해당한다. 甲은 乙을 사주(使嗾: 시켜)한 것이므로 강도 교사에 해당한다. 외상대금을 받아 내는 합법적인 방법이 아닌 해결사 고용은 형법상 처벌될 수 있는 범죄이다.

CHAPTER 43

재물 강취를 위해 야간 주거 침입 후 강간을 하면 특수강도 강간죄로 처벌될 수도 있다

제334조 [특수강도]

① 야간에 사람의 주거, 관리하는 건조물, 선박이나 항공기 또는 점유하는 방실을 침입하여 제333조의 죄를 범한 자는 무기 또는 5년 이상의 징역에 처한다. *시효 15년

② 흉기를 휴대하거나 2인 이상이 합동하여 전조의 죄를 범한 자도 전항의 형과 같다.

성폭력범죄의 처벌 등에 관한 특례법

제3조 [특수강도강간 등] ①「형법」 제319조제1항(주거침입), 제330조(야간주거침입절도), 제331조(특수절도) 또는 제342조(미수범. 다만, 제330조 및 제331조의 미수범으로 한정한다)의 죄를 범한 사람이 같은 법 제297조(강간), 제297조의2(유사강간), 제298조(강제추행) 및 제299조(준강간, 준강제추행)의 죄를 범한 경우에는 무기징역 또는 7년 이상의 징역에 처한다. *시효 15년

②「형법」 제334조(특수강도) 또는 제342조(미수범. 다만, 제334조의 미수범으로 한정한다)의 죄를 범한 사람이 같은 법 제297조(강간), 제297조의2(유사강간), 제298조(강제추행) 및 제299조(준강간, 준강제추행)의 죄를 범한 경우에는 사형, 무기징역 또는 10년 이상의 징역에 처한다. *시효 25년

제4조 [특수강간 등] ① 흉기나 그 밖의 위험한 물건을 지닌 채 또는 2명 이상이 합동하여「형법」 제297조(강간)의 죄를 범한 사람은 무기징역 또는 7년 이상의 징역에 처한다. *시효 15년

② 제1항의 방법으로 「형법」 제298조(강제추행)의 죄를 범한 사람은 5년 이상의 유기징역에 처한다. *시효 10년

③ 제1항의 방법으로 「형법」 제299조(준강간, 준강제추행)의 죄를 범한 사람은 제1항 또는 제2항의 예에 따라 처벌한다.

✷ 사건일지 _ 甲은 야간에 타인의 재물을 강취(强取)하기로 마음 먹고 길이 19cm의 칼을 휴대한 채 시정되어 있지 아니한(잠겨있지 아니한) 乙의 집 현관문을 열고 마루까지 침입하여 동정을 살피던 중 마침 혼자서 집을 보던 그의 딸 丙(23세)이 화장실에서 용변을 보고 나오는 것을 발견하고 갑자기 욕정을 일으켜 방으로 끌고 들어가 밀어 넘어뜨려 반항을 억압한 다음 강간하였다. 甲은 특수강도 강간에 해당하는가?

해결테크

✷ 급소 1 _ 특수강도

특수강도의 유형에도 특수절도의 유형과 마찬가지로 세가지 유형이 있다. i) 제334조 제1항의 야간주거침입 강도, ii)흉기휴대 강도, iii) 2인 이상의 합동강도가 그것이다. 특수강도의 경우 일반강도죄에 비하여 더욱 무겁게 처벌된다.

✸ 급소 2 _ 실행의 착수(*실행의 착수는 앞에서 보았음)

특수강도강간에 해당하려면 우선 강도의 실행의 착수가 인정되어야 하는 바, 야간주거침입강도의 특수절도에 있어서 실행의 착수를 야간주거침입절도죄와 같이 주거침입시로 볼 것인지, 단순강도와 같이 폭행 · 협박시로 볼 것인지 견해가 대립된다. 대법원은 주거침입시로 본 경우(대판 92도917)와 폭행 · 협박시로 본 사례(대판 91도2296)가 병존하고 있다.

결론

대법원은 위와 같은 사안에서 타인의 주거에 침입하여 집안의 동정을 살피는 것만으로는 특수강도의 실행의 착수를 인정할 수 없다고 하면서, 특수강도의 실행의 착수는 사람의 반항을 억압할 수 있는 정도의 폭행 또는 협박의 개시가 있어야 한다고 판시함으로써 (대판 91도2296) 형법 제334조 제1항의 야간주거침입강도의 실행의 착수시기에 관해 **폭행 · 협박시설의 견해**를 취하고 있다. 따라서 위 사안에서는 甲은 특수강도의 신분을 취득하기 전에 강간 범행에 나아간 것이므로 형법의 특별법인 성폭력범죄의 처벌 등에 관한 특례법 제4조 제1항의 특수강간죄에 해당하여 결국 甲은 강도예비죄와 성폭력 범죄의 처벌 등에 관한 특례법 위반(특수강간)죄의 실체적 경합범으로 처벌된다.

그러나 형법 제334조 제1항의 야간 주거침입강도의 실행의 착수시기에 관해 **주거침입시설의 견해**를 취한다면 甲의 행위는 형법 제339조의 강도강간죄에 해당하고 또한 이는 형법의 특별법인 성폭력범죄의 처벌 등에 관한 특례법 제3조 제2항의 특수강도강간죄에 해당되기도 하여 결국 甲은 성폭력범죄의 처벌 등에 관한 특례법 위반(특수강도강간)죄로 처벌된다.

CHAPTER 44

소매치기가 발각되어 협박을 하면 준강도죄로 처벌된다

제335조 [준강도]

절도가 재물의 탈환에 항거하거나 체포를 면탈하거나 범죄의 흔적을 인멸할 목적으로 폭행 또는 협박한 때에는 제333조 및 제334조의 예에 따른다. 준강도 *시효 15년 / 준특수강도 *시효 15년

✹ **사건일지 _** 소매치기인 甲은 만원 시내버스 안에서 乙의 주머니에 있는 지갑을 훔치려고 손을 집어 넣었으나 乙이 이를 알아차리자 손을 뺐다. 이어 乙은 甲을 체포하려고 甲의 손목을 꽉 잡았는데 甲이 乙에게 체포를 면할 목적으로 '손을 놓지 않으면 죽여 버리겠다'고 협박하자 무서워서 甲을 놔 주었다. 甲은 무슨 죄로 처벌 받겠나?

해결테크

✹ 급소 1 _ 준강도

절도가 재물의 탈환에 항거하거나 체포를 면탈하거나 범죄의 흔적을 인멸할 목적으로 폭행·협박을 가한 때에는 강도에 준하여 처벌한다. 강도죄는 폭행·협박이 재물강취의 수단인 점에 반해, 이 범죄는 절도가 일정한

목적을 위해 폭행·협박하는 점에 차이가 있다.

✸ 급소 2 _ 목적

폭행·협박은 일정한 목적을 위해 행사되어야 한다. 재물탈환의 항거, 체포면탈, 범죄의 흔적을 인멸하기 위해서 폭행·협박하여야 한다. 이처럼 범죄가 성립하기 위해서 고의(故意) 이외에 초과적으로 요구되는 내적 심정(목적)이 요구되는 범죄를 목적범이라고 한다.

✸ 급소 3 _ 폭행·협박의 정도

강도죄의 폭행·협박이 상대방의 반항을 억압 또는 불가능하게 할 정도의 가장 좁은 의미 내지는 강력한 폭행·협박을 요구하듯이, 준강도죄의 폭행·협박의 경우도 강도죄의 그것과 같은 정도를 요구한다.

결론

절도가 체포를 면탈하려고 협박을 한 것이므로 준강도죄가 될 수 있다. 절도는 절도죄의 실행에 착수했을 것을 최소한 요건으로 한다. 호주머니에 손을 넣는 순간 절도죄의 실행에 착수한 것으로 볼 수 있고, 체포를 면하려고 협박한 것이니 준강도죄가 된다.

너 죽을래?
순경 아저씨 재 보래요.
호주머니에 손을 넣는 순간 절도죄의 실행에 착수한 것이며, 체포를 면하려고 협박을 하였으니 준강도죄로 처벌됩니다.

CHAPTER 45

절취행위가 미수에 이른 경우 체포를 면탈하기 위해 폭행을 가하였더라도 준강도 미수에 해당한다

제335조 [준강도]

절도가 재물의 탈환을 항거하거나 체포를 면탈하거나 죄적을 인멸할 목적으로 폭행 또는 협박을 가한 때에는 전2조의 예에 의한다.

제342조 [미수범]

제329조 내지 제341조의 미수범은 처벌한다.

✹ 사건일지 _ 甲은 乙의 지갑을 훔치려고 乙의 주머니에 손을 집어넣다가 재물을 절취하지도 못하고 발각되자, 잡히지 않으려고 乙의 얼굴을 주먹으로 강타하여 길바닥에 쓰러뜨리고는 도주하였다.

甲은 어떠한 죄로 처벌되는가?

해결테크

✹ 급소 1 _ 준강도죄

준강도죄는 절도가 절도의 기회에 재물 탈환의 항거, 체포 면탈 또는 죄적 인멸을 위해 폭행·협박을 함으로써 성립하는 범죄이다. 다만 준강도의 기수와 미수의 구별 기준에 대해서는 학설의 대립이 있다.

✸ 급소 2 _ 준강도의 기수시기

준강도의 기수시기에 관련하여 폭행·협박행위를 기준으로 하는 견해, 절취행위를 기준으로 하는 견해가 대립된다. 그러나 최근 대법원은 피해자에 대한 폭행·협박을 수단으로 하여 재물을 탈취하고자 하였으나, 그 목적을 이루지 못한 자가 강도미수죄로 처벌되는 것과 마찬가지로, 절도의 미수범이 폭행·협박을 가한 경우에도 강도미수에 준하여 처벌하는 것이 합리적이라 할 것이다. 만일 강도죄에 있어서는 재물을 강취하여야 기수가 됨에도 불구하고 준강도의 경우에는 폭행·협박을 기준으로 기수와 미수를 결정하게 되면, 재물을 절취하지 못한 채 폭행·협박만 가한 경우에도 준강도죄의 기수로 처벌받게 됨으로써 강도미수죄와의 불균형이 초래된다. 위와 같은 준강도죄의 입법취지, 강도죄와의 균형 등을 종합적으로 고려해 보면, 준강도죄의 기수 여부는 절도행위의 기수 여부를 기준으로 하여 판단하여야 한다고 판시하였다(2004.11.18, 2004도5074).

결론

체포면탈을 위하여 乙을 폭행·협박하였더라도 甲은 절취행위가 기수에 이르지 않았으므로 준강도죄의 미수범으로 처벌받게 된다. 한편, 甲의 폭행으로 그의 얼굴에 상처를 입혔다면, 甲은 비록 재물을 절취하지 못하였더라도 형법 제337조의 강도상해죄의 기수범으로 처벌된다.

CHAPTER 46

어린아이를 유인, 석방의 대가를 요구하면 인질강도죄가 아닌 특정범죄가중처벌법으로 처벌된다

제336조 [인질강도]

사람을 체포, 감금, 약취 또는 유인하여 이를 인질로 삼아 재물 또는 재산상의 이익을 취득하거나 제3자로 하여금 이를 취득하게 한 자는 3년 이상의 유기징역에 처한다. *시효 10년

✵ 사건일지 _ 甲녀는 결혼 2년째에 접어든 주부이다. 최근 살고 있던 전세방의 전세금을 높여 달라는 집주인의 요구에 경제 사정이 여의치 않자 부잣집 어린 아이를 유괴하며 풀어주는 대가로 돈을 받아내기로 마음먹고 자신이 학원강사 시절에 가르치던 乙(여자 아이)을 데려와 손과 발을 끈으로 묶고 테이프로 입을 막아두고 乙여아의 부모에게 전화해서 3천만원을 요구하였다. 甲의 죄책은?

해결테크

✵ 급소 1 _ 인질 강도

사람을 체포·감금·약취 또는 유인하여 이를 인질로 삼아 재물 또는 재산상의 이익을 취득하거나 제3자로 하여금 이를 취득하게 함으로써 성립한다.

✹ **급소 2 _ 사람**

사람은 미성년자에 제한되지 않는다. 인질로 삼는다는 뜻은 인질 강요죄와 마찬가지로 체포·감금·약취·유인된 자의 생명·신체 안전에 대한 제3자의 우려를 이용하여 그 석방이나 생명·신체에 대한 안전을 보장하는 대가로 재물 또는 재산상의 이익을 취득하기 위해 자유를 구속하는 것을 말한다.

✹ **급소 3 _** 재물이나 재산상의 이익을 취득할 목적으로 13세 미만의 미성년자를 약취 또는 유인한 때에는 특정범죄 가중처벌 등에 관한 법률 제5조의 2 제1항 제1호의 규정에 의하여 가중처벌된다.

결론

甲은 乙의 부모로부터 재물을 요구하여 취득할 목적으로 약취, 유인한 것이므로, 甲의 행위는 형법 제336조의 인질강도죄에 해당한다. 다만, 乙이 13세 미만의 자라면 형법의 특별법인 특정범죄가중처벌 등에 관한 법률 제5조의 2 제1항 제1호의 규정이 우선 적용되므로 甲은 특정범죄가중처벌 등에 관한 법률위반(13세 미만 약취유인)죄로 처벌받게 된다.

☞ **참고**

특정범죄 가중처벌 등에 관한 법률 제5조의2 제1항

① 13세 미만의 미성년자에 대하여 「형법」 제287조의 죄를 범한 사람은 그 약취(略取) 또는 유인(誘引)의 목적에 따라 다음 각 호와 같이 가중처벌한다.

1. 약취 또는 유인한 미성년자의 부모나 그 밖에 그 미성년자의 안전을 염려하는 사람의 우려를 이용하여 재물이나 재산상의 이익을 취득할 목적인 경우에는 무기 또는 5년 이상의 징역에 처한다. *시효 15년
2. 약취 또는 유인한 미성년자를 살해할 목적인 경우에는 사형, 무기 또는 7년 이상의 징역에 처한다. *시효 25년

CHAPTER 47

소매치기가 상해를 가하면 강도상해죄로 처벌된다

제337조 [강도상해, 치상]

강도가 사람을 상해하거나 상해에 이르게 한 때에는 무기 또는 7년 이상의 징역에 처한다. *시효 15년

✹ 사건일지 _ 甲은 서울 명동거리를 배회하던 중 乙녀의 핸드백을 소매치기하여 도망하고 있었다. 이에 乙녀의 애인인 丙이 甲을 추적하였다. 그리하여 丙과 막다른 골목에서 마주치게 되자 甲은 주위
에 있던 각목을 휘둘러 丙에게 전치 3주에 상당하는 상해를 입히게 되었다. 甲은 어떤 범죄로 처벌되겠는가?

해결테크

✹ 급소 1 _ 절도범이 준강도범으로

甲의 행위는 타인의 재물을 소유자의 의사에 반하여 탈취한 것이므로 절도죄에 해당하게 된다. 한편 절도가 체포를 면탈하거나 재물의 탈환에 항거하거나 범죄의 흔적을 인멸할 목적으로 폭행·협박을 하면 준강도죄에

해당한다. 폭행과 협박의 대상을 반드시 피해자에 한하여야 하는 것은 아니다.

✹ 급소 2 _ 강도상해 · 강도치상

강도가 폭행 · 협박을 통해 상해의 결과를 야기한 때에는 상해에 대한 고의가 있었다면 강도상해죄로, 상해에 대한 고의가 없이 중한 결과인 상해의 결과에 이르렀다면 강도치상죄의 책임을 져야 한다. 강도는 단순강도, 특수강도, 인질강도, 준강도 등 모든 강도를 포함한다.

상해의 개념은 상해죄의 그것과 마찬가지로 신체의 생리적 기능을 훼손하는 것을 말한다.

결론

소매치기는 절도죄에 해당하지만 체포를 면탈하기 위해 폭행 · 협박한 것이므로 준강도가 되고, 준강도가 상해의 결과를 일으킨 것이니 강도상해죄 혹은 강도치상죄에 해당한다.

CHAPTER 48

협박 · 폭행으로 금품을 강취하고 강간을 하면 강도강간죄로 10년 이상의 징역에 처한다

제339조 [강도강간]

강도가 부녀를 강간한 때에는 무기 또는 10년 이상의 징역에 처한다.

*시효 15년

✹ 사건일지 _ 피의자 甲 은 일정한 직업이 없는 자로서 0000년 0월 0일 22시경 00구 00동 00초등학교 근처 인가가 없는 좁은 길 입구에서 금품을 훔칠 생각으로 범행 대상이 나타나기를 기다리던 중, 마침 그곳을 지나가는 乙녀의 뒤를 따라가다가 갑자기 乙녀의 뒤에서 양손으로 그녀의 입을 틀어막고 소리치면 죽이겠다고 위협하면서 반항할 수 없도록 한 다음 돈 5만원을 빼앗은 뒤 자신의 얼굴을 못보도록 乙녀를 엎드려 놓고 뒤에서 강간하였다. 甲은 어떠한 범죄로 처벌받게 되는가?

해결테크

✹ 급소 1 _ 강도가 부녀를 강간한 때

폭행 · 협박으로 타인의 재물을 빼앗거나 자기 또는 제3자에게 재산상의 이익을 얻게 한 경우에는 333조의 강도죄에 해당한다. 강도가 부녀를 강간한 경우에는 강도강간죄(형법 제339조)에 해당하게 된다.

✸ 급소 2 _ 결합범

이와 같이 형법상 별개의 범죄로서 각각 처벌되는 범죄(강도죄, 강간죄)가 합하여져 별도의 하나의 범죄를 구성하는 범죄를 결합범(結合犯)이라고 하며, 하나의 법정형이 마련되어 있다. 이와 같은 유형의 범죄로는 강간살인, 강도살인, 강도상해죄 등 여러 경우가 있다.

결론

甲은 협박과 폭행으로 乙을 위협하여 현금을 탈취했기 때문에 강도죄(제333조)를 범한 것이며, 이 기회에 폭행과 협박에 의해 위하된(겁을 먹은) 부녀를 간음한 것이므로 이는 강도강간죄를 범한 것이다. 무기 또는 10년 이상의 징역에 처하게 된다.

CHAPTER 49

세입자가 명도에 불응한다고, 주거할 수 없도록 훼손하여 하였다면 처벌될까?

제323조 [권리행사방해]
타인의 점유 또는 권리의 목적이 된 자기의 물건 또는 전자기록등 특수매체기록을 취거, 은닉 또는 손괴하여 타인의 권리행사를 방해한 자는 5년 이하의 징역 또는 700만원 이하의 벌금에 처한다. *시효 7년

✸ **사건일지 _** 甲은 乙에게 임대해 준바 있는 甲 자신 소유의 서울 소재 벽돌조 기와지붕 2층 주택 1채(총면적 98평방미터)의 임대기간이 끝났으므로 이의 명도를 요청하였음에도 그가 계속 이를 거부하며 거주하고 있었다. 甲은 화가 나서 같은 해 0월 0일 인부 3명을 인솔하고 그 집으로 가서 임차인 乙에게 집수리를 하겠다고 속여 지붕에 올라가 기와 50여장을 걷어치워서 결국 乙과 그의 가족들이 거주할 수 없는 상태로 손괴하였다. 甲은 어떠한 범죄로 처벌되는가?

해결테크

✸ **급소 1 _ 권리행사방해죄란**

권리행사방해죄는 타인의 점유 또는 권리의 목적이 된 자신의 물건 또는

전자기록 등 특수매체기록을 취거, 은닉 또는 손괴하여 타인의 권리행사를 방해함으로써 성립하는 범죄이다.

✹ 급소 2 _ 자기의 물건

이 죄에서의 자기의 물건이란 자기 자신의 소유에 속하는 물건을 말한다. 자신과 타인의 공동소유에 속하는 물건은 타인의 소유에 속하는 물건으로 보므로 여기서 자기의 물건에 해당하지 않는다.

✹ 급소 3 _ 타인의 점유

타인이란 자기 이외의 자를 말한다. 자연인은 물론 법인이나 법인격 없는 단체를 포함한다. 타인의 점유의 목적이 된 물건이면 족하므로 자기와 타인이 공동점유하는 물건도 이 죄에서의 타인의 점유 물건으로 인정된다.

결론

甲은 乙의 임대차의 목적이 된 자신의 주택의 기왓장을 취거함으로써 乙과 그의 가족들이 주거할 수 없도록 하여 권리행사를 방해한 것이다. 따라서 甲은 형법 제323조의 권리행사방해죄로 처벌된다.

*** 명도의 두 가지 요소**

1. 부동산을 비워주는 것(퇴거)

사람, 짐, 시설물 등을 모두 치우고

2. 점유를 이전하는 것(인도)

상대방이 해당 부동산을 사용할 수 있도록 넘겨주는 것

CHAPTER 50

협박으로 남의 차의 방향을 돌려 출근하면 • • • 강요죄로 처벌된다

제324조 [강요]

①폭행 또는 협박으로 사람의 권리행사를 방해하거나 의무없는 일을 하게 한 자는 5년 이하의 징역 또는 3천만원 이하의 벌금에 처한다.*시효 7년

② 단체 또는 다중의 위력을 보이거나 위험한 물건을 휴대하여 제1항의 죄를 범한 자는 10년 이하의 징역 또는 5천만원 이하의 벌금에 처한다.*시효 10년

✸ 사건일지 _ 甲은 피해자 乙녀를 협박하여 乙의 자가용으로 자신의 목적지까지 태우고 가게 하였다. 甲과 乙의 목적지 방향은 서로 달랐다. 甲은 어떠한 범죄로 처벌되겠는가?

해결테크

✸ 급소 1 _ 강요죄란

강요죄는 폭행 또는 협박에 의하여 타인의 권리행사를 방해하거나 의무없는 일을 하게 하는 경우에 성립하는 범죄이다.

✸ **급소 2 _** 이 죄에서의 폭행·협박은 반드시 상대방의 반항을 불가능하게 하거나 곤란하게 할 정도에 이를 것을 요하지는 않으나, 적어도 상대방에게 공포심을 주어 의사결정과 활동에 영향을 미칠 수 있을 정도일 것임을 요한다.

✸ **급소 3 _** 권리행사를 방해한다는 것은 반드시 재산상의 권리행사만을 의미하는 것은 아니며, 비재산적 권리로 볼 수 있는 계약 체결에 대한 자유권도 포함된다.

✸ **급소 4 _** 의무없는 일을 하게 한다 함은 폭행·협박으로 사람의 자유권 행사를 방해하는 것으로, 예컨대 폭행에 의하여 의무없는 진술서 작성을 강요한 경우에도 이 죄가 성립한다.

결론

이 사례에서 乙은 자신의 목적지 방향과 다른 甲을 그의 목적지까지 태워줘야 할 법률상의 의무가 없다. 그럼에도 불구하고 甲은 乙을 협박하여 乙로 하여금 자신의 목적지까지 태워 가게 하였다. 이것은 법률상 의무없는 일을 乙에게 강요한 것으로 甲은 형법 제324조의 강요죄에 의해 처벌된다.

어서 내가 가자는
곳까지 가!
잡아 먹지는
않을테니까.
왜이래요!
나는 방향이
반대란
말이예요.
甲은 乙에게 법률상 의무
없는 일을 강요하였으니
강요죄로 처벌됩니다.
못난 놈이 남자
망신은 다 시킨다니까
나도 남자인데,
아이고 창피해!

CHAPTER 51

피해자의 처를 인질 삼아 사표제출을 강요하면 인질강요죄로 처벌된다

제324조의 2 [인질강요]

사람을 체포 · 감금 · 약취 또는 유인하여 이를 인질로 삼아 제3자에 대하여 권리행사를 방해하거나 의무없는 일을 하게 한 자는 3년 이상의 유기징역에 처한다. *시효 10년

제324조의 3 [인질상해 · 치상]

제324조의 2의 죄를 범한 자가 인질을 상해하거나 상해에 이르게 한 때에는 무기 또는 5년 이상의 징역에 처한다. *시효 15년

제324조의 4 [인질살해 · 치사]

제324조의 2의 죄를 범한 자가 인질을 살해한 때에는 사형 또는 무기징역에 처한다. 사망에 이르게 한 때에는 무기 또는 10년 이상의 징역에 처한다. *시효 25년 후단 15년

✸ **사건일지 _** 甲은 乙과 같은 회사에 다니는 자로서 서로 라이벌 관계에 있다. 甲은 乙보다 먼저 승진하기 위하여 乙을 회사에서 제거하기로 마음먹었다. 그리하여 甲은 丙을 교사하여 乙의 처를 유인하여 인질로 삼아 乙이 그가 다니는 회사에 사표를 내도록 강요하여 결국 乙은 사표를 제출하고 말았다. 甲과 丙은 어떠한 범죄로 처벌되는가?

해결테크

✸ 급소 1 _ 인질강요죄란

인질강요죄란 사람을 체포·감금·약취 또는 유인하여 이를 인질로 삼아 제3자에 대하여 권리행사를 방해하거나 의무 없는 일을 하게 함으로써 성립하는 범죄이다.

✸ 급소 2 _ 일반강요죄는 타인을 폭행·감금·피강요자의 권리행사를 방해하거나 의무없는 일을 하게 함으로써 성립함에 반하여, 이 죄는 타인을 인질로 삼아 제3자에게 의무없는 일을 하게 하거나 권리행사를 방해함으로써 성립하는 점에서 구별된다.

✸ 급소 3 _ 인질로 삼는다는 것은 체포·감금·약취 또는 유인된 자의 생명신체의 안전에 대한 제3자의 우려를 이용하여 제3자를 강요하기 위하여 자유를 구속하는 것을 말한다.

결론

이 사례에서 甲은 丙을 사주하여 乙의 처를 유인하여 이를 인질로 삼아 제3자인 乙로 하여금 회사에 정당한 이유없이 사표를 제출하도록 강요한 것이다. 따라서 甲은 형법 제324조의 2 인질강요죄의 교사범으로 처벌되고, 丙은 인질강요죄의 정범으로 처벌된다.

甲은 丙을 시켜 乙의 처를 유인하여 인질로 삼고 乙로 하여금 사표제출을 강요 하였으니 甲은 인질 강요죄의 교사범 丙은 인질 강요죄의 정범으로 처벌 됩니다.
당신 남편이 사표만 쓰면 풀어 줄거야!
丙
말못할 일신상의 이유로 사표를 …
乙
유망한 중견간부가 왠 사표?
밤낮 사표만 냈다하면 일신상의 이유야!
키득 키득, 네 처를 인질로 잡아 두었는데 네가 사표를 안쓰고 베기나!
甲

CHAPTER 52

자신이 맡겨 놓은 물건을 강취하면 어떠한 범죄로 처벌되는가?

제325조 [점유강취, 준점유강취]

① 폭행 또는 협박으로 타인의 점유에 속하는 자기의 물건을 강취(强取)한 자는 7년 이하의 징역 또는 10년 이하의 자격정지에 처한다. *시효 7년

② 타인의 점유에 속하는 자기의 물건을 취거(取去)하는 과정에서 그 물건의 탈환에 항거하거나 체포를 면탈하거나 범죄의 흔적을 인멸할 목적으로 폭행 또는 협박한 때에도 제1항의 형에 처한다.

③ 제1항과 제2항의 미수범은 처벌한다.

✹ 사건일지 _ 피의자 甲은 乙의 하숙집에서 하숙을 하고 있는 하숙생으로 두 달분의 하숙비를 내지 못하고 있었다. 이에 甲은 자신의 소유물인 소형 카세트와 손목시계를 하숙집 주인인 乙에게 보관시켜 놓고 있었다. 돈이 궁한 甲은 며칠 후 카세트를 찾아 전당포에 잡힐 목적으로 乙이 혼자 있는 틈을 타 乙에게 카세트와 시계를 내 놓으라고 하자 乙은 이를 거부하였다. 그러나 甲은 乙을 폭행하며 강제로 카세트와 시계를 회수하였다. 甲은 어떠한 범죄로 처벌되는가?

해결테크

✸ 급소 1 _ 점유강취죄란

점유강취죄는 폭행 또는 협박으로 타인의 점유에 속하는 자신의 물건을 강취함으로써 성립하는 범죄이다. **강도죄**가 타인의 점유에 속하는 타인의 물건을 강취함으로써 성립함에 반하여, **점유강취죄**는 타인의 점유에 속하는 자신의 물건을 강취함으로써 성립한다. 즉 타인의 점유에 속하는 자신의 물건에 대한 강도죄라 할 수 있다.

✸ 급소 2 _ 이 죄에서의 폭행·협박은 강도죄에 있어서의 폭행·협박의 정도와 동일하다.

✸ 급소 3 _ 즉 상대방의 의사를 억압할 정도에 이르러야 한다. 타인의 점유에 속하는 자기의 물건을 취거함에 있어서 그 탈환을 항거하거나 체포를 면탈하거나 범죄의 흔적을 인멸할 목적으로서 폭행·협박을 하는 경우에는 준점유강취죄가 성립한다.

결론

위 사례에서 甲은 자신이 하숙집 주인 乙에게 맺겨 놓은 자신의 물건을 乙에게 폭행·협박을 가하여 강제로 취거하였으므로 甲은 형법 제325조의 점유강취죄로 처벌받게 된다.

내 물건 내가 찾아
가는데 왜 안 내놔?
하숙비 밀린 돈과
교환하기로 하고
학생이 맡겼잖아?
자신의 물건일지라도
맡겨놓은 물건을 폭행을
가하여 강제로 취거
하였으므로 점유강취죄로
처벌 됩니다.
앞길이
구만리같은
효은이가 저런!
콱 물어버릴까
보다.

CHAPTER 53

강제집행을 면하려고 가전제품 등을 은닉하면 어떠한 범죄로 처벌되겠는가?

제327조 [강제집행면탈]

강제집행을 면할 목적으로 재산을 은닉, 손괴, 허위양도 또는 허위의 채무를 부담하여 채권자를 해한 자는 3년 이하의 징역 또는 1천만원 이하의 벌금에 처한다. *시효 5년

✷ **사건일지 _** 피의자 甲은 OO상사를 경영하여 오던 중 사업이 부진하여 乙로부터 빌린 채무를 변제기일까지 갚지 못하게 되었다. 이에 乙은 서울지방법원에 대여금반환 청구소송을 제기하였으며, 甲은 이러한 사실을 알게되자 자신에게 곧 강제집행이 행하여질 것을 예상하고 이를 면해 볼 목적으로 자신 소유의 TV · 냉장고 · 세탁기 등을 이러한 사실을 알지 못하는 친구의 집에 보관시킨 것이다. 甲은 어떠한 범죄로 처벌되겠는가?

해결테크

✷ **급소 1 _ 강제집행면탈죄란**

강제집행면탈죄는 강제집행을 면할 목적으로 재산을 은닉, 손괴, 허위양도 또는 허위의 채무를 부담하여 채권자를 해함으로써 성립하는 범죄이다.

✸ **급소 2** _ 이 죄가 성립하려면 강제집행을 면할 목적이 있어야 하며 객관적 요건으로 강제집행을 받을 상태가 존재하여야 한다. 강제집행을 받을 객관적 상태라 함은 민사집행법에 의한 강제집행과 보전집행인 가압류·가처분 집행을 당할 구체적 염려가 있는 상태를 말한다.

✸ **급소 3** _ 강제집행을 당할 구체적 염려란 채권자가 소의 제기 또는 지급명령의 신청을 한 사실이 없더라도 채권확보를 위하여 소송을 제기할 기세를 보이는 이상 강제집행을 받을 상태가 된다는 것이 대법원의 입장이다.

결론

甲은 乙에 대한 대여금을 변제기일에 변제하지 못하여 乙로부터 대여금 반환 청구소송을 받게 되어 강제집행을 당하게 될 구체적 위험이 발생하였는데, 강제집행을 면하려고 자신 소유의 TV등 가전제품을 친구의 집에 보관케 하여 은닉하였다. 따라서 甲은 형법 제327조의 강제집행면탈죄로 처벌받게 된다.

강제 집행을 면하려고
자신의 물건을 친구 집에
은닉 시키면 강제집행면탈죄로
처벌됩니다.
아니 우리집으로
이사했나? 왠
가전 제품이야?
대여금 반환 청구
소송을 받게 되어 강제집행
을 당하게 되면 다 빼앗길
판이니 자네가 좀 맡아
가지고 있게!
그런 잔머리
쓸 끼가 있으면
사업에 더 신경써서
빚진 돈이나 잘 갚지!

CHAPTER 54 제14절 사기와 공갈의 죄

허위 과장광고로 재산상 이득을 취득하면 어떠한 범죄로 처벌되는가?

제347조 [사기]

① 사람을 기망하여 재물의 교부를 받거나 재산상의 이익을 취득한 자는 10년 이하의 징역 또는 2천만원 이하의 벌금에 처한다. *시효 10년

② 전항의 방법으로 제3자로 하여금 재물의 교부를 받게하거나 재산상의 이익을 취득하게 한 때에도 전항의 형과 같다.

제348조 [준사기]

① 미성년자의 사리분별력 부족 또는 사람의 심신장애를 이용하여 재물을 교부받거나 재산상 이익을 취득한 자는 10년 이하의 징역 또는 2천만원 이하의 벌금에 처한다. *시효 10년

② 제1항의 방법으로 제3자로 하여금 재물을 교부받게 하거나 재산상 이익을 취득하게 한 경우에도 제1항의 형에 처한다..

✸ 사건일지 _ 甲은 서울 소재 OO백화점의 숙녀의류 부장으로서 신상품을 출하하면서, 당해 상품이 종전에 높은 가격으로 판매된 사실이 없음에도 불구하고 종전에는 높은 가격으로 판매되었던 양, 특정한 할인판매 기간에 한하여 특별히 할인된 가격으로 싸게 판매하는 것처럼 광고 등을 통하여 허위 선전함으로써 소비자들을 유인하여 판매하였다. 甲은 어떠한 범죄로 처벌되는가?

해결테크

✸ **급소 1** _ 사기죄는 사람을 기망(欺罔: 속이다)하여 재물을 편취하거나 재산상의 불법한 이익을 취득하거나 타인으로 하여금 얻게 함으로써 성립하는 범죄이다. 미성년자의 사리분별력 부족을 이용하거나, 사람의 심신장애를 이용하여 재물의 교부를 받거나, 재산상의 이익을 취득한 경우에는 형법 제348조의 준사기죄를 구성한다.

✸ **급소 2** _ 사기죄가 성립하려면 ⅰ) 기망행위가 있고, ⅱ) 피기망자의 착오와, ⅲ) 착오에 의한 처분행위가 있고, ⅳ) 재산상의 손해가 발생하였을 것을 요하며, ⅴ) 기망자 또는 제3자의 재물 취득이나 재산상의 이익의 취득이 있을 것을 요한다.

✸ **급소 3** _ 피기망자와 피해자가 일치하지 않는 삼각사기의 가장 전형적인 경우가 바로 소송사기이다. **소송사기**란 법원에 허위의 사실을 주장하거나 허위의 증거를 제출함으로써 법원을 기망하여 승소확정판결을 받음으로써 집행권원을 확보한 후 상대방의 재산에 강제집행을 실시하여 재산을 취득하는 경우를 말한다.

✸ **급소 4** _ 처분행위자와 피기망자는 일치하여야 하니, 처분행위자가 반드시 피해자와 일치하여야 하는 것은 아니다. 따라서 피기망자가 타인의 재산을 처분한 경우에도 사기죄가 성립한다.

결론

甲은 허위광고로 소비자들을 기망하여 소비자들로 하여금 착오를 유발하여 물품을 구매하도록 하여 재산상의 이득을 취득하였다. 甲의 행위는 이전에 판매한 사실이 없는 신상품을 첫 판매시부터 이전가격 및 할인가격을 비교 표시하여 할인판매를 함으로써 정당한 가격에 대한 소비자들의 신뢰를 저버리는 일명 변칙세일에 해당한다. 상품의 선전·광고에는 다소의 과장이 있을 수 있으나 일반거래 관념상 받아들일 수 있는 범위를 넘어서 신의성실의 원칙에 반하여 허위 과장 광고를 한 경우에는 사기죄를 구성하는 기망행위에 해당한다. 따라서 甲은 사기죄로 처벌된다.

CHAPTER 55

과다한 거스름돈이 교부되었더라도 이를 모르고 수령하였다면 사기죄로 처벌되는가?

제347조 [사기]

① 사람을 기망하여 재물의 교부를 받거나 재산상의 이익을 취득한 자는 10년 이하의 징역 또는 2천만원 이하의 벌금에 처한다. *시효 10년

② 전항의 방법으로 제3자로 하여금 재물의 교부를 받게하거나 재산상의 이익을 취득하게 한 때에도 전항의 형과 같다.

✹ 사건일지 _ 아파트 소유자 甲은 乙과 매매계약을 맺고 아파트를 매수인 乙에게 매도를 하려는 바, 乙이 甲에게 매매잔금을 지급할 때에 乙의 착오로 천만원권 자기앞수표 한 장을 더 지급하게 되었다. 甲은 그 사실을 모른채 자기앞수표를 수령하였고, 나중에서야 매매잔금이 더 수령되었음을 알게 되었다. 甲은 사기죄로 처벌되는가?

해결테크

✹ 급소 1 _ 부작위에 의한 기망행위

사기죄의 요건으로서의 기망은 널리 재산상의 거래관계에 있어 서로 지켜야 할 신의와 성실의 의무를 저버리는 모든 적극적 또는 소극적 행위를

말하는 것이고, 그 중 소극적 행위로서의 부작위에 의한 기망은 법률상 고지의무 있는 자가 일정한 사실에 관하여 상대방이 착오에 빠져 있음을 알면서도 그 사실을 고지하지 아니함을 말하는 것으로서, 일반거래의 경험칙상 상대방이 그 사실을 알았더라면 당해 법률행위를 하지 않았을 것이 명백한 경우에는 신의칙에 비추어 그 사실을 고지할 법률상의 의무가 인정된다. 따라서 이러한 고지의무를 이행하지 아니할 경우 부작위에 의한 기망행위가 인정된다.

✸ 급소 2 _ 거스름돈 사기의 인정기준

매수인이 매도인에게 매매잔금을 지급함에 있어 착오에 빠져 지급해야 할 금액을 초과하는 돈을 교부하는 경우, 매도인이 사실대로 고지하였다면 매수인이 그와 같이 초과하여 교부하지 아니하였을 것임은 경험칙상 명백하므로, 매도인이 매매잔금을 교부받기 전 또는 교부받던 중에 그 사실을 알게 되었을 경우에는 특별한 사정이 없는 한 매도인으로서는 매수인에게 사실대로 고지하여 매수인의 그 착오를 제거하여야 할 신의칙상 의무를 지므로 그 의무를 이행하지 아니하고 매수인이 건네주는 돈을 그대로 수령한 경우에는 사기죄에 해당하지만, 그 사실을 미리 알지 못하고 매매잔금을 건네주고 받는 행위를 끝마친 후에야 비로소 알게 되었을 경우에는 사기죄를 구성할 수는 없다.

결론

甲이 과다한 잔금을 수령하고 이를 고지하지 아니하였다 하더라도, 수령 당시에 잔금이 과다하게 지급된 사실을 알지 못하였다면 甲을 사기죄로 처벌할 수 는 없다. 다만 점유이탈물횡령죄의 성립은 인정될 수 있을 것이다.

CHAPTER 56

대금결제의 의사나 능력이 없음에도 불구하고 신용카드를 발급받아 물품을 구입하고 현금서비스를 받았다면 어떠한 죄로 처벌받는가?

제347조 [사기]

① 사람을 기망하여 재물의 교부를 받거나 재산상의 이익을 취득한 자는 10년 이하의 징역 또는 2천만원 이하의 벌금에 처한다. *시효 10년

② 전항의 방법으로 제3자로 하여금 재물의 교부를 받게하거나 재산상의 이익을 취득하게 한 때에도 전항의 형과 같다.

✸ 사건일지 _ 甲은 후에 대금결제의 의사나 능력이 없음에도 자기 명의의 신용카드를 乙카드회사로부터 발급받아 물품을 구입하고 현금자동인출기에서 현금서비스를 받았다. 甲은 어떠한 죄로 처벌받는가?

해결테크

✸ 급소 1 _ 신용카드 부정사용죄의 성립 여부

자기의 신용카드의 경우 위조, 변조된 카드가 아니라면 여신전문금융업법 위반(신용카드부정사용)죄는 성립하지 아니한다.

✷ 급소 2 _ 물품구입 행위가 사기죄에 해당하는가

피고인이 카드 사용으로 인한 대금 결제의 의사와 능력이 없으면서도 있는 것 같이 가장하여 카드회사를 기망하고, 카드회사는 이에 착오를 일으켜 일정 한도 내에서 카드사용을 허용해 줌으로써 피고인은 기망 당한 카드회사의 신용공여라는 하자 있는 의사표시에 편승하여 자동지급기를 통한 현금대출도 받고, 가맹점을 통한 물품구입대금 대출도 받아 카드발급회사로 하여금 같은 액수 상당의 피해를 입게 함으로써, 카드사용으로 인한 편취행위가 이루어진 것으로 보아야 한다.

✷ 급소 3 _ 물품 구입행위와 현금서비스를 받은 행위는 별개의 사기죄인가

카드 사용으로 인한 카드회사의 손해는 그것이 자동지급기에 의한 인출행위이든 가맹점을 통한 물품 구입행위이든 불문하고 모두가 피해자인 카드회사의 기망 당한 회사의 의사표시에 따른 카드발급에 터잡아 이루어지는 것이므로 사기죄의 포괄일죄가 성립한다.

결론

카드대금 결제의 의사나 능력이 없음에도 불구하고 현금서비스를 받고 물품을 구매한 甲은 사기죄의 죄책을 진다.

CHAPTER 57

금융기관 등을 사칭하여 피해자를 속이고 금전을 이체받으면 어떤 죄로 처벌받겠는가?

제347조 [사기]

① 사람을 기망하여 재물의 교부를 받거나 재산상의 이익을 취득한 자는 10년 이하의 징역 또는 2천만원 이하의 벌금에 처한다. *시효 10년

② 전항의 방법으로 제3자로 하여금 재물의 교부를 받거나 재산상의 이익을 취득하게 한 때에도 전항의 형과 같다.

✸ 사건일지 _ 성명불상자 甲은 乙에게 전화하여 은행대출담당 직원을 사칭해 "대출을 받기 위해서는 은행에서 받은 기존 대출금 1,000만원을 상환해야 한다. 알려주는 계좌로 돈을 입금하면 서류심사를 통해 5,000만원을 연 3%의 이율로 대출해주겠다"라고 거짓말하여 乙은 성명불상자 甲이 지정하는 丙 명의의 A 은행계좌로 1,000만원을 송금하였고, 성명불상자 甲의 지시를 받은 丁이 성명불상자 甲으로부터 소포로 전달받은 戊 명의의 체크카드(* 성명불상자 甲이 본건 범행에 사용하기 위해 사전에 丙에게 대가로 20만원을 교부하고 丙 명의의 은행계좌번호, 비밀번호, 체크카드를 양수한 것임)를 이용하여 1,000만원을 인출한 후 성명불상자 甲과 사전에 약속한 수고비 10만원을 제외한 나머지 금액을 성명불상자 甲이 지정한 계좌로 입금하였다. 甲 등은 어떤 죄로 처벌받겠는가?

해결테크

✹ 급소 1 _ 전자금융사기

전자금융사기(보이스피싱)란 금융기관 등을 사칭하여 피해자를 속이고 개인정보나 금융거래 정보를 탈취하거나 금전을 이체하게 만드는 신종사기 수법이다.

✹ 급소 1 _ 보이스피싱과 함께 문제 되는 것은 스미싱이다. 스미싱이란 문자로 악성 앱 설치를 유도하여 개인정보를 탈취해가거나 소액결제를 유도하는 것을 말한다.

결론

甲은 乙로부터 돈을 받더라도 대출을 실행하여 줄 의사나 능력이 없음에도 乙을 기망하여 재물의 교부를 받은 것이므로 사기죄가 성립하고, 丙은 우선 甲으로부터 대가를 받고 은행계좌번호, 비밀번호, 체크카드 등 접근매체를 甲에게 양도하였으므로 전자금융거래법 위반죄가 성립하고, 또한 미필적으로나마 위와 같이 양도한 접근매체가 甲의 전자금융사기 범행에 이용될 줄 알았다면 乙의 접근매체 양도는 甲의 사기범행을 용이하게 한 행위이므로 사기방조죄도 함께 성립한다.

그리고 丁은 甲과 공모하여 전자금융사기 피해자인 乙로부터 丙 명의의 은행계좌에 입금된 돈을 인출하여 일부 수고비를 제외한 나머지 돈을 甲

이 지정하는 계좌에 입금하여 주었으므로 사기죄가 성립한다.

금융기관 · 공공기관 등을 사칭하여 피해자를 속이고 돈을 송금받는 경우, 일반적으로 다음 죄로 처벌된다.

1. 사기죄 (형법 제347조) 가장 기본적으로 성립하는 죄.

2. 전자금융거래법 위반(전자금융거래법 제6조 등) 사칭 · 피싱 방식으로 접근정보(계좌, 비밀번호, OTP 등)를 얻어 이체된 경우 추가로 성립할 수 있다.

3. 통신사기피해환급법 위반(전화금융사기 관련) 보이스피싱 조직에 계좌를 제공한 경우는 대포통장 관련 규정으로 처벌된다.
계좌 양도 · 대여 등: 3년 이하 징역 또는 2천만원 이하 벌금

4. 범죄단체 가담(특정범죄가중처벌법)
조직적 보이스피싱 조직의 콜센터, 수금책, 전달책에 가담한 경우에는 더 무겁게 처벌될 수 있다.
범죄단체 가입 · 활동: 1년 이상 유기징역
전체 보이스피싱 조직의 역할과 규모에 따라 가중

☞ **참고**

전자금융거래법

제2조 [정의]

10. "접근매체"라 함은 전자금융거래에 있어서 거래지시를 하거나 이용자 및 거래내용의 진실성과 정확성을 확보하기 위하여 사용되는 다음 각 목의 어느 하나에 해당하는 수단 또는 정보를 말한다.

가. 전자식 카드 및 이에 준하는 전자적 정보

나. 전자서명법 제2조 제3호에 따른 전자서명 생성정보 및 같은 조 제6호에 따른 인증서

다. 금융회사 또는 전자금융업자에 등록된 이용자번호

라. 이용자의 생체정보

마. 가목 또는 나목의 수단이나 정보를 사용하는데 필요한 비밀정보

제6조 [접근매체의 선정과 사용 및 관리]

③ 누구든지 접근매체를 사용 및 관리함에 있어서 다른 법률에 특별한 규정이 없는 한 다음 각 호의 행위를 하여서는 아니 된다. 다만 제18조에 따른 선불전자지급수단이나 전자화폐의 양도 또는 담보제공을 위하여 필요한 경우(제3호의 행위 및 이를 알선·중개하는 행위는 제외한다)에는 그러하지 아니하다.

1. 접근매체를 양도하거나 양수하는 행위

제49조 [벌칙]

④ 다음 각 호의 어느 하나에 해당하는 자는 5년 이하의 징역 또는 3천만원 이하의 벌금에 처한다.

1. 제6조 제3항 제1호를 위반하여 접근매체를 양도하거나 양수한 자

CHAPTER 58

은행정보처리시스템을 부정조작 하여 재산상 이익을 취하면 어떠한 범죄로 처벌되는가?

제347조의2 [컴퓨터등 사용사기]

컴퓨터등 정보처리장치에 허위의 정보 또는 부정한 명령을 입력하거나 권한없이 정보를 입력 · 변경하여 정보처리를 하게함으로써 재산상의 이익을 취득하거나 제3자로 하여금 취득하게 한 자는 10년 이하의 징역 또는 2천만원 이하의 벌금에 처한다. *시효 10년

✹ 사건일지 _ 甲은 컴퓨터광으로 00은행의 전산망에 침입하여 예금가입자들의 구좌에 이자가 계산될 때 이자 중의 일부가 자신의 가명계좌에 입금되도록 프로그램을 조작하여 수억원의 입금 데이터를 조작하였다. 甲은 어떠한 범죄로 처벌되는가?

해결테크

✹ 급소 1 _ 컴퓨터사용사기죄는 컴퓨터 등 정보처리장치에 허위의 정보 또는 부정한 명령을 입력하여 정보처리케 함으로써 재산상의 이익을 취득하거나 제3자로 하여금 취득하게 함으로써 성립하는 범죄이다. 컴퓨터 등 정보처리장치가 발달함에 따라서 컴퓨터 등의 조작을 통한 범죄의 증가에

따른 형법상 규율의 필요에서 신설한 범죄유형이다.

✸ **급소 2** _ 정보처리장치란 자동적으로 계산 또는 정보처리를 하는 전자장치를 말한다. 컴퓨터에는 주컴퓨터 뿐 아니라 네트워크 시스템에서의 단말장치를 포함하는 것으로 은행의 현금지급기도 여기에 포함된다.

✸ **급소 3** _ **허위의 정보를 입력**한다 함은 내용이 진실에 반하는 정보를 입력하는 것을 말하며, **부정한 명령의 입력**이란 당해 시스템에 있어서 사무처리의 목적에 비추어 명령할 수 없는 정당하지 아니한 명령을 입력하는 것이다. 예컨대 프로그램을 조작하여 예금을 인출하여도 그 잔고가 줄지 않도록 명령을 입력하는 경우가 여기에 해당한다.

결론

위 사례에서 甲은 은행의 전산망에 침입하여 은행의 정보처리 시스템에 부정한 명령을 입력함으로써 타 예금자들의 계좌에 입금된 이자 중의 일부를 자신의 계좌에 입금된 것처럼 조작하여 재산상의 이득을 취한 것이다. 따라서 甲은 컴퓨터 등 사용사기죄로 처벌된다.

믿습니까 은행 예금 가입자의 이자
중 일부씩만 내 가명계좌에 넣으면,
아! 수억원이 in my pocket. 세상에
은행이자가 잘못 됐나 따져보는 사람
있으면 나오보라고 해! 나는 머리가
너무 좋은게 탈이라니까!
가훈
정직
HACKING
컴퓨터사기
바이러스
인터넷사기
믿습니까 은행
이자계산 내역
甲
甲은 은행의 전산망에
침입하여 정보처리시스템에
부정한 명령을 입력함으로써
타 예금자들의 계좌에 입금된
이자의 일부를 자신의 차명
계좌에 입금된 것처럼
조작하였으므로 컴퓨터
사용 사기죄로 10년 이하의
징역에 처해 집니다.
너 말 한번 잘했다.
머리 좋은 게 탈이라고?
큰 탈 날줄 알아라. 애완견은
원래 방안에서 '쉬야'
하는 게 아닌데!

CHAPTER 59

위임범위를 초과해서 현금을 인출한 경우 어떠한 범죄로 처벌되는가?

제347조의 2 [컴퓨터등 사용사기]

컴퓨터등 정보처리장치에 허위의 정보 또는 부정한 명령을 입력하거나 권한 없이 정보를 입력 · 변경하여 정보처리를 하게 함으로써 재산상의 이익을 취득하거나 제3자로 하여금 취득하게 한 자는 10년 이하의 징역 또는 2천만원 이하의 벌금에 처한다. *시효 10년

✷ 사건일지 _ 甲은 2010. 11. 중순 일자불상 10:00경 PC방에 게임을 하러 온 乙로부터 현금카드로 20만원을 인출해 오라는 부탁과 함께 현금카드를 건네받게 되자 이를 기화로, 현금자동인출기에 위 현금카드를 넣고 권한없이 인출금액을 50만원으로 입력하여 그 금액을 인출한 후, 그중 20만원만 피해자에게 건네주어 30만원 상당의 재산상 이익을 취득하였다. 甲은 어떠한 범죄로 처벌되는가?

해결테크

✷ 급소 1 _ 권한없이 진실한 정보를 입력한 경우에 해당하는가

판례는 위탁된 권한을 초월하여 위탁자명의의 사문서를 작성하거나 위임

의 취지에 위배하여 문서를 작성하는 행위를 권한 없이 문서를 작성하는 경우로서 사문서위조로 파악하고 있다. 이러한 판례의 태도에 근거한다면 설문에서와 같이 20만원의 인출을 위임받은 甲이 50만원의 현금을 인출한 것은 위임권한을 초과한 경우라고 할 수 있다. 따라서 甲의 행위는 권한없이 진실한 정보를 입력하여 현금을 인출한 경우에 해당한다.

✸ 급소 2 _ 권한을 초과하여 인출한 현금의 성격

판례는 "예금주인 현금카드 소유자로부터 일정한 금액의 현금을 인출해 오라는 부탁을 받으면서 이와 함께 현금카드를 건네받은 것을 기화로 초과된 금액의 현금을 인출한 경우에는 그 인출한 현금 총액 중 인출을 위임받은 금액을 넘는 부분의 비율에 상당하는 재산상 이익을 취득한 것으로 볼 수 있다."고 판시한 바 있다. 따라서 위임범위를 초과하여 현금을 인출한 경우에는 그 인출된 현금을 재산상이익으로 파악하는 것이 타당할 것이다.

결론

甲은 권한 없이 정보를 입력·변경하여 정보처리를 하게 함으로써 재산상의 이익을 취득하였으므로 컴퓨터사용사기죄의 죄책을 지게 된다.

CHAPTER 60

타인의 명의를 모용하여 신용카드를 발급받은 다음 현금자동지급기에서 현금을 인출하거나 ARS 전화서비스 등으로 신용대출을 받은 경우 어떠한 죄로 처벌될 수 있겠는가?

제347조의2 [컴퓨터등 사용사기]

컴퓨터 등 정보처리장치에 허위의 정보 또는 부정한 명령을 입력하거나 권한 없이 정보를 입력·변경하여 정보처리를 하게 함으로써 재산상의 이익을 취득하거나 제3자로 하여금 취득하게 한 자는 10년 이하의 징역 또는 2천만원 이하의 벌금에 처한다. *시효 10년

✸ **사건일지 _** 甲은 처인 乙과 협의이혼하였다. 갑은 乙로부터 신용카드발급에 대한 동의나 승낙을 받은 적이 없음에도 불구하고 乙명의를 모용하여 乙명의의 신용카드를 발급받아 소지하게 되었다. 甲이 신용카드를 사용하더라도 이를 변제할 의사나 능력을 없는 상황이었음에도 불구하고 발급받은 카드로 현금자동지급기에서 현금을 인출하고 ARS전화서비스를 이용하여 현금을 대출받았다. 甲은 어떠한 죄로 처벌될 수 있겠는가?

해결테크

✸ 급소 1 _ 현금에 대한 절도죄의 성립 여부

피고인이 타인의 명의를 모용하여 신용카드를 발급받은 경우, 비록 카드회사가 피고인으로부터 기망을 당한 나머지 피고인에게 피모용자 명의로 발급된 신용카드를 교부하고, 사실상 피고인이 지정한 비밀번호를 입력하여 현금자동지급기에 의한 현금대출(현금서비스)을 받을 수 있도록 하였다 할 지라도, 카드회사의 내심의 의사는 물론 표시된 의사도 어디까지나 카드명의인인 피모용자에게 이를 허용하는데 있을 뿐 피고인에게 이를 허용한 것은 아니라는 점에서, 피고인이 타인의 명의를 모용하여 발급받은 신용카드를 사용하여 현금자동지급기에서 현금대출을 받는 행위는 현금자동지급기의 관리자의 의사에 반하여 그의 지배를 배제한 채 그 현금을 자기의 지배하에 옮겨 놓는 행위로서 절도죄에 해당한다.

✸ 급소 2 _ 컴퓨터사용사기죄의 성립 여부

타인의 명의를 모용하여 발급받은 신용카드의 번호와 그 비밀번호를 이용하여 ARS 전화서비스나 인터넷 등을 통하여 신용대출을 받는 방법으로 재산상 이익을 취득하는 행위는 컴퓨터 등 정보처리장치에 권한 없이 정보를 입력하여 정보처리를 하게 함으로써 재산상 이익을 취득하는 행위로서 컴퓨터등사용사기죄에 해당한다.

결론

갑에게는 절도죄와 컴퓨터등사용사기죄가 성립한다. 아울러 甲은 乙의 명의를 모용하여 신용카드를 발급 받았으므로 사문서위조와 위조사문서행사죄도 성립한다. 이러한 모든 죄는 실체적 경합범 관계에 있다.

CHAPTER 61

타인의 신용카드를 절취하여 현금자동인출기에서 현금을 인출한 경우 어떠한 죄로 처벌되는가?

여신전문금융업법

제70조 [벌칙]

① 다음 각 호의 어느 하나에 해당하는 자는 7년 이하의 징역 또는 5천만원 이하의 벌금에 처한다. 〈개정 2016. 3. 29.〉

1. 신용카드등을 위조하거나 변조한 자
2. 위조되거나 변조된 신용카드등을 판매하거나 사용한 자
3. 분실하거나 도난당한 신용카드나 직불카드를 판매하거나 사용한 자
4. 강취(强取)·횡령하거나, 사람을 기망(欺罔)하거나 공갈(恐喝)하여 취득한 신용카드나 직불카드를 판매하거나 사용한 자
5. 행사할 목적으로 위조되거나 변조된 신용카드등을 취득한 자
6. 거짓이나 그 밖의 부정한 방법으로 알아낸 타인의 신용카드 정보를 보유하거나 이를 이용하여 신용카드로 거래한 자
7. 제3조제1항에 따른 허가를 받지 아니하거나 등록을 하지 아니하고 신용카드업을 한 자
8. 거짓이나 그 밖의 부정한 방법으로 제3조제1항에 따른 허가를 받거나 등록을 한 자
9. 제49조의2제1항 또는 제8항을 위반하여 대주주에게 신용공여를 한 여신전문금융회사와 그로부터 신용공여를 받은 대주주 또는 대주주의 특수관계인

9의2. 제50조제1항을 위반하여 대주주가 발행한 주식을 소유한 여신전문금융회사

10. 제50조의2제5항을 위반하여 같은 항 각 호의 어느 하나에 해당하는 행위를 한 대주주 또는 대주주의 특수관계인

✹ **사건일지 _** 甲은 乙의 신용카드를 절취하여 현금자동인출기에서 현금서비스를 받았다. 甲은 어떠한 죄로 처벌되는가?

해결테크

✹ **급소 1 _ 여신전문금융업법의 목적**

이 법은 신용카드업·시설대여업·할부금융업 및 신기술사업금융업을 영위하는 자의 건전하고 창의적인 발전을 지원함으로써 국민의 금융편의를 도모하고 국민경제의 발전에 이바지함을 목적으로 한다.

✹ **급소 2 _ 여신전문금융업법상의 신용카드부정사용죄 성립 여부**

신용카드의 부정사용이란 위조·변조 또는 도난·분실된 신용카드나 직불카드를 진정한 카드로서 신용카드나 직불카드의 본래의 용법에 따라 사용하는 경우를 말한다. 따라서 갑은 신용카드를 현금자동인출기에 넣고 신용카드의 본래 용법에 해당하는 현금서비스를 제공받았으므로 여신전문금융업법상의 신용카드부정사용죄가 성립한다.

✹ 급소 3 _ 현금서비스를 받은 현금에 대해 절도죄가 성립하는가

형법 제347조가 일반 사기죄를 재물죄 겸 이득죄로 규정한 것과는 달리, 형법 제347조의2는 컴퓨터사용사기죄의 객체를 재물이 아닌 재산상의 이익으로만 한정하여 규정하고 있으므로, 절취한 타인의 신용카드로 현금자동지급기에서 현금을 인출하는 행위가 재물에 관한 범죄임이 분명한 이상, 이를 컴퓨터등사용사기죄로 처벌할 수는 없고 절도죄가 성립한다.

결론

甲에게는 타인의 신용카드에 대한 절도죄, 신용카드부정사용죄, 인출한 현금에 대한 절도죄가 각각 성립한다.

☞ **참고**

길에서 타인의 신용카드를 주워 ATM에서 돈을 뽑으면 다음 죄로 처벌된다.

1. 사기죄 (형법 347조)

2. 전자금융거래법 위반(접근매체 부정사용)

3. 점유이탈물 횡령죄(카드 주운 행위 자체)

CHAPTER 62

가짜 동전을 사용하여 자판기에서 담배를 꺼내면 어떠한 범죄로 처벌되는가?

제348조의2 [편의시설부정이용]
부정한 방법으로 대가를 지급하지 아니하고 자동판매기, 공중전화, 기타 유료자동설비를 이용하여 재물 또는 재산상의 이익을 취득한 자는 3년 이하의 징역, 500만원 이하의 벌금, 구속 또는 과료에 처한다. *시효 5년

✷ **사건일지 _** 甲은 동네 갈비집 주인 乙이 가게 앞에 설치한 담배자판기에 가짜 동전을 넣고 담배를 빼냈다. 乙은 가게 안에서 甲이 담배를 꺼내가는 것을 보았으나 甲이 가짜 동전을 넣었으리라는 생각은 하지 않았기 때문에 그대로 내버려 두었다. 甲은 어떠한 범죄로 처벌되는가?

해결테크

✷**급소 1 _ 편의시설부정이용죄**는 대가를 지급하지 아니하고 부정한 방법으로 유료자동설비를 이용하여 재물 또는 재산상의 이익을 취득함으로써 성립하는 범죄이다. 편의시설부정이용죄는 사람을 기망한 경우가 아니므로 사기죄가 성립하지 않는 경우에 성립하며, 따라서 사람에 대하여 적극적 기망행위를 한 경우에는 사기죄가 성립하며 별도로 이 죄는 성립하지 않는다.

✹ 급소 2 _ 행위의 객체

이 죄의 부정이용의 객체는 자동판매기·공중전화 기타 유료자동설비이다. **유료자동설비**란 대가를 지불하고 이용하는 경우에 자동적으로 기계 또는 전자장치가 작동하여 일정한 물건 또는 편익을 제공하는 일체의 기계를 말한다. 따라서 **현금자동지급기**는 대가를 지불하고 이용하는 것이 아니고 카드와 비밀번호를 입력하여 자신의 예금계좌에서 예금을 인출하는 것으로 이죄의 유료자동설비에 해당하지 않는다.

결론

甲이 담배 자동판매기에 동전 유사 물건을 넣고 담배를 꺼낸 것은 형법 제348조의 2의 편의시설부정사용죄에 해당한다. 위 사례에서 甲이 乙을 기망하여 재물을 취득한 것이 아닌지가 문제될 수 있으나, 甲이 담배를 꺼낸 것은 乙을 기망한 결과가 아니기 때문에 사기죄는 성립되지 않는다.

CHAPTER 63

공사하자를 보도할 듯한 태도로 금전을 교부받으면 어떤 범죄로 처벌되겠는가?

제350조 [공갈]

① 사람을 공갈하여 재물의 교부를 받거나 재산상의 이익을 취득한 자는 10년 이하의 징역 또는 2천만원 이하의 벌금에 처한다. *시효 10년

② 전항의 방법으로 제3자로 하여금 재물의 교부를 받게하거나 재산상의 이익을 취득하게 한 때에도 전항의 형과 같다.

✹ 사건일지 _ 방송기자 甲은 부산에 소재하는 OO관광호텔 레스토랑에서 乙에게 乙경영의 OO건설주식회사가 건축한 OOAPT의 진입도로 미비 등 공사하자에 관하여 방송으로 보도할 것 같은 태도를 취하자, 이에 겁을 먹은 乙은 보도 무마조로 500만원을 甲에게 건네주었다. 甲은 어떤 범죄로 처벌되겠는가?

해결테크

✹ 급소 1 _ 공갈죄는 사람에게 공갈하여 공포심을 느끼게 하여 그로 인하여 재물을 취득하거나 재산상의 이익을 취득함으로써 성립하는 범죄이다.

✹급소 2 _ 공갈을 한다 함은 재물을 교부받거나 재산상의 이익을 취득하기 위하여 폭행 또는 협박으로 공포심을 일으키는 것을 말한다. 여기의 폭행 또는 협박은 사람의 의사 내지 자유를 제한하는 것으로 족하고, 반드시 상대방의 반항을 억압할 정도에 이를 것을 요하지 않는다는 점에서 강도죄와 구별된다. 이러한 의미에서 공갈죄와 강도죄에서의 폭행·협박은 질적인 차이가 있는 것이 아니라 양적 차이에 불과하다. 따라서 폭행·협박이 상대방의 반항을 억압할 정도에 이른 경우에는 강도죄가 성립한다.

✹ 급소 3 _ 이 죄에서의 협박은 해악을 고지하여 상대방에게 외포심을 유발하게 하는 것을 말한다. 행위자는 고지한 해악에 대하여 영향을 미칠 수 있을 것을 요한다. 따라서 자연발생적인 해악을 고지하는 것은 경고에 불과하고, 이 죄에서의 해악의 고지에는 해당하지 아니한다.
고지한 해악으로 상대방이 공포심을 느끼면 충분하므로 반드시 행위자에게 고지한 해악을 실현할 의사가 없어도 무방하다.

결론

甲은 피해자 乙에게 乙이 경영하는 건설회사가 건축한 건설공사의 하자에 대하여 방송할 것 같은 태도를 취한 것은 공갈죄에서의 해악의 고지에 해당하며, 이로 인하여 乙은 甲에게 500만원의 금전을 교부한 것이므로 해악의 고지와 甲의 금전취득에는 인과관계가 인정된다. 따라서 甲은 형법 제350조의 공갈죄를 범한 것이다.

CHAPTER 64

제15절 횡령과 배임에 관한 죄

할부로 산 물건을 완제 전에 팔아버리면 어떠한 범죄로 처벌받게 되는가?

제355조 [횡령, 배임]

① 타인의 재물을 보관하는 자가 그 재물을 횡령하거나 그 반환을 거부한 때에는 5년 이하의 징역 또는 1천500만원 이하의 벌금에 처한다.

*시효 7년

✸ 사건일지 _ 甲은 OO전자 OO대리점에서 12개월 할부로 대형냉장고를 구입하여 3개월분의 할부금을 납입하였다. 그 후 돈이 궁하여진 甲은 할부금 잔액을 납입하지 않고 이를 중고 전자판매점에 팔아버렸다. 甲은 형법상 어떠한 범죄로 처벌받게 되는가?

해결테크

✸ 급소 1 _ 횡령죄는 자기가 점유하는 타인의 재물을 보관하는 자가 그 재물을 횡령하거나 반환을 거부하는 경우에 성립하는 범죄이다. 이 죄의 주체는 위탁관계에 의하여 타인의 재물을 보관하는 자에 한한다.

✸ 급소 2 _ 재물을 보관한다 함은 그것을 점유 또는 소지한다는 것이다.

횡령죄에서의 보관은 사실상의 지배 뿐만 아니라 법률상의 지배도 포함된다. 법률상의 지배가 횡령죄에 있어서 보관에 해당하느냐가 문제되는 경우 i) 부동산의 경우 이를 외견상 유효하게 처분할 수 있는 자를 보관자라 할 수 있다. 부동산의 등기명의인이 여기에 해당한다. 그러나 부동산을 사실상 지배하고 있는 자는 등기명의를 불문하고 이 죄에서의 재물의 보관자가 된다. ii) 창고증권 등의 유가증권을 소지하는 자는 그 목적물의 점유 여하를 불문하고 법률상 지배가 인정된다. 물건의 점유 또는 소지 없이도 그 물건을 증권에 의하여 처분할 수 있기 때문이다. iii) 미성년자의 법정대리인이나 후견인은 법률상의 권한에 의하여 미성년자 소유의 부동산에 대하여 그 법률상의 지배가 인정된다.

✸ 급소 3 _ 위탁관계

횡령죄의 본질은 신임관계에 위반하여 타인의 재물을 영득한다는데 있다. 따라서 횡령죄에 있어서 재물의 보관은 위탁관계에 의한 보관이어야 한다. 이러한 위탁관계가 인정되지 아니하는 경우에는 점유이탈물횡령죄는 성립할 수 있어도 횡령죄는 성립하지 않는다.

✸ 급소 4 _ 횡령죄의 성립여부가 문제되는 경우

i) 송금인의 착오로 어떤 예금계좌에 잘못 입금된 돈을 예금계좌의 명의인이 인출하여 임의로 소비한 경우(횡령죄 성립)

ii) 질권이 설정된 물건을 질권자가 그 권한을 초월하여 처분한 경우(횡령죄 성립)

iii) 뇌물로 전달하라고 받은 금전을 소비한 경우 … 위탁관계에 의한 보관이라 할 수 없으며, 금전제공자는 불법한 원인으로 급여한 것이므로 그 반환을 청구할 수 없고, 따라서 그 물건에 대한 소유권을 주장할 수 없다. 즉 횡령죄를 구성하지 않는다는 것이 대법원이 입장이다.

결론

甲은 전자제품을 할부로 구입하였다. 할부금을 전액 납입하기까지 그 소유권은 판매자측에 유보되어 있다고 본다. 따라서 甲은 타인의 재물을 보관하는 자로서 그 물건을 임의로 처분하였으므로 횡령죄로 처벌받게 된다.

CHAPTER 65

불법원인급여에 해당하는 윤락녀의 화대라면 횡령죄를 인정할 수 있는가?

제355조 [횡령, 배임]

① 타인의 재물을 보관하는 자가 그 재물을 횡령하거나 그 반환을 거부한 때에는 5년 이하의 징역 또는 1천500만원 이하의 벌금에 처한다.

*시효 7년

✹ 사건일지 _ 甲女는 포주 乙의 제안에 의해 윤락행위를 하면서 화대는 乙이 보관하였다가 절반씩 분배하기로 약정하였다. 그러나 乙은 화대의 절반을 甲에게 교부하지 아니하고 임의로 소비하였는바, 화대에 대한 乙의 횡령죄를 인정할 수 있는가?

해결테크

✹ 급소 1 _ 불법원인 급여

민법 제103조의 반사회적 법률행위에 기해 급여된 재산이나 제공된 노무를 불법원인급여라고 한다. 민법 제746조는 본문에서 이러한 불법원인급여에 관하여 그 이익의 반환을 청구하지 못한다고 규정하고 있는데, 이는 민법이 불법원인급여의 회복에 조력할 수 없다는 뜻을 나타낸 것이다. 즉,

이는 불법원인급여의 경우에는 법률상의 원인이 없음을 이유로 자신의 소유권을 주장할 수 없다는 뜻이다.

✸ 급소 2 _ 불법원인 급여가 횡령죄의 객체인 타인 소유의 재물에 해당하는가

횡령죄는 타인소유, 자기점유의 재물을 횡령하거나 반환을 거부할 경우에 성립하는 것이므로, 횡령죄가 성립하기 위해서는 타인소유의 재물을 관리하고 있을 것을 요한다. 그러나 위 사례와 같이 성매매의 대가로 지급한 화대는 민법 제103조의 반사회적 법률행위로 인한 불법원인급여에 해당하는 바, 이렇게 불법원인급여에 해당하는 재물도 타인소유의 재물로 볼 수 있는지가 문제된다.

불법원인급여의 경우 피해자에게는 반환청구권이 인정되지 않는 것이 원칙이고 반사적으로 소유권은 수탁자에게 귀속하므로 타인의 재물이 아니므로 횡령죄가 부정됨이 원칙이다. 다만 급여자의 불법성과 수익자의 불법성을 비교해서 수익자의 불법성이 급여자의 불법성 보다 현저하게 크기 때문에 급여자의 반환청구가 허용되는 때에는 횡령죄가 성립한다는 입장이 옳다고 할 것이다.

결론

성매매로 인한 화대가 민법상의 불법원인에 해당하는 것은 맞지만, 乙의 불법성이 甲의 불법성보다 현저히 큰 데 반하여 乙의 불법성은 미약한 경우에도 반환청구가 허용되지 않는다면 공평에 반하므로 민법 제746조 본문의 적용이 배제되어 급여자인 甲의 반환청구는 허용된다. 따라서 乙은 화대의 절반을 甲에게 교부하지 않고 임의로 소비하였으므로 횡령죄로 처벌받게 된다.

대법원 판례

대법원은 다음과 같은 입장을 취함.

윤락 대가 자체는 불법원인급여로서 보호가치가 없으나,

포주가 윤락녀에게 지급될 몫을 '보관'하였다가 분배하기로 한 약정이 있으면

이는 형법상 보관관계가 성립하고,

포주가 이를 임의로 소비하면 **횡령죄가 성립한다.**

CHAPTER 66

종중으로부터 명의신탁 받은 부동산을 처분할 경우 처벌받아야 하는가?

제355조 [횡령, 배임]

① 타인의 재물을 보관하는 자가 그 재물을 횡령하거나 그 반환을 거부한 때에는 5년 이하의 징역 또는 1천500만원 이하의 벌금에 처한다.

*시효 7년

✸ 사건일지 _ 甲종중은 종중 소유 임야에 대하여 乙과 명의신탁약정을 맺고 소유권을 이전해 주었으나 乙은 이를 A에게 처분하였다. 乙은 처벌받아야 하는가?

해결테크

✸ 급소 1 _ 명의신탁약정의 효력

부동산 실권리자명의 등기에 관한 법률 제4조는 명의신탁약정은 무효이고, 명의신탁약정에 따른 등기로 이루어진 부동산에 관한 물권변동도 무효이며, 다만 부동산에 관한 물권을 취득하기 위한 계약에서 명의수탁자가 어느 한쪽 당사자가 되고 상대방 당사자는 명의신탁약정이 있다는 사실을 알지 못한 경우에는 유효하다. 그러나 명의신탁과 물권변동의 무효는 선의의 제3자에게 대항하지 못한다고 규정하고 있다. 따라서 2자 간 명의신탁(양자 간 명의신탁), 3자 간 명의신탁(중간생략등기형 명의신탁), 매도인이 악의인 계약명의신탁의 경우에는 명의신탁약정과 그에 기한 물권변동은 무효이고, 매도인이 선의인 계약명의신탁의 경우에는 명의신탁약정은 무효이지만 그에 기한 물권변동만은 유효하다. 수탁자가 제3자 명의로 등기를 경료하면 명의신탁관계는 당사자의 의사표시 등을 기다릴 필요 없이 당연히 종료되게 된다. 그런데 같은 법 제8조는 종중 외의 자, 배우자, 종교단체 명의로 하는 명의신탁에 대해서는 조세포탈, 강제집행의 면탈 또는 법령상 제한의 회피를 목적으로 하지 않는 경우에는 명의신탁약정과 그에 기한 물권변동을 유효한 것으로 인정하고 있다.

✸ 급소 2 _ 수탁자의 처분행위에 대해 횡령죄를 인정할 수 있는지 여부

종전 다수설과 판례는 2자 간 명의신탁(양자 간 명의신탁), 3자 간(중간생략등기형 명의신탁), 계약명의 신탁의 명의신탁약정이 무효라고 하더라도, 수탁자는 대외적으로 부동산을 처분할 수 있는 지위에 있기 때문에 사실상의 위탁관계가 존재한다고 보아 수탁자의 임의 처분행위에 대해 횡령죄를 인정하였다. 그러나 이후 대법원은 견해를 변경하여 위 3가지 유형의 명의신탁 중 어느 유형의 명의신탁이라도 명의신탁자와 명의수탁자 사이에 형법상 보호할 만한 가치 있는 위탁 신임 관계가 존재하지 않으므로, 명의수탁자가 신탁 받은 부동산을 임의로 처분하여도 명의신탁자에 대한 관계에서 횡령죄가 성립하지 않는다고 판시하였다. 따라서 명의수탁자가 명의신탁 받은 부동산을 임의로 처분하더라도 명의수탁자는 더 이상 횡령죄의 죄책을 지지 않게 되었으므로, 명의신탁자는 명의수탁자에 대하여 민사상 책임(불법행위에 기반 손해배상 내지는 부당이득반환)만 물을 수밖에 없게 되었다.

결론

甲 종중과 乙 사이의 甲 종중 소유 임야에 대한 명의신탁약정과 등기는 부동산실권리자명의등기에 관한 법률 제8조에 의하여 유효하고, 乙은 보관자의 지위에 있으므로 乙이 甲종중으로부터 명의신탁 받은 임야를 임의로 처분하였다면 횡령죄로 처벌받게 된다.

CHAPTER 67

중도금까지 수령한 후 제2매수인에게 매도하면 어떠한 범죄로 처벌받게 되는가?

제355조 [횡령 · 배임]

② 타인의 사무를 처리하는 자가 그 임무에 위배하는 행위로써 재산상의 이익을 취득하거나 제3자로 하여금 이를 취득하게 하여 본인에게 손해를 가한 때에도 전항의 형과 같다. *시효 7년

✸ **사건일지 _** 甲은 자신 소유의 부동산을 乙에게 매도하기로 계약하고 계약금과 중도금을 받았다. 그 후 甲은 丙이 더 높은 가격에 부동산을 매입하겠다고 하자 이에 응하여 丙과 다시 부동산 매매계약을 체결한 후 매매대금 전부를 수령하고 丙에게 등기를 이전하여 주었다. 甲은 어떠한 범죄로 처벌받게 되는가?

해결테크

✸ **급소 1 _** 배임죄는 타인의 사무를 처리하는 자가 배임행위를 하여 재산상의 이익을 취득하고 본인에게 손해를 가함으로써 성립하는 범죄이다.

✸ **급소 2 _ 타인의 사무를 처리하는 자**란 타인과의 관계에서 성실하게 사

무를 처리할 신뢰관계 내지 신임관계가 존재하는 자를 말한다. 사무를 처리하는 근거는 반드시 법령이나 계약에 의해야 하는 것은 아니고 관습이나 사무관리 등에 의하여 사무를 처리하는 경우도 포함된다.

✸ **급소 3 _** 타인의 사무를 처리하는 자에 한하여 배임죄가 성립하며, 이러한 점에서 배임죄는 신분있는 자(타인의 사무를 처리하는 자)만이 범할 수 있는 진정신분범이다. 따라서 자신의 사무를 처리하는 자는 배임죄의 주체가 될 수 없다.

✸ **급소 4 _** 배임죄에서의 사무의 내용에 관하여 재산상의 사무에 국한하여야 한다는 견해와, 반드시 재산상의 사무일 것은 요하지 않아도 그것이 적어도 재산상의 이해관계를 가질 것을 요한다는 견해가 있다. 배임죄는 횡령죄와 본질을 같이하는 재산죄로서 배임죄의 부당한 확대를 막기 위해서 이 죄에서의 사무는 재산상의 사무에 국한시키는 것이 바람직하다.

✸ **급소 5 _ 횡령죄와 배임죄와의 관계**

횡령죄와 배임죄는 신뢰관계를 깨뜨리는 재산적 범죄라는 점에서는 공통점을 가지고 있으며, 두 죄는 재물죄이냐 이득죄이냐에 따라 구별된다. 재산상의 이익을 취하는 경우에는 배임죄가 성립하고, 취득한 것이 재물일 경우에는 횡령죄가 성립한다. 횡령죄와 배임죄는 특별법과 일반법의 관계에 있다.

결론

부동산의 이중매매에 있어서 제1매매가 계약금만 수수된 경우에는 계약금을 교부받은 자는 그것을 포기하고 상대방은 그 배액을 상환함으로써 계약관계에서 벗어날 수 있다. 그러나 중도금을 받게 되면 당사자는 임의로 계약을 해제할 수 없다. 즉 계약금만을 수수한(주고 받은) 경우에는 매도인은 매수인의 사무를 처리하는 자라고 볼 수 없고, 중도금을 수령하여 임의로 계약을 해제할 수 없는 상태에 이를 경우에 비로소 타인의 사무를 처리하는 자라고 할 수 있는 것이다. 위 사례에서 甲은 제1매수인으로부터 중도금까지 수령한 후 다시 제2매수인에게 매도한 것이므로 형법 제355조 제2항의 배임죄에 의하여 처벌된다.

CHAPTER 68

대학교의 총장으로서 대학교의 교비로 명예총장의 활동비 및 전용 운전사의 급여를 지급한 경우, 이사회의 결의에 따른 것이라도 처벌받게 되는가?

제356조 [업무상의 횡령과 배임]

업무상의 임무에 위배하여 제355조의 죄를 범한 자는 10년 이하의 징역 또는 3천만원 이하의 벌금에 처한다. *시효 10년

✷ 사건일지 _ 甲은 대학교 총장으로 대학교 업무전반을 총괄함과 동시에 학교법인의 이사로서 학교법인 이사회에 상당한 영향력을 행사하고 있는 자이다. 甲이 학교법인의 이사로서 이사회에 참석하여 명예총장에 추대하는 결의에 찬성하고, 이사회의 결의에 따라 대학교의 총장으로서 대학교의 교비로써 명예총장의 활동비 및 전용 운전사의 급여를 지급하였다. 甲은 어떠한 범죄로 처벌받게 되는가?

해결테크

✷ 급소 1 _ 임무에 위배하는 행위

배임죄에 있어서 '임무에 위배하는 행위'라 함은 처리하는 사무의 내용·

성질 등에 비추어 법령의 규정, 계약의 내용 또는 신의칙상 당연히 하여야 할 것으로 기대되는 행위를 하지 않거나 당연히 하지 않아야 할 것으로 기대되는 행위를 함으로써 본인과의 신임관계를 저버리는 일체의 행위를 포함한다.

✹ 급소 2 _ 이사회의 결의가 있다고 하여 정당화될 수 있는가

명예총장에의 추대 및 활동비 내지 전용 운전사의 제공이 '임무에 위배하는 행위'에 해당하는 이상, 헌법 제31조 제4항에 따라 대학의 자치가 인정되고 그 내용에 인사에 관한 자치 내지 자주결정권, 재정에 관한 자주결정권이 포함되어 그러한 결정권을 가진 학교법인 이사회의 결의가 있었다 하여 정당화될 수 없다.

결론

이사회의 결의가 있었다고 하더라도 명예총장으로의 추대 및 활동비 내지 전용 운전사의 제공은 학교법인 이사장으로서의 임무에 위배되는 행위에 해당되므로 甲은 업무상 배임죄의 죄책을 지게 된다.

CHAPTER 69

대표이사가 회사 공금으로 사적인 술값을 지불하면 어떠한 범죄로 처벌되는가?

제356조 [업무상의 횡령과 배임]

업무상의 임무에 위배하여 제355조의 죄를 범한 자는 10년 이하의 징역 또는 3천만원 이하의 벌금에 처한다. *시효 10년

✷ **사건일지 _** 甲은 OO주식회사의 대표이사로서 친구 乙과 함께 기분전환을 위하여 고급 룸싸롱에서 술을 마시고 회사의 공금으로 술값을 지불하였다. 甲은 어떠한 범죄로 처벌되는가?

✷ **급소 1 _** 업무상 횡령죄는 업무상 임무에 위배하여 횡령죄를 범한 경우에 성립되는 범죄로서 위탁관계가 업무로 되어 있기 때문에 횡령죄에 대하여 책임이 가중되는 부진정 신분범의 일종이다.

✷ **급소 2 _ 신분범**이란 특정한 신분이 범죄의 성립요건으로 되어 있는 범죄를 말하며, 신분범에는 진정신분범과 부진정신분범이 있다. 진정신분범은 신분있는 자만이 범죄의 정범으로 될 수 있는 범죄를 말한다. 예컨대, 횡령죄에서 타인의 재물을 보관하는 지위에 있지 아니한 자는 횡령죄의

주체가 될 수 없다. 이러한 점에서 횡령죄는 진정신분범에 해당한다. 부진정신분범이란 신분없는 자도 범죄의 주체가 될 수 있으나, 그 신분이 있으므로 말미암아 형(刑)이 가중되거나 감경되는 범죄를 말한다. 예컨대 존속이라는 신분은 보통 살인죄에 대하여 존속살해죄는 중하게 되고, 보통살해에 대하여 영아살해죄는 경한 형으로 처벌된다.

✸ **급소 3 _** 업무란 사회생활상의 지위에 기하여 계속 또는 반복하여 행하는 사무를 말한다. 계속성과 사회생활상의 지위를 요소로 한다는 점에서 업무상 과실치사상죄에서의 업무와 공통되나, 이 죄에서의 업무는 반드시 생명·신체에 위험을 가져올 업무에 제한되지 않는 점에서 구별한다.

결론

회사의 공금으로 술값을 지불하고 소비한 것은 불법영득의 의사를 인정할 수 있으며, 甲은 00주식회사의 대표이사로서 업무상 타인의 재물을 보관하는 자의 지위에 있다고 볼 것이므로 甲은 업무상횡령죄로 처벌받게 된다.

CHAPTER 70

PD가 특정가수의 노래선곡을 청탁받고 금전을 수수하면 어떠한 범죄로 처벌받겠는가?

제357조 [배임수증죄]

① 타인의 사무를 처리하는 자가 그 임무에 관하여 부정한 청탁을 받고 재물 또는 재산상의 이익을 취득하거나 제3자로 하여금 이를 취득하게 한 때에는 5년 이하의 징역 또는 1천만원 이하의 벌금에 처한다.

② 제1항의 재물 또는 재산상 이익을 공여한 자는 2년 이하의 징역 또는 500만원 이하의 벌금에 처한다.

③ 범인 또는 그 사정을 아는 제3자가 취득한 제1항의 재물은 몰수한다. 그 재물을 몰수하기 불가능하거나 재산상의 이익을 취득한 때에는 그 가액을 추징한다.

✷ **사건일지 _** 甲은 OO방송국의 프로듀서이다. 가수 김OO의 매니저로부터 가요 프로그램에 그 가수의 노래를 선곡하여 자주 방송함으로써 인기도가 올라갈 수 있도록 하여 달라는 청탁을 받고, 사례금 명목으로 700만원을 받은 것이다. 甲은 어떠한 범죄로 처벌받겠는가?

해결테크

✷ **급소 1 _ 배임수증죄**는 타인의 사무처리에 있어서 공정성과 성실의무

를 지키고자 하는데 그 근본취지가 있다. 이 죄는 형법상 배임의 죄의 장에 규정되어 있으나, 공무원의 뇌물죄에 대응하는 규정이며 타인의 사무를 처리하는 자에 대한 뇌물죄라 할 수 있다.

✸ **급소 2 _ 배임수재죄**는 타인의 사무를 처리하는 자가 그 임무에 관하여 부정한 청탁을 받고 재물 또는 재산상의 이익을 취득하거나 제3자로 하여금 이를 취득하게 함으로써 성립하는 범죄이다. 이 죄에서 타인의 사무를 처리하는 자의 의미는 배임죄에 있어서와 같다.

✸ **급소 3 _ 부정한 청탁**

이 죄는 임무에 관하여 부정한 청탁을 받은 것을 요건으로 한다. 임무에 관하여라 함은 위탁받은 본래의 사무 뿐만 아니라 그와 밀접한 관계에 있는 범위의 사무를 포함한다. 부정한 청탁이란 사회상규 또는 신의성실의 원칙에 반하는 것을 내용으로 하는 청탁이면 족하다.

결론

甲은 방송프로듀서로서, 프로그램의 제작 · 연출 등의 사무를 처리함에 있어 특정 가수의 노래만을 편파적으로 선정하여 계속 방송하여서는 아니되고, 청취자들의 인기도 · 호응도 등을 고려하여 여러 가수들의 노래를 공정하게 방송하여야 할 의무가 있음에도, 자신이 담당하는 방송프로그램에 특정 가수의 노래만을 자주 방송하여 달라는 청탁은 사회상규나 신의 성실의 원칙에 반하는 내용의 부정한 청탁이고, 이와 관련하여 700만원의 금전을 수수한 행위는 형법 제357조의 배임수증죄를 구성한다.

CHAPTER 71

버스 안에서 주운 손가방을 가져갔다면 어떠한 범죄로 처벌되겠는가?

제360조 [점유이탈횡령죄]

① 유실물, 표류물 또는 타인의 점유를 이탈한 재물을 횡령한 자는 1년 이하의 징역이나 300만원이하의 벌금 또는 과료에 처한다. *시효 5년

② 매장물을 횡령한 자도 전항의 형과 같다.

✸ **사건일지 _** 甲은 서울발 광주행 고속버스를 타고 광주에 도착하였다. 옆 좌석에 앉았던 승객이 돈가방을 깜박 잊고 버스에 둔 채 하차하고 말았다. 이에 甲은 버스 운전사가 돈가방을 발견하기 전에 이를 갖고 내렸다. 그리고 그 안에 있던 현금 중 일부를 유흥비로 탕진하였다. 甲은 어떠한 범죄로 처벌되겠는가?

해결테크

✸ **급소 1 _** 이 죄는 유실물·표류물·매장물 기타 타인의 점유를 이탈한 재물을 횡령함으로써 성립하는 범죄이다. 즉 타인의 점유에 속하지 아니하는 타인의 재물을 영득함으로써 성립하는 점에서 자신이 점유하는 타인의 재물을 횡령함으로써 성립하는 **횡령죄**와 구별된다.

✸ 급소 2 _ 이 죄의 객체

점유이탈물이란 점유자의 의사에 의하지 않고 그 점유를 잃은 물건을 말한다. 따라서 어느 누구의 점유에도 속하지 않는 재물 뿐만 아니라, 점유자의 착오에 의하여 우연히 행위자의 점유에 들어온 재물도 역시 점유이탈물이다.

또한 이 죄의 점유이탈물 역시 타인의 소유에 속할 것을 요한다. 어느 누구의 소유에도 속하지 않는 경우에는 무주물(無主物)로서 선점(先占)의 대상이 되며 선점한 자가 소유자로 된다.

✸ 급소 3 _

버스기사의 점유에 속한 것은 아닌지 여부

대법원은 고속버스 운전사나 지하철 승무원은 고속버스 내지 전동차의 관수자로서 (전동)차내에 있는 승객의 물건을 점유하는 것이 아니라고 보았다. 따라서 버스에 두고 내린 피해자의 재물은 점유이탈물에 해당한다.

결론

승객이 버스 안에 두고 내린 물건은 버스 운전사가 발견하지 않는 한 이에 대한 점유를 개시하였다고 볼 수 없고, 그 사이에 다른 승객이 유실물을 발견하고 이를 가져 갔다면 이는 절도에 해당하지 않고 점유이탈물을 횡령한 경우에 해당한다.

따라서 甲이 돈가방을 횡령한 것은 점유이탈물횡령죄를 구성하고, 이 중 일부를 소비한 것은 불가벌적 사후행위에 해당하여 별도의 범죄를 구성하지 않는다.

CHAPTER 72

제16절 장물에 관한 죄

훔친 물건인 줄 알면서 헐값에 샀다면 무슨 죄로 처벌되겠나?

제362조 [장물의 취득, 알선등]

① 장물을 취득, 양도, 운반 또는 보관한 자는 7년 이하의 징역 또는 1천 500만원 이하의 벌금에 처한다. *시효 7년

② 전항의 행위를 알선한 자도 전항의 형과 같다.

✹ **사건일지 _** 甲은 서울 OO구 OO동에서 고물상을 경영하고 있는 자 인데, OOOO년 3월 13일 18:00경 성명을 알 수 없는 xx세 가량의 남자로부터 "가게를 정리하는데 재고품인 650리터 냉장고 2대를 100만원의 싼값으로 사달라"는 요청을 받아 이를 수락하고 선금조로 10만원을 지불한 다음, 물건을 인도받기 위하여 같은 날 21:00경 甲소유 자가용 봉고트럭을 운전하여 그가 안내하는 한강둑까지 갔다. 그런데 그가 위 강둑의 풀밭에서 냉장고를 꺼내오므로 이에 놀라 사정을 물은 즉 "실은 훔쳐온 것인데 그냥 20만원만 더 내고 그대로 가시요"라고 사정하므로 이것이 훔친 물건이라는 것을 알면서 이를 받아 싣고왔다. 무슨 죄로 처벌되겠나?

해결테크

✸ 급소 1 _ 장물

재산범죄에 의해 영득한 재물로서 피해자가 그 반환을 청구할 수 있는 물건을 말한다. 재물이어야 하고 재산상의 이익이나 권리는 장물이 될 수 없다. 재산범죄인 이상 형법상의 재산죄에 한정하지는 않는다. 따라서 특별법인 산림자원의 조성 및 관리에 관한 법률상의 산림이나 임산물도 장물에 해당한다. 그리고 장물이라고 하기 위해서는 피해자에게 민법상 반환청구권이 인정되는 것이어야 한다. 장물죄의 본질을 피해자의 추구권 행사가 곤란하게 만드는 점에서 찾는 결론이다.

✸ 급소 2 _ 취득 · 양도 · 운반 · 알선

1) **취득**이란 점유를 이전함으로써 사실상의 처분권을 획득하는 것을 말하고 취득은 점유의 이전을 필요로 한다.

2) **양도**란 장물을 새로운 제3자에게 넘기는 것을 말한다. 양도 계약은 물론 점유의 이전이 있어야 한다. 취득죄가 성립한 후 다른 사람에게 양도하는 것은 불가벌적 사후행위이다.

3) **운반**에서 타인이 절취 운반하는 승용차의 뒷자석에 편승한 것은 장물 운반 행위의 실행을 분담하였다고 할 수 있다.

4) **보관**이란 장물이라는 것을 알고 보관하여 장물 소유자의 추구를 방해하는 것이다. 장물이라는 것을 모르고 보관하다가 장물이라는 것을 알게 되고도 계속 보관하는 행위는 장물보관죄에 해당한다.

✸ 급소 3 _ 본범과 장물범

본범의 정범 또는 공동정범에 대하여는 본범 이외에 별도로 장물죄가 성립하지 않는다. 다만 교사범이 피교사자가 훔쳐온 재물을 취득한다면 장물취득죄가 된다.

결론

장물취득죄가 성립된다. 장물인 정(情)을 알고 취득한 것이기 때문이다.

CHAPTER 73

절취한 자기앞수표를 은행에 입금하여 환전한 경우, 환전한 통화는 절도죄의 장물에 해당한다

제362조 [장물의 취득, 알선등]

① 장물을 취득, 양도, 운반 또는 보관한 자는 7년 이하의 징역 또는 1천 500만원 이하의 벌금에 처한다. *시효 7년

② 전항의 행위를 알선한 자도 전항의 형과 같다.

✹ 사건일지 _ 甲은 乙의 집에서 100만원짜리 자기앞수표를 절취한 후, 자신의 은행계좌에 입금한 이후 만원권 100장으로 인출하였다. 이중 10만원을 丙에게 주었는데, 丙에게 장물취득죄가 성립하는가?

해결테크

✹ 급소 1 _ 환전통화의 장물성

원칙적으로 대체장물은 장물성이 없기 때문에 환전통화의 장물성을 인정할 수 없다고 보는 것이 다수설이나, 판례는 가치의 동일성이 있는 경우에도 장물성이 인정된다고 보아, 장물죄의 성립범위를 넓히고 있다.

✷ 급소 2 _ 장물인 자기앞수표를 은행에 입금한 후 현금지급을 받은 경우

판례는 장물인 현금을 금융기관에 예금의 형태로 보관하였다가 이를 반환하기 위하여 동일한 액수의 현금을 인출한 경우에 예금계약상의 성질상 인출된 현금은 당초의 현금과 물리적인 동일성은 상실되었지만 액수에 의하여 표시되는 금전적 가치에는 아무런 변동이 없으므로 장물로서의 성질은 그대로 유지된다고 봄이 상당하고, 자기앞수표도 그 액면금을 즉시 지급받을 수 있는 등 현금에 대신하는 기능을 가지고 거래상 현금과 동일하게 취급되고 있는 점에서 금전의 경우와 동일하게 보아야 한다고 보아 장물의 성질을 인정하였다.

결론

훔친 자기앞수표를 은행에 입금한 후 현금으로 인출하였다 하더라도, 재산죄로 인해 취득한 장물로서의 성질이 그대로 유지되므로, 이 중 10만원을 교부받은 丙에게 장물취득죄가 성립한다.

CHAPTER 74

타이어 바람을 빼 놓으면 손괴죄에 해당하나?

제366조 [재물손괴등]

타인의 재물, 문서 또는 전자기록등 특수매체기록을 손괴 또는 은닉 기타 방법으로 그 효용을 해한 자는 3년 이하의 징역 또는 700만원 이하의 벌금에 처한다. 시효 5년

✸사건일지 _ 甲과 乙은 서로 이웃에 거주하는 사람으로서 친분이 두터운 사이였다. 최근 甲과 乙이 동시에 자동차를 구입한 후로부터는 주차문제로 감정이 상해가고 있던 중, 乙이 甲의 대문 앞에 주차하자 甲은 주차장소를 찾지 못해 온 동네를 돌아다니다 겨우 주차를 시켰다. 甲은 乙을 불러 자신의 집 앞에는 주차하지 말 것을 요구했으나 乙이 이를 묵살하고 자기 집으로 들어가 버렸다. 甲은 화가 나서 그날 밤 길이 30여cm나 되는 송곳으로 4개의 타이어를 모두 찔러 바람을 빼놓아 버렸다. 甲의 행위는 처벌받는 행위인가?

해결테크

✸ 급소 1 _ 재물 · 문서 · 전자기록 · 특수매체 기록

1) 재물은 타인 소유의 것으로 동산뿐만 아니라 부동산도 포함한다. 공익건조물도 파괴에 이르지 않은 경우 이죄의 객체가 된다(367조 참조).

2) 문서는 형법 제141조 제1항의 서류에 해당하지 않는 모든 서류로, 공문서이든 사문서이든, 권리 · 의무 또는 사실증명에 관한 서류이든 불문한다.
3) 전자기록 등 특수매체 기록이란 사람의 지각에 의해 인식될 수 없는 방식에 의하여 작성되어 컴퓨터 등 정보처리 장치에 의한 정보처리를 위하여 제공된 기록을 말한다.

✷ 급소 2 _ 손괴 · 은닉 · 기타의 방법

1) **손괴**란 위의 재물 등에 유형력을 행사하여 물질적 · 물리적으로 훼손함으로써 그 원래의 효용을 멸실시키거나 감손시키는 것을 말한다. 물질 자체를 소멸시키지 않더라도 본래 목적에 일시 사용하지 못하게 하는 것도 이에 해당한다.
2) **은닉**이란 재물 · 문서 등의 소재를 불분명하게 하여 그 발견을 곤란 또는 불가능하게 함으로써 그 효용을 해하는 것을 말한다.
3) **기타의 방법** 식기에 방뇨하거나 그림에 낙서하거나 타인의 새나 양어장의 잉어를 새장이나 양어장 밖으로 유출시키는 것, 자기명의 문서의 기재내용을 말소하거나 서명날인 등을 말소하는 경우 등을 들 수 있다.

결론

甲의 타이어 바람을 빼놓은 행위는 타이어를 본래의 사용목적에 제공할 수 없게 하는 상태로 만든 것이므로 재물손괴죄에 해당한다.

CHAPTER 75

택시승강장을 훼손하면 어떠한 범죄로처벌되겠는가?

제367조 [공익건조물파괴]

공익에 공하는 건조물을 파괴한 자는 10년 이하의 징역 또는 2천만원 이하의 벌금에 처한다. 시효 10년

✸사건일지 _ 甲은 서울 00구 00동에서 식료품상을 경영하는 자이다. 자신의 점포 앞길에 설치되어 있는 택시정류장의 승객 대기소의 포장 지붕이 자기 점포의 간판을 가려서 항상 자기 영업에 지장을 준다고 생각하여 불만스럽게 생각한 나머지, 0000년 3월 8일 23:00경 사람의 통행이 끊어진 틈을 이용하여 몰래 위 대기소 건물의 네 귀퉁이 쇠기둥을 모두 뽑아 넘어뜨려 버렸다.

해결테크

✸ 급소 1 _ 공익에 제공하는 건조물

공익에 이바지하는 건조물만 행위의 대상이 된다. 공익에 이바지하는 건조물인 이상 국가 기타 공공단체의 소유나 사유를 불문한다.

공익에 제공된 건조물은 제367조의 손괴죄의 대상이고, 관공서에서 사용하는 건조물 · 선박 · 기차 · 항공기 등에 대해서는 제141조 제2항의 공용건

조물 파괴죄가 적용된다.

✸ **급소 2 _ 파괴**라 함은 건조물의 중요부분을 손괴하는 것을 말한다. 즉 건조물의 전부 또는 일부를 그 용도에 따라 사용할 수 없게 하는 것을 말한다. 파괴와 손괴는 정도의 차이에 지나지 않으므로 공익건조물이라도 파괴에 이르지 않은 경우에는 손괴죄에 해당한다.

결론

택시 승강장은 공익을 위해 제공된 건조물로 볼 수 있으며, 그 승강장의 포장 지붕 및 기둥 4개를 뽑아버린 것은 파괴, 즉 중요부분에 대한 손괴로서 용도에 따라 사용할 수 없게 만들었다고 보이므로 공익건조물 파괴죄에 해당한다.

CHAPTER 76

일방적으로 경계표를 별도로 설치했다면 처벌받는가?

제370조 [경계침범]

경계표를 손괴, 이동, 또는 제거하거나 기타 방법으로 토지의 경계를 인식불능하게 한 자는 3년 이하의 징역 또는 500만원 이하의 벌금에 처한다. *시효 5년

✸사건일지 _ 甲은 1979년 1월 24일경 그의 소유이던 충남 서천군 마서면 덕암리 산 OO의 1 임야 중 일부를 분할하여 乙에게 매도하고 그 즉시 경계선상에 소나무를 심어 그때부터 이로써 甲의 소유 토지와 乙소유 토지의 경계표로 삼아 왔다. 그런데 2009년 4월 12일경 乙의 아들인 丙이 소나무에 의한 위의 기존경계는 진실한 권리상태와 맞지 않는다는 이유로 甲과는 상의도 없이 일방적으로 경계측량을 한 후, 기존 경계와는 달리 새로운 경계선을 설정하고, 그 선 위에 임의로 말뚝을 세워놓자 甲이 이에 승복할 수 없다며 그 말뚝을 제거하였다. 甲은 처벌받는가?

해결테크

✸ 급소 1 _ 계표를 손괴·이동 또는 제거하거나 기타의 방법으로 토지의

경계를 인식불능케 함으로써 성립하는 범죄이다. 이 죄는 토지의 경계에 관한 권리관계와 안정을 확보하여 사권(私權)을 보호하고 사회질서를 유지하려는데 그 규정목적이 있으므로 비록 실제상의 경계선에 부합되지 않는 경계표라 할지라도 그것이 종전부터 일반적으로 승인되어 왔다거나 이해관계인들의 명시적 또는 묵시적 합의에 의해 정해진 것이라면 그와 같은 경계표는 위법 소정의 계표에 해당한다.

✸ 급소 2 _ 손괴 · 이동 · 제거 기타의 방법

계표를 손괴 · 이동 · 제거하거나 기타의 방법으로 토지의 경계를 인식 불가능케 함으로써 성립되고, 계표 등의 손괴행위가 있더라도 토지의 경계 인식이 가능한 때에는 경계침범죄는 미수범 처벌 규정이 없으므로 처벌되지 않는다.

결론

기존 경계가 진실한 권리 상태와 맞지 않는다는 이유로, 당사자의 어느 한 쪽이 기존 경계를 무시하고 일방적으로 경계측량을 하여 실제 권리관계에 맞는 경계라고 주장하면서, 그 위에 계표를 설치하더라도 이와 같은 경계표는 위 법조에서 말하는 계표에 해당하지 않는다.

PART 03

46가지 사례를 알면 국가 및 사회에 대한 범죄가 훤히 보인다

CHAPTER 01

내란목적 살인죄의 경우 헌정질서 파괴범죄의 공소시효 등에 관한 특례법에 의해 공소시효가 정지될 수 있는가?

第87조 [내란]

대한민국 영토의 전부 또는 일부에서 국가권력을 배제하거나 국헌을 문란하게 할 목적으로 폭동을 일으킨 자는 다음 각 호의 구분에 따라 처벌한다.

1. 우두머리는 사형, 무기징역 또는 무기금고에 처한다. *시효 25년
2. 모의에 참여하거나 지휘하거나 그 밖의 중요한 임무에 종사한 자는 사형, 무기 또는 5년 이상의 징역이나 금고에 처한다. 살상, 파괴 또는 약탈 행위를 실행한 자도 같다. *시효 25년
3. 부화수행(附和隨行)하거나 단순히 폭동에만 관여한 자는 5년 이하의 징역이나 금고에 처한다. *시효 7년

第88조 [내란목적의살인]

대한민국 영토의 전부 또는 일부에서 국가권력을 배제하거나 국헌을 문란하게 할 목적으로 사람을 살해한 자는 사형, 무기징역 또는 무기금고에 처한다. *시효 25년

✷ 사건일지 _ 군인신분인 甲과 乙 등은 1979년 대통령 시해 사건의 수사 책임자들로서 대통령이 시해된 혼란한 틈을 타서 자신의 상관인 丙참모총장

등을 체포하고 자신에게 반대하는 세력에 무력을 동원하여 사살하고 군사력을 장악한 후, 이어 시해된 대통령의 후임 대통령에게 협박하여 강제로 하야를 요구하는 등 1981년 정권탈취에 성공하였다. 그 후 甲이 7년간 대통령에 즉위하고 乙이 5년간 대통령직에 임하였다. 이 경우 甲과 乙의 죄책 및 처벌 가능성은?

해결테크

✸ 급소 1 _ 내란죄

1) 대한민국 영토의 전부 또는 일부에서 국가권력을 배제하거나 국헌을 문란할 목적으로 폭동함으로써 성립하는 범죄이다. **폭동**이란 다수인이 조직적으로 결합하여 폭행·협박하는 것을 말한다. 폭행·협박은 한 지방의 평온을 해할 정도이어야 하며, 반드시 사람에 한정된 폭행·협박일 필요는 없다.

2) **국헌의 문란**이란 i) 헌법 또는 법률에 의한 절차에 의하지 아니하고 헌법 또는 법률의 기능을 소멸시키거나, ii) 헌법에 의하여 설치된 국가기관을 강압에 의하여 전복 또는 그 권능행사를 불가능하게 하는 것을 말한다.

3) 처벌은 집단에 기여한 정도와 직책 등에 따라 다르다. 공소시효는 「헌정질서파괴범죄의공소시효등에관한특례법」에 의해 형사소송법상의 공소시효 규정이 적용되지 아니한다.

✸ 급소 2 _ 내란목적 살인죄

대한민국 영토의 전부 또는 일부에서 국가권력을 배제하거나 국헌을 문란할 목적으로 사람을 살해함으로써 성립하는 범죄이다. 제87조의 내란폭동시 살인죄를 저지를 경우에는 중요임무자로서 처벌되므로 이 죄의 성격에 대해 체계상 해석이 난해하다. 이 죄에서의 목적은 내란죄와 동일하지만, 내란죄는 폭동인 반면 이 죄는 살인이라는 행위 태양에서 차이가 있다고 볼 수 있다.

「헌정질서파괴범죄의공소시효등에관한특례법」에 의해 공소시효가 정지되므로 처벌이 가능하다.

결론

甲과 乙은 내란죄에 해당하는 폭동을 일으킨 것으로 볼 수 있고, 살인죄나 내란목적 살인죄에도 해당하게 되며, 군형법상 군사반란에도 해당한다. 「헌정질서파괴범죄의공소시효등에관한법률」에 의해 공소시효가 정지된다.

☞ 참고

헌정질서파괴범죄의공소시효등에관한특례법

제1조 [목적] 이 법은 헌법의 존립을 해치거나 헌정질서의 파괴를 목적으로 하는 헌정질서 파괴범죄에 대한 공소시효의 배제 등에 관한 사항을 규정함으로써 헌법상 자유민주적 기본질서를 수호함을 목적으로 한다.

제2조 [정의] 이 법에서 "헌정질서 파괴범죄"란 「형법」 제2편 제1장 내란의 죄, 제2장 외환의 죄와 「군형법」 제2편 제1장 반란의 죄, 제2장 이적(利敵)의 죄를 말한다.

제3조 [공소시효의 적용 배제] 다음 각 호의 범죄에 대하여는 「형사소송법」 제249조부터 제253조까지 및 「군사법원법」 제291조부터 제295조까지에 규정된 공소시효를 적용하지 아니한다.

1. 제2조의 헌정질서 파괴범죄
2. 「형법」 제250조의 죄로서 「집단살해죄의 방지와 처벌에 관한 협약」에 규정된 집단살해에 해당하는 범죄

제4조 [재정신청에 관한 특례] ① 제2조의 죄에 대하여 고소 또는 고발을 한 자가 검사나 군검사로부터 공소를 제기하지 아니한다는 통지를 받은 경우에는 그 검사 소속의 고등검찰청이나 그 군검사 소속의 고등검찰부에 대응하는 고등법원에 그 당부(當否)에 관한 재정(裁定)을 신청할 수 있다.

② 제1항의 재정신청에 관하여는 「형사소송법」 또는 「군사법원법」의 해당 규정을 적용한다.

CHAPTER **02**

일반인에게 널리 알려진 사실을 적국에 누설하였다면 어떤 처벌을 받을까?

제98조 [간첩]

① 적국을 위하여 간첩하거나 적국의 간첩을 방조한 자는 사형, 무기 또는 7년이상의 징역에 처한다. *시효 25년

② 국사상의 기밀을 적국에 누설한 자도 전항의 형과 같다.

✸ **사건일지 _** 甲은 신문기사를 통하여 이미 국내에 널리 알려진 사실들을 북한을 위하여 수집한 후 북한에 전달하였다. 甲은 어떤 죄를 지었는가?

해결테크

✸ **급소 1 _ 간첩**이란 적국을 위하여 국가기밀을 탐지·수집하는 것을 말한다. 따라서 적국과 의사연락이 있을 것을 요하며, 편면적 간첩은 있을 수 없다. 적국은 국제법상 국가로 취급받는 단체는 물론 사실상 국가에 준하는 단체를 포함한다.

✸ **급소 2 _ 국가기밀**이란 제한된 범위의 사람에게만 알려져 있고, 대한민국의 외적 안전에 대한 중대한 불이익을 초래할 위험을 방지하기 위해 적

국에 대해 비밀로 하여야 할 사실 · 대상 또는 지식을 말한다.

✷ 급소 3 _ 간첩방조

방조범(從犯)은 정범(正犯)의 형보다 감경하여 처벌함이 원칙인데, 간첩방조에 있어서는 독립된 형을 규정하고 정범의 형과 동일하게 처벌받고 있다.

✷ 급소 4 _ 공지(公知)의 사실과 기밀성

기밀은 정치 · 경제 · 사회 · 문화 등 각 방면에 관하여 반국가단체에 대하여 비밀로 하거나 확인되지 아니함이 대한민국의 이익이 되는 모든 사실 · 물건 또는 지식으로서, 그것들이 국내에서의 적법한 절차 등을 거쳐 이미 일반인에게 널리 알려진 공지의 사실 · 물건 또는 지식에 속하지 아니한 것이어야 하고, 또 그 내용이 누설되는 경우 국가의 안전에 위험을 초래할 우려가 있어 기밀로 보호할 실질 가치가 있어야 한다. 공지의 사실은 국가기밀이 될 수 없다(실질적 비밀개념).

결론

북한을 국제법상 국가라고 할 수는 없더라도 사실상 적국에 포함되며 북한을 위한 기밀수집행위는 간첩에 해당한다. 그러나 이미 국내에 널리 알려진 사실은 국가기밀에 해당하지 아니하므로 甲의 행위는 간첩죄에 해당하지 아니한다.

☞ **참고**

간첩죄와 국가보안법

형법 제98조의 간첩죄에 대해 국가보안법이 우선 적용된다.

제4조 [목적수행]

① 반국가단체의 구성원 또는 그 지령을 받은 자가 그 목적수행을 위한 행위를 한 때에는 다음의 구별에 따라 처벌한다.〈개정 1991.5.31〉

1. 형법 제92조 내지 제97조 · 제99조 · 제250조제2항 · 제338조 또는 제340조제3항에 규정된 행위를 한 때에는 그 각조에 정한 형에 처한다.
2. 형법 제98조에 규정된 행위를 하거나 국가기밀을 탐지 · 수집 · 누설 · 전달하거나 중개한 때에는 다음의 구별에 따라 처벌한다.
   가. 군사상 기밀 또는 국가기밀이 국가안전에 대한 중대한 불이익을 회피하기 위하여 한정된 사람에게만 지득이 허용되고 적국 또는 반국가단체에 비밀로 하여야 할 사실, 물건 또는 지식인 경우에는 사형 또는 무기징역에 처한다.

나. 가목외의 군사상 기밀 또는 국가기밀의 경우에는 사형 · 무기 또는 7년 이상의 징역에 처한다.

3. 형법 제115조 · 제119조제1항 · 제147조 · 제148조 · 제164조 내지 제169조 · 제177조 내지 제180조 · 제192조 내지 제195조 · 제207조 · 제208조 · 제210조 · 제250조제1항 · 제252조 · 제253조 · 제333조 내지 제337조 · 제339조 또는 제340조제1항 및 제2항에 규정된 행위를 한 때에는 사형 · 무기 또는 10년 이상의 징역에 처한다.

4. 교통 · 통신, 국가 또는 공공단체가 사용하는 건조물 기타 중요시설을 파괴하거나 사람을 약취 · 유인하거나 함선 · 항공기 · 자동차 · 무기 기타 물건을 이동 · 취거한 때에는 사형 · 무기 또는 5년 이상의 징역에 처한다.

5. 형법 제214조 내지 제217조 · 제257조 내지 제259조 또는 제262조에 규정된 행위를 하거나 국가기밀에 속하는 서류 또는 물품을 손괴 · 은닉 · 위조 · 변조한 때에는 3년 이상의 유기징역에 처한다.

6. 제1호 내지 제5호의 행위를 선동 · 선전하거나 사회질서의 혼란을 조성할 우려가 있는 사항에 관하여 허위사실을 날조하거나 유포한 때에는 2년 이상의 유기징역에 처한다.

② 제1항의 미수범은 처벌한다.

③ 제1항 제1호 내지 제4호의 죄를 범할 목적으로 예비 또는 음모한 자는 2년 이상의 유기징역에 처한다.

④ 제1항 제5호 및 제6호의 죄를 범할 목적으로 예비 또는 음모한 자는 10년 이하의 징역에 처한다.

CHAPTER 03

범죄를 위해 조직을 만들면 범죄단체조직죄에 해당한다

제114조 [범죄단체 등의 조직]

사형, 무기 또는 장기 4년 이상의 징역에 해당하는 범죄를 목적으로 하는 단체 또는 집단을 조직하거나 이에 가입 또는 그 구성원으로 활동한 사람은 그 목적한 죄에 정한 형으로 처벌한다. 다만, 형을 감경할 수 있다. *시효는 목적한 죄의 시효

✸ **사건일지 _** 甲·乙·丙 등은 세상에 대한 보복의 심정으로 경제적으로 부유한 사람들을 괴롭히고 살해하기 위하여 이른바 OO파를 결성하였다. 두목과 부두목·행동대장 등을 정하고 자신들의 근거지를 마련하여 그 지하에서 사람을 살해한 후 화장시킬 수 있는 장치까지 마련하였다. 또 사람을 살해하기 위해 많은 무기와 밧줄 등을 마련하기도 하였다. 甲·乙·丙 등은 무슨 죄로 처벌되는가?

해결테크

✸ **급소 1 _ 범죄**

범죄란 법적 구성요건을 실현하는 모든 행위를 의미한다. 반드시 형법에 규정된 범죄임을 요하지 않고 특별법에 규정된 범죄를 포함한다.

✸ 급소 2 _ 범죄단체

범죄를 목적으로 하는 단체 또는 집단을 조직하거나 이에 가입 또는 그 구성원으로 활동한 사람은 그 목적한 죄에 정한 형으로 처벌받는 범죄를 말한다. 범죄단체라고 하기 위해서는 i) 최소한의 통솔체제를 갖춘 조직성과 ii) 어느 정도의 시간적 계속성을 갖추어야 한다.

✸ 급소 3

i) 4人이 도박 개장을 공모한 경우,

ii) 소매치기를 공모하고 실행행위를 분담한 경우,

iii) 어음사기를 위해 전자제품 도매상을 경영하는 것으로 가장하고 업무를 분담한 것만으로 단체를 조직하였다고 할 수 없다.

결론

甲·乙·丙 등은 사람을 살해하기 위해 단체를 조직하고 최소한의 통솔체제와 계속성이 인정되므로 범죄단체조직죄에 해당한다.

CHAPTER 04

시위군중이 상점을 부수고 난동을 부렸다면 소요죄에 해당할까?

제115조 [소요]

다중이 집합하여 폭행, 협박 또는 손괴의 행위를 한 자는 1년 이상 10년 이하의 징역이나 금고 또는 1천500만원 이하의 벌금에 처한다. *시효 10년

제116조[다중불해산]

폭행, 협박 또는 손괴의 행위를 할 목적으로 다중이 집합하여 그를 단속할 권한이 있는 공무원으로부터 3회 이상의 해산명령을 받고 해산하지 아니한 자는 2년 이하의 징역이나 금고 또는 300만원 이하의 벌금에 처한다. *시효 5년

✹ **사건일지 _** IMF의 구제금융을 받기 시작할 무렵 물가가 솟구치기 시작하고 일반서민들은 생필품을 구입하기가 무척 어려워졌다. 이에 정부의 물가정책 및 생필품 수급조절 정책의 실패를 규탄하기 위한 대규모 집회가 사전신고 없이 종로에서 열리게 되었다. 약 3,000여명의 군중은 시위도중 흥분하여 주변에 있는 상점을 마구 부수고 들어가 물건들을 들고 나오자 경찰과 전경 15개 중대가 시위 군중을 포위하고 해산할 것을 요구하였으나 응하지 아니하고 4차례나 해산명령을 하였다. 시위군중은 처벌받겠는가?

해결테크

✹ 급소 1 _ 다중이 집합하여 폭행 · 협박 · 손괴

다중이란 다수인의 집단을 말한다. 다중이 될 수 있는 기준에 관해서는 한 지방의 안전을 해할 수 있는 정도의 폭행 · 협박 · 손괴할 수 있을 정도의 다수인임을 요한다. **집합**은 일정장소에 모이는 것이고, 내란죄와 같이 조직적일 필요는 없다. 폭행 · 협박 · 손괴는 집합된 다중의 합동력에 의한 것이어야 한다. 그렇다고 다중의 전원이 폭행 · 협박 · 손괴하여야 하는 것은 아니다.

✹ 급소 2 _ 소요에 대한 인식

소요에 대한 인식이란 다중의 합동력으로 폭행 · 협박 · 손괴한다는 의사를 말하며, 이런 공동의사 없이 행한 다수인의 행위는 특수폭행 · 특수협박에 해당한다. 이런 공동의사는 군중심리로 족하며 반드시 공모와 계획, 사전 모의가 필요한 것은 아니다.

✹ 급소 3 _ 다중불해산

폭행 · 협박 또는 손괴를 행할 목적으로 집합한 다중이 단속할 권한이 있는 공무원으로부터 3회이상의 해산명령을 받고 해산하지 아니하는 것이다. 3회 이상이란 적어도 3회라는 의미이며 각 회마다 해산에 필요한 시간적 간격이 있어야 한다. 4회째 해산명령을 받고 해산한 경우에는 다중불해산에 해당하지 않는다고 보아야 한다.

결론

시위군중은 상점을 마구 침입하여 난동을 부린 것이므로 소요죄에 해당하게 된다. 해산명령을 내릴 권한있는 자의 3회 해산명령에도 불구하고 해산하지 아니하면 다중불해산죄에 해당한다. 4회의 해산명령에 스스로 해산한다면 다중불해산죄에는 해당하지 않는다고 보아야 한다.

CHAPTER 05

공중을 상대로 협박하면 어떤 죄로 처벌받겠는가.

제116조의2 [공중협박]

① 불특정 또는 다수의 사람의 생명, 신체에 위해를 가할 것을 내용으로 공연히 공중을 협박한 사람은 5년 이하의 징역 또는 2천만원 이하의 벌금에 처한다. * 시효 7년

② 상습으로 제1항의 죄를 범한 때에는 그 죄에 정한 형의 2분의 1까지 가중한다.

③ 제1항 및 제2항의 미수범은 처벌한다.

✸ **사건일지 _** 甲은 대학교를 졸업하고 수년 동안 취업이 되지 않아 스트레스가 쌓이게 되자, 인터넷 커뮤니티에 "OO백화점 본점에 폭발물을 설치해 두었다"는 허위 내용의 협박 글을 게시하였다. 그로 인해 수천 명의 고객과 직원들이 긴급하게 대피하고 경찰특공대와 소방대원 수백 명 이 현장에 투입되어 수색 작업을 벌였다. 甲은 어떤 죄로 처벌받겠는가.

해결테크

✸ **급소 1 _** 정보통신망을 통해 불특정 다수의 사람을 상대로 생명, 신체에 대한 범죄를 예고하는 사례가 빈번하게 발생함에도 이를 처벌하는 규

정이 없어 이에 대응하기 위하여 2025. 3. 18. 신설한 규정이다.

✸ 급소 2 _ 공중협박죄는 공연히 공중을 협박함으로써 실행의 착수에 이르고, 불특정 또는 다수의 사람의 생명, 신체에 위해를 가함으로써 기수에 이른다.

✸ 급소 3 _ 협박죄와 공중협박죄의 구별

공중협박죄는 협박의 대상이 불특정 다수의 공중이라는 점에서 특정인을 상대로 구체적인 해악의 고지가 있어야 성립하는 협박죄와 구별된다.

결론

甲은 불특정 다수의 공중을 대상으로 해악을 고지함으로써, 사람의 생명과 신체의 안전에 우려를 낳아 공포심을 유발케 하였으므로 甲의 이러한 행위는 형법 제116조의2의 공중협박죄에 해당한다. 한편 甲은 00 백화점에 대한 영업손해는 물론 국가에 대해 공무원의 현장 투입에 들인 수당, 차량유류비 등의 손해도 배상하여야 한다.

CHAPTER 06

정당한 이유 없이 공공장소에서 흉기를 소지하고 드러내면 어떠한 죄로 처벌되겠는가?

제116조의3 [공공장소 흉기소지]

정당한 이유 없이 도로 · 공원 등 불특정 또는 다수의 사람이 이용하거나 통행할 수 있는 공공장소에서 사람의 생명, 신체에 위해를 가할 수 있는 흉기를 소지하고 이를 드러내어 공중에게 불안감 또는 공포심을 일으킨 사람은 3년 이하의 징역 또는 1천만원 이하의 벌금에 처한다. *시효 5년

✸ **사건일지 _** 甲은 ○○시 버스정류장 앞에서 며칠 전 고물을 줍다가 습득한 식칼을 들고 술에 취한 채 그곳 주변상가 및 버스정류장 등 불특정 다수인이 이용하는 공공장소를 돌아다니며 위 식칼을 자신의 목에 가져다 대어 그을 듯이 행동하는 등 이를 소지하고 드러냈다. 갑은 어떠한 죄로 처벌되겠는가?

해결테크

✸ **급소 1 _** 정당한 이유 없이 공공장소에서 흉기를 소지하고 이를 드러내어 사회 일반인에게 공포심을 일으키고 중대한 범죄로 이어질 수 있는데

도 이를 처벌할 규정이 없어 이에 대응하기 위하여 2025. 4. 8. 신설한 규정이다.

✸ **급소 2 _** 공공장소휴기소지죄는 정당한 이유 없이 공공장소에서 흉기를 소지하고 이를 드러내어 공중에게 불안감 또는 공포심을 일으킴으로써 성립하는 범죄이다. 한편 경범죄처벌법 제3조 제1항은 정당한 이유 없이 칼 등 흉기를 숨겨서 휴대하고 다니는 사람을 10만원 이하의 벌금, 구류 또는 과료의 형으로 처벌하고 있다.

✸ **급소 3 _** 공공장소란 불특정 다수의 공중이 이용하는 장소로서 도로, 광장, 공원, 지하철역, 해변 등이 그 예이다. 흉기란 총, 도검류 등 살상을 주목적으로 만든 물건은 물론 용법에 따라서는 살상에 사용될 수 있는 쇠몽둥이, 도끼, 낫 등을 말한다.

결론

甲은 정당한 이유 없이 공공장소에서 흉기인 식칼을 소지하고 이를 드러내어 공중에게 불안감 또는 공포심을 일으켰으므로, 甲은 형법 제116조의3의 공공장소흉기소지죄로 처벌된다.

CHAPTER 07

청와대 민원비서관을 사칭하고 전화선로수리를 요청한 경우는 어떤 처벌을 받을까?

제118조 [공무원자격의 사칭]

공무원의 자격을 사칭하여 그 직권을 행사한 자는 3년 이하의 징역 또는 700만원 이하의 벌금에 처한다. *시효 5년

경범죄 처벌법

제3조(경범죄의 종류) ① 다음 각 호의 어느 하나에 해당하는 사람은 10만원 이하의 벌금, 구류 또는 과료(科料)의 형으로 처벌한다.

7. (관명사칭 등) 국내외의 공직(公職), 계급, 훈장, 학위 또는 그 밖에 법령에 따라 정하여진 명칭이나 칭호 등을 거짓으로 꾸며 대거나 자격이 없으면서 법령에 따라 정하여진 제복, 훈장, 기장 또는 기념장(記念章), 그 밖의 표장(標章) 또는 이와 비슷한 것을 사용한 사람

✸ **사건일지 _** 甲은 자신의 집에서 시외전화를 걸려고 하였으나 전화선의 고장으로 불통이 되자, 전신전화국의 관계자에게 청와대 민원비서관임을 사칭하면서 신속히 시외전화 선로고장 수리를 하라고 말하였을 때, 甲은 공무원 자격을 사칭한 것인가?

해결테크

✸ **급소 1 _** 이 죄는 공무원의 자격을 사칭하여 직권을 행사함으로써 성립하는 범죄이다. 따라서 범죄가 성립하기 위하여는 공무원의 자격을 사칭하고 직권을 행사한다는 두가지 요건이 구비되어야 한다.

✸ **급소 2 _** 자격사칭이란 자격이 없는 자가 공무원의 자격을 가진 것처럼 오신케하는 일체의 행위를 말한다. 자격을 사칭하고 사칭한 공무원의 직권을 행사하여야 한다. 직권행사가 없는 단순한 사칭은 경범죄에 해당할 뿐이다(경범죄 처벌법 제3조 제7호).

✸ **급소 3**

자격 사칭에 해당하는 예

경찰을 사칭하고 신분증의 제시를 요구하는 경우 등

자격 사칭에 해당하지 않는 예

국가정보원 직원을 사칭하고 대통령의 사진이 든 액자가 파손되었다는 자인서를 쓰라거나, 합동수사반원임을 사칭하고 채권을 추심하는 것 등은 이 죄가 성립되지 아니한다.

결론

청와대 민원비서관이라고 자격을 사칭하였으나 그의 직권을 행사하지 아니하였으니(전화수리 요청이 청와대 민원비서관의 직권은 아니다) 자격 사칭죄는 아니고, 경범죄 처벌법에 해당한다.

CHAPTER 08

과속운전자가 동창생이라 단속하지 않았다면 어떻게 처벌받아야 하는가?

제122조 [직무유기]

공무원이 정당한 이유없이 그 직무수행을 거부하거나 그 직무를 유기한 때에는 1년 이하의 징역이나 금고 또는 3년 이하의 자격정지에 처한다.

*시효 5년

✸ 사건일지 _ 甲은 고속도로에서 교통안전을 담당하는 경찰로서 0000년 0월 0일 저녁 19:30분경 경부고속도로 천안 부근에서 규정속도보다 40Km/h의 과속을 하는 자동차를 발견하고 뒤쫒아가 차를 세우도록 하였다. 운전자 乙에게 과속을 이유로 차를 세우도록 한 것임을 알리고 운전면허증의 제시를 요구하자 乙은 운전면허증의 뒤편에 1만원권 1매를 접어 운전면허증과 함께 제시하자 甲은 '돈은 필요없으니 다시 넣으십시오'라고 하며 거절하였다. 그러나 甲은 운전면허증의 이름이 뜻밖에도 자신의 고교동창생 이름과 같아 얼굴을 유심히 살펴보니 동창생임이 분명하여 서로 신원과 안부를 확인하고는 과속운전을 눈감아 주었다. 甲과 乙은 어떻게 처벌받아야 하는가?

해결테크

✸ **급소 1** _ 공무원이 정당한 이유없이 직무수행을 거부하거나 직무를 유기함으로써 성립하는 범죄이다.

✸ **급소 2** _ 직무란 공무원법상 본래의 직무 또는 고유한 직무를 말하며 공무원인 신분관계로 인하여 부수적·파생적으로 발생하는 직무는 여기에 포함되지 않는다. 공무원이 맡은 바 직무를 그때 수행하지 않으면 실효를 거둘 수 없는 구체적인 직무임을 요한다.

✸ **급소 3** _ 직무수행을 거부하는 것은 직무를 능동적으로 수행할 의무있는 자가 이를 행하지 않는 것을 말하고, 직무유기란 직무에 관한 의식적 방임 내지 포기를 말한다.

✸ **급소 4** _ 직무유기가 성립하기 위해서는 주관적으로 직무의 수행을 거부하거나 이를 버린다는 인식과, 객관적으로는 직무 또는 직장을 벗어나는 행위가 있어야 하며, 공무원의 직무집행과 관련하여 태만·분망·착각 등으로 부당한 결과를 가져 왔다고 하여 직무유기가 되는 것은 아니다.

결론

甲은 경찰공무원으로서 乙이 자신의 동창생이라는 사실을 알고서는 과속운전자를 그대로 보낸 것이므로 주관적으로 자신의 직무를 유기한다는 인식이 있고 직무를 수행하지 않아 직무유기에 해당된다. 한편 乙은 단속공무원에게 뇌물을 공여할 의사표시를 한 것이므로 뇌물공여죄에 해당한다. 실제로 뇌물을 공무원이 수수했는지 여부는 뇌물공여죄의 성립에 영향이 없고, 공여의 의사표시만으로 범죄는 성립한다.

CHAPTER 09

민정수석이 공개입찰을 수의계약으로 바꿔 대통령의 인척이 임대받도록 했다면 무슨 죄로 처벌받을까?

제123조 [직권남용]

공무원이 직권을 남용하여 사람으로 하여금 의무없는 일을 하게 하거나 사람의 권리행사를 방해한 때에는 5년 이하의 징역, 10년 이하의 자격정지 또는 1천만원 이하의 벌금에 처한다. *시효 7년

✸ **사건일지 _** 대통령비서실 민정수석비서관 甲은 대통령의 근친 관리업무와 관련하여 정부 각 부처에 대한 지시와 협조 요청을 할 수 있는 일반적 권한이 있는데, 甲은 농수산물 도매시장 관리공사 대표이사에게 요구하여 위 시장내의 주유소와 서비스동을 당초 예정된 공개입찰 방식이 아닌 수의계약으로 대통령의 근친인 乙이 설립한 회사에 임대케 하였다. 甲은 무슨 죄로 처벌되나?

해결테크

✹ 급소 1 _ 공무원

주체는 공무원이다. 이 죄의 취지에 비추어 보아 필요한 경우 일정한 행위의 실행을 강제적으로 명령할 권한을 가지는 공무원에 한정된다고 본다.

✹ 급소 2 _ 직권남용

자기의 일반적 직무권한에 속하는 사항에 관하여 그의 권한을 불법하게 행사하는 것을 말한다. 그러므로 일반적 직무권한과 무관계한 행위나 단순히 지위를 이용한 부정행위는 이 죄를 구성하지 아니한다. 예를 들면 집행관이 채무자를 체포하거나 검사가 친구 부탁으로 채무자를 소환하여 이행을 명하는 경우가 그러하다.

✹ 급소 3 _ 의무없는 일을 하게함

전혀 의무없는 일을 하게 하는 경우 뿐만 아니라, 의무 있는 자라도 그 의무 태양을 변경하여 행하게 하는 경우에도 해당한다.

✹ 급소 4 _ 권리행사의 방해

법률상 행사할 수 있는 권리의 정당한 행사를 방해하는 것이다. 경찰관이 부당하게 영업정지를 명하거나 인허가 담당공무원이 이를 부당하게 거부하여 권리의 발생을 방해하는 경우 등이다.

결론

甲은 민정수석비서관으로서 정부 각 부처에 대한 지시와 협조요청을 할 수 있는 일반적 권한이 있는데, 공개입찰 방식을 수의계약으로 전환하게 하고, 대통령의 근친이 임대받을 수 있도록 농수산물 도매시장 관리공사 대표이사에게 권한을 불법하게 행사한 점이 인정되므로 직권남용죄에 해당한다.

CHAPTER 10

사법경찰관이 임의동행 형식으로 피의자를 연행하여 귀가시키지 않고 6일간 조사하였다면 어떤 죄를 범한 것인가?

제124조 [불법체포, 불법감금]

① 재판, 검찰, 경찰 기타 인신구속에 관한 직무를 행하는 자 또는 이를 보조하는 자가 그 직권을 남용하여 사람을 체포 또는 감금한 때에는 7년 이하의 징역과 10년 이하의 자격정지에 처한다. *시효 7년

② 전항의 미수범은 처벌한다.

✹ 사건일지 _ ㅇㅇ경찰서 정보3계장인 甲은 乙이 불온 삐라를 소지하고 있으며 불온한 언동을 한다는 신고를 받고 乙을 국가보안법 위반 사범으로 수사를 하면서, 당일 乙의 집에서 乙을 임의동행 형식으로 연행한 후 구속영장 없이 6일간 경찰서 정보계 조사실 또는 보호실 등에 계속 구금 하였다. 甲은 어떤 죄를 범한 것인가?

해결테크

✹ 급소 1 _ 인신구속에 관한 직무를 행하는 특별공무원이 직권을 남용하여 사람을 감금한 때 성립된다. 기타 인신구속에 관한 직무를 행하는 자

는 사법경찰관리의 직무를 수행할 자와 그 직무범위에 관한 법률에 규정된 자(교도소장, 산림 보호에 종사하는 공무원. 근로감독관, 선장 등)를 말한다. 보조하는 자에는 사실상 보조하는 사인(私人)은 포함되지 아니한다.

✹ **급소 2 _** 직권을 남용하여야 하므로 이런 직에 있는 자라도 직권을 남용하지 아니하면 제276조에 해당할 뿐이다. 체포란 사람의 신체에 현실적인 구속을 가하여 행동의 자유를 빼앗는 것을 말하며, 감금이란 사람을 일정한 장소 밖으로 나가지 못하게 하는 것이다.

✹ **급소 3 _**

i) 법정절차 없이 피의자를 경찰서 보호실에 구금한 경우

ii) 임의동행한 피의자를 귀가시키지 않고 경찰서 조사실이나 보호실 등에 유치한 경우

iii) 법원의 석방결정에 불구하고 즉시 석방하지 않은 경우 등이다.

결론

甲은 인신구속에 관한 직무를 행하는 자로서 乙을 임의동행 형식으로 경찰서까지 데려간 후 귀가시키지 않고 약 6일 동안 체포 또는 감금한 것이므로 불법체포·감금죄가 성립한다.

☞ **참고**

임의동행

임의동행은 수사단계에서 상대방의 동의에 의해 경찰서 등 수사기관까지 함께 가는 것을 말한다. 그야말로 상대방의 동의를 전제로 한 것이므로 동의하지 않는데 강제로 연행하는 것은 영장주의원칙에 반(反)하고 정당한 공무집행 행위로서 보호받지 못한다. 따라서 영장없이 강제연행하려는 경찰을 폭행하더라도 공무집행방해죄가 성립하지 않으며, 공무원에 대한 폭행죄도 정당방위로서 허용되는 행위라고 본다.

CHAPTER 11

검사가 공소제기 전 피의사실을 신문기자에게 알렸다면 어떤 처벌을 받아야 하는가?

제126조 [피의사실공표]

검찰, 경찰 그 밖에 범죄수사에 관한 직무를 수행하는 자 또는 이를 감독하거나 보조하는 자가 그 직무를 수행하면서 알게 된 피의사실을 공소제기 전에 공표(公表)한 경우에는 3년 이하의 징역 또는 5년 이하의 자격정지에 처한다. *시효 5년

✸ **사건일지 _** 서울지검 OO지청에 근무하는 검사 甲은 자신이 맡아 수사중인 사건의 피의사실을 아직 공소제기하지 아니한 단계에서 자신의 고교동창인 모 신문사 기자 乙에게 알려주었다. 乙이 이 기사를 신문에 게재하였을 경우 검사 甲은 처벌을 받아야 하는가?

해결테크

✸ **급소 1 _** 이 죄는 검찰·경찰 기타 범죄수사에 대한 직무를 수행하는 자 또는 이를 감독하거나 보조하는 자가 직무를 수행하면서 알게 된 피의사실을 외부에 공표함으로써 성립되는 범죄이다. 직무와 관련없이 알게된 사실을 공표한다면 이 죄는 성립하지 아니한다.

✸ 급소 2 _ 공소제기 전에 피의사실을 공표하면 이 죄에 해당한다. 공표란 불특정 또는 다수인에게 그 내용을 알리는 것을 말한다. 공연히 알릴 것을 요하지 않으므로 특정한 1인에게 알린 경우에도 이로 인하여 불특정 다수인이 알 수 있을 때에는 공표에 해당한다.

✸ 급소 3 _ 피의자의 승낙은 즉, 수사받고 있던 사람이 공표에 동의하더라도 이 죄는 성립한다고 보아야 한다. 피의자의 인권보호 뿐만 아니라 국가의 수사권도 보호하기 위한 범죄규정이기 때문이다.

결론

甲은 검사로서 직무를 수행하면서 알게 된 피의사실을 친구인 신문기자에게만 알려주었더라도 이로 인해 피의사실이 기사화되었다면 불특정 다수인이 알게 된 것이므로 피의사실공표죄에 해당하게 된다.

CHAPTER 12

사실상 직무를 처리하는 자가 그와 관련하여 금품을 수수하였다면 어떠한 범죄로 처벌 받겠는가?

제129조 [수뢰, 사전수뢰]

① 공무원 또는 중재인이 그 직무에 관하여 뇌물을 수수, 요구 또는 약속한 때에는 5년 이하의 징역 또는 10년 이하의 자격정지에 처한다. *시효 7년

② 공무원 또는 중재인이 될 자가 그 담당할 직무에 관하여 청탁을 받고 뇌물을 수수, 요구 또는 약속한 후 공무원 또는 중재인이 된때에는 3년 이하의 징역 또는 7년 이하의 자격정지에 처한다. *시효 5년

제133조[뇌물공여 등]

① 제129조부터 제132조까지에 기재한 뇌물을 약속, 공여 또는 공여의 의사를 표시한 자는 5년 이하의 징역 또는 2천만원 이하의 벌금에 처한다. *시효 7년

② 제1항의 행위에 제공할 목적으로 제3자에게 금품을 교부한 자 또는 그 사정을 알면서 금품을 교부받은 제3자도 제1항의 형에 처한다.

✸ **사건일지 _** 甲은 국가보훈부 OO과에 근무하는 행정주사보로서 타과에서 파견나와 국가유공자 심사·선정에 관한 업무를 돕고 있는 자이다. 甲은 0000년 0월 0일 경북 OO군 OO읍 OO동에 있는 자신의 집에서 장OO의 처 乙로부터 0000년에 의병제대한 장OO를 국가유공자가 되도록 해 달라는 뜻으로 주는 돈이라는 사실을 알면서 700만원을 2회에 걸쳐 수수하였다. 甲은

어떠한 범죄로 처벌 받겠는가?

해결테크

✹ 급소 1 _ 수뢰죄는 공무원 또는 중재인이 자신의 직무와 관련하여 뇌물을 수수·요구 또는 약속함으로써 성립하는 공무원 범죄이다. 이 죄는 공무원 또는 중재인의 직무집행의 공정과 이에 대한 사회의 신뢰를 기하며 직무행위의 불가매수성을 직접적으로 보호함에 있다.

✹ 급소 2 _ 이 죄에서 공무원이라 함은 국가 또는 지방자치단체 및 이에 준하는 공법인의 사무에 종사하는 자로서, 그 노무의 내용이 단순한 기계적·육체적인 것에 한정되어 있지 아니한 자를 말한다.

✹ 급소 3 _ 직무관련성

이 죄에 있어서 직무에 관하여라 함은 당해 공무원이 그 지위에 수반하여 공무로서 처리하는 일체의 직무를 말하는 것으로 그 권한에 속하는 직무행위 뿐만 아니라 이에 밀접한 관계가 있는 경우도 포함되며 그 직무와 관련하여 사실상 처리하고 있는 행위까지도 포함한다.

✹ 급소 4 _ 대가성

공무원이 금품을 받더라도 수수한 금품이 사교적 증답품인 경우에는 뇌물성이 인정되지 않는다. 그러나 대가관계가 인정되는 때에는 그 금액이

근소하거나 규모가 적어도 사교적 의례에 해당되지 않는다는 것이 판례의 입장이다.

✸ **급소 5 _** 이익에는 반드시 재산적 이익에 한하지 않으며 이성간의 성교도 뇌물이 될 수 있다.

결론

이 사례에서 甲은 국가보훈부 소속 공무원으로서 파견나와 타직무를 돕고 있지만 사실상 국가유공자의 심사·선정과 관련된 업무를 행하는 자로서, 乙로부터 두차례에 걸쳐 직무와 관련하여 700만원을 받은 사실이 인정된다. 따라서 甲은 형법 제129조의 뇌물수수죄에 의하여 처벌된다.

☞ **참고**

뇌물죄의 유형

1) 제129조 (단순수뢰죄 · 사전수뢰죄)

3) 제132조 (알선수뢰죄)

4) 제131조 (수뢰후 부정처사죄, 사후수뢰죄)

5) 제130조 (제3자 뇌물공여죄)

저희 애기 아빠가 의병제대를 했는데 살길이 막막하니 국가유공자로 만들어 주세요.
甲
아이구, 댁도 어려우실텐데 뭐 이런 걸 다 …글쎄 제가 국가유공자 심사 선정과 관련된 업무를 하고 있지만, 저도 타과에서 파견 나온 사람이라 …한번 힘써봅시다.
乙
法
뇌물로 사주는 개밥은 절대로 먹을 수가 없습니다.
甲은 타과에서 파견 나와 있지만, 사실상 국가유공자의 심사 선정과 관련된 업무를 행하는 자이므로 직무와 관련하여 금품은 받았으니 뇌물수수죄로 처벌됩니다.

CHAPTER 13

부서장 비서관이 금품을 수수하고 타과 직원에게 부탁하였다면 무슨 죄를 범한 것인가?

제132조 [알선수뢰]

공무원이 그 지위를 이용하여 다른 공무원의 직무에 속한 사항의 알선에 관하여 뇌물을 수수, 요구 또는 약속 한 때에는 3년 이하의 징역 또는 7년 이하의 자격정지에 처한다. *시효 5년

✸ **사건일지 _** 서울시 부시장의 비서관으로 재직하고 있던 甲은 시청 관재과 소속 공무원에게 부탁하여 체비지를 불하받도록 하여 주겠다고 약속하고 그 교제비 명목으로 乙로부터 500만원을 받았다면 甲은 무슨 죄를 범한 것인가?

해결테크

✸ **급소 1 _** 공무원이 그 지위를 이용하여 다른 공무원의 직무에 속한 사항의 알선에 관하여 뇌물을 수수·요구·약속함으로써 성립하는 범죄이다. 이 죄의 주체는 공무원이며 공무원의 지위 고하를 막론한다. 공무원의 지위를 이용할 것을 요하므로 단순히 공무원의 신분만 있으면 족하다고 할 수는 없다.

✹ **급소 2 _ 지위를 이용**한다는 것은 영향력을 미칠 수 있는 공무원이 그 지위를 이용하는 것을 말한다. 지위를 이용하였다고 하기 위해서는 다른 공무원의 지위에 일반적 또는 구체적으로 영향을 미칠 수 있을 것을 요한다.

✹ **급소 3 _** 그 공무원의 직무에 속하는 사항에 관한 것이면 되는 것이지, 반드시 부정행위라거나 그 직무에 관하여 결재권한이나 최종결정 권한을 갖고 있어야 하는 것은 아니다.

✹ **급소 4 _ 알선**이란 중개하는 것을 말한다.

결론

부시장의 비서관으로서 체비지 불하 업무를 취급하는 시청관재과 소속 공무원과의 사이에 직무상 연관관계를 가지고, 사실상 어떤 영향력을 미칠 수 있는 지위를 이용하여 그 공무원의 직무에 속하는 사항의 알선에 관하여 수수한 것이라고 볼 수 있다.

CHAPTER 14

뇌물공여에 제공할 목적으로 제3자에게 금품을 교부하거나 제3자가 그러한 사정을 알고 금품을 교부받으면 어떤 범죄로 처벌되겠는가?

제133조 [뇌물공여 등]

① 제129조부터 제132조까지에 기재한 뇌물을 약속, 공여 또는 공여의 의사를 표시한 자는 5년 이하의 징역 또는 2천만원 이하의 벌금에 처한다. * 시효 5년

② 제1항의 행위에 제공할 목적으로 제3자에게 금품을 교부한 자 또는 그 사정을 알면서 교부받은 제3자도 제1항의 형에 처한다.

도시 및 주거환경정비법

제134조 [벌칙 적용에서 공무원 의제]

추진위원장 · 조합임원 · 청산인 · 전문조합관리인 및 정비사업전문관리업자의 대표자(법인인 경우에는 임원을 말한다) · 직원 및 위탁지원자는 형법 제129조부터 제132조까지의 규정을 적용할 때에는 공무원으로 본다.

✸ 사건일지 _ 재개발사업 현장의 철거공사를 전문으로 하는 A주식회사의 사장인 甲은 ㅇㅇ주택재개발정비사업조합의 조합장인 乙에게 'ㅇㅇ주택재개발정비사업 현장의 철거공사를 A주식회사가 수주할 수 있도록 해 달라'는 청탁 취지로 현금 1억 5천만 원이 든 쇼핑백을 건네주자 乙은 거절하였다. 그러

자 甲은 평소 乙과 친분이 있는 丙을 통하여 乙에게 금품을 교부할 것을 마음먹고 다음 날 丙을 만나 丙에게 '○○주택재개발정비사업 현장의 철거공사를 A주식회사가 수주할 수 있도록 해 달라는 청탁 취지로 乙에게 전달하여 달라'고 부탁하며 현금 1억 원이 든 쇼핑백을 건네자 丙은 승낙하고 교부받았다. 갑과 을은 어떤 범죄로 처벌되겠는가?

해결테크

✸ 급소 1 _ 제3자뇌물교부죄는 뇌물공여에 제공할 목적으로 제3자에게 금품을 교부하는 경우에 성립하는 범죄이고, 제3자뇌물취득죄는 제3자가 뇌물공여에 제공할 목적으로 금품을 교부한다는 사정을 알면서 금품을 교부받음으로써 성립하는 범죄이다.

✸ 급소 2 _ 뇌물공여죄와 제3자뇌물교부죄

뇌물공여죄는 증뢰자가 공무원 또는 중재인에게 뇌물을 약속, 공여 또는 공여의 의사를 표시함으로써 성립하지만, 제3자뇌물교부죄는 증뢰자가 뇌물공여에 제공할 목적으로 제3자에게 금품을 교부하면 성립한다.

✸ 급소 3 _ 제3자뇌물교부죄의 기수시기 및 금품의 반환

제3자뇌물교부죄는 증뢰자가 뇌물공여에 제공할 목적으로 금품을 교부한다는 사정을 제3자가 알면서 금품을 교부받은 때에 기수가 되고, 그 후에 제3자가 증뢰자로부터 교부받은 금품을 증뢰자에게 반환하거나 제3

자로부터 금품을 전달받은 공무원 또는 중재인이 곧바로 증뢰자에게 반환하였다 하더라도 증뢰자의 제3자뇌물교부죄의 성립에는 아무런 영향이 없다.

✸ **급소 4** _ 증뢰자가 뇌물공여에 제공할 목적으로 금품을 교부한다는 사정을 알면서 제3자가 금품을 교부받은 이상 제3자가 증뢰자로부터 교부받은 금품을 공무원 또는 중재인에게 전달하였는지 여부는 제3자의 제3자뇌물취득죄의 성립에 아무런 영향을 미치지 않는다.

결론

사안은 甲이 丙에게 '○○주택재개발정비사업 현장의 철거공사를 A주식회사가 수주할 수 있도록 해 달라는 청탁 취지로 乙에게 전달하여 달라'고 부탁하며 현금 1억 5,000만 원이 든 쇼핑백을 건네주자 丙이 승낙하고 받은 것인데, 甲의 이러한 행위는 공무원으로 의제되는 乙에게 그 직무에 관하여 뇌물을 공여할 목적으로 제3자인 丙에게 금품을 교부한 것이므로 형법 제133조 제2항 전단의 제3자뇌물교부죄가 성립하고, 丙은 공무원으로 의제되는 乙에게 그 직무에 관하여 뇌물을 공여할 것이라는 사정을 알면서 甲으로부터 금품을 교부받은 것이므로 형법 제133조 제2항 후단의 제3자뇌물취득죄가 성립한다. 한편 乙이 丙으로부터 금품을 수수하였다면 甲은 의제 공무원의 직무에 관하여 乙에게 1억 5,000만 원의 뇌물을 공여한 것이므로 형법 제133조 제1항의 뇌물공여죄도 성립하고, 乙은 의제 공무원의 직무에 관하여 1억 5,000만 원의 뇌물을 수수한 것이므로 형법 제129조 제1항의 뇌물수수죄가 성립한다.

	뇌물수수죄 (뇌물을 받는 사람의 범죄)	뇌물공여죄 (뇌물을 주는 사람의 범죄)
	형법 제129조	형법 제133조
대상	공무원 또는 중재인	공무원에게 뇌물을 제공하려는 양측 관계의 '제공자'
구성 요건	직무와 관련하여 부정한 청탁과 상관없이, 금품·이익을 '요구 · 약속 · 수수(받음)' 하면 성립	공무원에게 직무와 관련하여 금품을 공여(줌), 약속, 공여 의사표시
처벌	5년 이하 징역 또는 1천만원 이하 벌금 뇌물의 대가성이 특정되면 가중(특가법 적용 시 훨씬 무거움)	5년 이하 징역 또는 2천만원 이하 벌금
포인트	받기만 해도 성립 "나중에 줄게"라고 약속만 해도 성립 공무원이 아니라면 성립하지 않음	실제로 주지 않아도 주겠다는 의사표시만 해도 성립 공무원이 받지 않아도 성립 공여자가 민간인이든 기업이든 관계 없음

CHAPTER 15

수형자가 교도관을 폭행하면 어떠한 처벌을 받게 되는가?

제136조 [공무집행방해]

① 직무를 집행하는 공무원에 대하여 폭행 또는 협박한 자는 5년 이하의 징역 또는 1천만원 이하의 벌금에 처한다. *시효 7년

② 공무원에 대하여 그 직무상의 행위를 강요 또는 저지하거나 그 직을 사퇴하게 할 목적으로 폭행 또는 협박한 자도 전항의 형과 같다.

✸ **사건일지 _** 甲은 절도죄로 징역 1년의 선고를 받고 OO교도소에 수용되어 복역중인 자로서, OOOO년 O월 O일 16시경 당 교도소의 급식에 불만을 품고 고함을 지르며 사방문을 발로 차며 소란을 피워 규칙을 위반하였다. 이 일로 甲은 당 교도소의 OO방 독실에서 조사를 받게 되었을 때 교도관 최OO로부터 주의를 당하자 갑자기 달려들어 주먹으로 위 교도관의 얼굴을 여러 차례에 걸쳐 때린 것이다. 甲은 어떠한 처벌을 받게 되는가?

해결테크

✸ **급소 1 _** 공무집행방해죄는 공무집행중인 공무원에 대하여 폭행 · 협박을 가하여 그 직무집행을 방해하는 경우에 성립한다.

✸ **급소 2** _ 직무를 집행한다 함은 반드시 현실로 직무를 집행하고 있는 것을 요하지는 않으며, 직무집행의 준비를 하거나 직무집행 중 휴식을 취하는 경우 등 직무집행과 근접한 경우도 직무집행에 포함된다.

✸ **급소 3** _ 직무집행은 적법하여야 한다. 따라서 불법체포·연행하려는 경찰관에 폭행을 가하더라도 공무집행방해죄는 성립하지 않는다.

✸ **급소 4** _ 이 죄에서의 폭행은 사람에 대한 일체의 유형력의 행사를 포함하며, 물건에 대한 유형력의 행사라도 그것이 간접적으로 직무집행하는 공무원에 영향을 미치는 경우에는 이 죄에서의 폭행에 해당한다고 볼 수 있다.

✸ **급소 5** _ 이 죄에서의 협박은 사람에게 공포심을 유발할 수 있는 정도의 해악의 고지를 말하며, 이로 인하여 현실적으로 공포심을 일으킬 것을 요구하지는 않는다.

결론

이 사례에서 甲은 교도관에게 폭행을 가함으로써 교도관의 교정업무를 방해하였으므로 형법 제236조의 공무집행방해죄에 의하여 처벌받게 된다.

CHAPTER 16

공무원을 속여 직무집행을 방해하면 어떤 죄로 처벌받게 될까?

제137조 [위계에 의한 공무집행방해]

위계로써 공무원의 직무집행을 방해한 자는 5년 이하의 징역 또는 1천 만원 이하의 벌금에 처한다.* 시효 7년

✸ **사건일지 _** 甲과 乙은 000에서 실시하는 00회 9급 00공무원공개경쟁 채용시험에 함께 응시원서를 제출하여 응시하되 실력이 좋은 甲이 乙의 답안을 대신 작성하는 방법으로 답안을 바꾸어 제출하기로 하였다. 甲과 乙은 000소속 공무원 000등 1명이 시험감독관인 위 시험장에서 시험 답안지를 작성하면서 甲은 자기의 시험 답안지에 乙의 수험번호와 이름을 기재하고, 乙은 자기의 시험 답안지에 甲의 수험번호와 이름을 기재하여 제출하였다. 甲과 乙은 어떤 범죄에 해당하는가?

해결테크

✸ **급소 1 _ 위계공무집행방해죄**는 위계로써 공무원의 직무 집행을 방해함으로써 성립하는 범죄이다.

✹ **급소 2 _ 위계**란 행위자가 행위 목적을 달성하기 위하여 상대방에게 오인, 착각, 부지를 일으키게 하여 그 오인, 착각, 부지를 이용하는 것을 말한다.

✹ **급소 3 _** 위계공무집행방해죄는 상대방이 오인, 착각, 부지로 인해 현실적으로 공무집행 방해의 결과가 발생함으로써 기수가 된다. 따라서 현실적으로 공무집행이 저지되거나 방해의 결과가 발생하지 않게 됨으로써 미수에 그친 경우에는 공무집행방해죄로 처벌되지 않는다.

결론

甲과 乙은 공모하여 위계로써 ○○○○에서 실시하는 00회 9급 ○○공무원공개경쟁 채용시험의 공정한 시행을 감독 중인 ○○○소속 공무원 ○○○등 1명의 정당한 직무집행을 방해한 것이므로 甲과 乙의 행위는 형법 제137조의 위계공무집행방해죄에 해당한다. 한편 甲과 乙은 위와 같이 부정행위를 할 목적으로 위 시험감독관들의 의사에 반하여 시험관독관들이 관리하는 건조물인 위 시험장에 침입하였으므로 형법 제319조 제1항의 건조물침입죄에도 해당한다.

CHAPTER 17

압류표시를 떼어내면 어떠한 범죄로 처벌받게 되는가?

제140조 [공무상비밀표시무효]

① 공무원이 그 직무에 관하여 실시한 봉인 또는 압류 기타 강제처분의 표시를 손상 또는 은닉하거나 기타 방법으로 그 효용을 해한 자는 5년 이하의 징역 또는 700만원 이하의 벌금에 처한다. *시효 7년

② 공무원이 그 직무에 관하여 봉함 기타 비밀장치한 문서 또는 도화를 개봉한 자도 제1항의 형과 같다.

③ 공무원이 그 직무에 관하여 봉함 기타 비밀장치한 문서, 도화 또는 전자기록등 특수매체기록을 기술적 수단을 이용하여 그 내용을 알아낸 자도 제1항의 형과 같다.

✸ **사건일지 _** 甲은 0000년도 종합소득세를 납부하지 않았기 때문에 OO세무서 근무의 세무주사 김OO에 의해 서울 OO구 OO동 소재 甲의 집에 있는 텔레비전 외 37점의 물건에 대하여 압류를 당하였다. 그 후 甲은 김OO가 압류하기 위하여 첨부해 놓은 압류월일, 소속관서, 관직성명등을 기재하고 압류한 물건의 압류표시를 떼어 버리고, 위 텔레비전 등 38점을 다른 곳으로 반출하였다. 甲은 어떠한 범죄로 처벌받게 되는가?

해결테크

✹ 급소 1 _ 공무상표시무효죄는 공무원이 그 직무에 관하여 실시한 봉인·압류 기타 강제처분의 표시를 손상 또는 은닉하거나 그 효용을 해하는 경우에 성립하는 범죄이다.

✹ 급소 2 _ 객체 – 공무원이 직무에 관하여 실시한 봉인·기타 강제처분의 표시

제3채무자가 채권가압류결정의 정본을 송달받고서 채무자에게 가압류된 돈을 지급하였어도 채권가압류결정의 송달을 받은 것이 형법 제142조의 공무상 보관 명령이 있는 경우도 아니고 형법 제140조 제1항의 강제처분의 표시가 있었다고도 볼 수 없으므로 공무상보관물무효죄는 물론 공무상표시무효죄도 성립하지 않는다.

압류가 경합된 경우에 한 사람의 채권자에게만 변제하고 압류된 동산을 처분한 경우에는 비록 한 채권자에게 변제하였다고 하더라도 다른 압류채권자에 대한 관계에서는 압류가 여전히 유효하게 존재하므로 압류동산을 처분한 경우에는 이 죄가 성립한다.

✹ 급소 3 _ 부당한 가처분의 경우

가처분 명령이 비록 부당하다고 하더라도 집행관의 압류 기타 강제처분의 표시를 손상한 경우에는 이 죄가 성립한다. 집행관에 의하여 부동산 인도집행이 끝난 경우에는 이 죄에 의하여 보호될 강제처분 상태는 종료되므로 그 점유 침해행위는 이 죄에 해당한다고 볼 수 없다.

결론

甲은 종합소득세를 납부하지 않음으로써 압류당하게 된 TV 등 38점의 자신의 물건에 대한 압류표시를 떼어 버리고 이를 은닉한 점이 인정된다. 따라서 甲은 형법 제140조의 공무상표시무효죄에 의하여 처벌받게 된다.

CHAPTER 18

강제집행으로 명도된 부동산에 침입하면 어떤 범죄로 처벌되겠는가?

제140조의2 [부동산강제집행효용침해]

강제집행으로 명도 또는 인도된 부동산에 침입하거나 기타 방법으로 강제집행의 효용을 해한 자는 5년 이하의 징역 또는 700만원 이하의 벌금에 처한다. * 시효 7년

✷ 사건일지 _ 甲은 사실혼 관계 아래 자신의 집에 머물고 있는 乙을 상대로 위 집에 관하여 명도소송과 인도소송을 제기하여 승소판결을 받았다. 乙로부터 부동산인도 집행 신청을 받은 ㅇㅇ지방법원 소속 집행관은 甲의 대리인인 법무사 丙에게 부동산 인도집행을 하고, 乙 소유의 물건을 법원에서 지정한 창고에 보관한 후 출입문을 甲 소유인 00만 원 상당의 출입문 잠금장치로 교체함으로써 집행을 마쳤다. 같은 날 乙은 열쇠수리공을 불러 문을 열고 들어가 거주하였다. 乙은 어떤 범죄로 처벌되겠는가?

해결테크

✷ 급소 1 _ 부동산강제집행효용침해죄에 있어서의 '강제집행'은 민사집행법에 의한 부동산인도청구권의 압류, 부동산 강제경매, 부동산인도청구의

집행, 담보권 실행을 위한 부동산 경매를 말한다.

✸ **급소 2 _** '명도'란 부동산 내에 있는 동산과 거주하는 사람을 배제하고 부동산의 점유를 채권자에게 넘겨주는 것을 말하고, '인도'란 부동산의 점유만을 채권자에게 넘겨주는 것을 말한다. '부동산'이란 토지와 그 정착물인 건물, 지상물을 말한다. '기타 방법'이란 강제집행의 효용을 침해할 수 있는 일체의 행위를 말한다.

✸ **급소 3 _** 강제집행으로 명도 또는 인도된 부동산에 침입하거나 기타 방법에 의하여 권리자의 권리행사에 지장을 초래케 함으로써 기수가 된다.

✸ **급소 4 _** 부동산강제집행효용침해죄에 대하여 주거침입죄와 손괴죄는 보충관계에 있으므로 부동산강제집행효용침해죄가 성립하는 경우 주거침입죄와 손괴죄는 별도로 성립하지 않는다.

결론

乙은 강제집행으로 인도된 甲의 집에 침입하여 강제집행의 효용을 침해하였으므로 乙은 형법 제140조의2의 부동산강제집행효용침해죄로 처벌된다.

CHAPTER 19

압류되어 창고에 보관된 자기의 물건을 빼내어 친구집에 갖다 두었다면 어떠한 범죄로 처벌받겠는가?

제142조 [공무상보관물의무효]

공무소로부터 보관명령을 받거나 공무소의 명령으로 타인이 관리하는 자기의 물건을 손상 또는 은닉하거나 기타 방법으로 그 효용을 해한 자는 5년 이하의 징역 또는 700만원 이하의 벌금에 처한다. *시효 7년

✸ 사건일지 _ 甲이 乙에 대한 채무 1,000만원을 변제기에 변제하지 못하게 되자 乙은 甲의 재산에 대한 압류신청을 하였다. 이에 집행관은 甲소유의 TV 등 가전제품을 창고업자인 丙에게 보관토록 명하였다. 이제 甲은 丙의 창고에 보관된 자기의 가전제품을 몰래 빼어내 자신의 친구집에 갖다 놓았다. 甲은 어떠한 범죄로 처벌받겠는가?

해결테크

✸ 급소 1 _ 이 죄는 공무소로부터 보관명령을 받거나 공무소의 명령으로 타인이 관리하는 자기의 물건을 객체로 한다는 점에서, 타인의 권리의 목

적이 된 자기의 물건을 객체로 하는 **권리행사방해죄**와 구별된다. 자기의 물건이 객체로 된다는 점에서는 유사하다. 다시 말하면 형법 제323조의 권리행사방해죄에 대한 특별규정이라고 할 수 있으나, 소유권 이외의 재산권을 보호하는 재산범죄가 아니라 공무방해에 중점을 두고 있는 범죄이다.

✹ **급소 2** _ 공무소로부터 보관명령을 받는다는 것은 예컨대 압류한 집행관이 채무자에게 보관을 명령한 경우가 여기에 해당한다. 공무소의 명령으로 타인이 간수한다는 것은 공무소의 처분으로 공무소의 사실상의 지배로 옮겨진 물건을 공무소의 명에 의하여 제3자의 지배에 두게 된 것을 말한다.

✹ **급소 3** _ 손상 · 은닉 기타의 방법으로 효용을 해한다는 의미는 공무상표시무효죄의 경우와 같다.

결론

甲은 공무소로부터 보관명령으로 丙이 관리하는 자신의 TV등 가전제품을 정당한 이유없이 몰래 빼내와 자신의 친구집에 은닉하였다. 따라서 甲은 형법 제142조의 공무상보관물무효죄로 처벌받게 된다.

이 가전제품을 채권자
乙의 신청에 의한 채무자
甲의 압류물품이니
보관해 두십시오.
○○ 창고
집행관
丙
창고업자
뒷문
甲
열쇠 따는 데는 내가
도사야! 고래힘줄 같은 내 돈
주고 산 금쪽같은 가전제품들인데,
슬쩍 빼내다가 친구집에 숨겨
놓아야지.
어떤 때는 머리
검은 짐승이 가장
단순하다니까.
甲은 공무소로부터 보관 명령으로 丙이
관리하는 자신의 가전제품을 이유 없이
몰래 빼내어 친구집에 은닉하였으므로
공무상 보관물 무효죄로 처벌됩니다.

CHAPTER 20

복역 중 교도소에서 탈출하였다면 어떠한 범죄로 처벌되겠는가?

제145조 [도주, 집합명령위반]

① 법률에 따라 체포되거나 구금된 자가 도주한 경우에는 1년 이하의 징역에 처한다. *시효 5년

② 제1항의 구금된 자가 천재지변이나 사변 그 밖에 법령에 따라 잠시 석방된 상황에서 정당한 이유없이 집합명령에 위반한 경우에도 제1항의 형에 처한다.

✸ **사건일지 _** 피의자 甲은 0000년 0월 0일 서울지방법원에서 폭력행위등처벌에관한법률 위반(상습공갈)으로 징역 2년을 선고받은 뒤, 그 형이 확정되어 서울 00구 00동에 있는 000교도소에서 복역 중, 같은 해 12월 28일 15시 40분경 위 교도소 북쪽 끝에 있는 식료품 창고의 지붕을 수리하는 작업을 하던 중에 계호담당 교도관의 부주의한 틈을 타 위 창고 옆 담장을 넘어 도주한 것이다. 甲은 어떠한 범죄로 처벌되겠는가?

해결테크

✸ **급소 1 _** 도주의 죄는 법률에 의하여 체포 또는 구금된 자가 스스로 도

주하거나 타인의 도주에 관여함으로써 성립하는 범죄이다. 도주죄의 보호법익은 국가의 구속권과 구금권이라고 해석된다.

✸ **급소 2 _** 도주죄의 주체인 법률에 의하여 체포 또는 구금된 자란 널리 법률에 의하여 적법하게 신체의 자유를 구속 받고 있는 자를 말한다. 영장에 의한 체포·구속에 한하지 않으며 현행범으로 체포 또는 긴급체포된 자도 여기에 포함된다. 그러나 도주죄의 보호법익을 국가의 구금권 내지 구속권이라고 보는 결과, 사인(私人)에 의하여 체포된 것만으로는 국가의 구금권이 침해된다고 볼 수 없다. 이 죄의 주체는 국가기관에 의하여 체포·구금된 경우에 제한하는 것이 타당하다.

✸ **급소 3 _** 치료감호와 같은 보안처분의 집행을 받은 자도 이 죄의 주체로 될 수 있는지에 대하여 견해의 대립이 있으나, 보안처분인 감호의 집행을 받는 자가 도주하는 경우에는 치료감호 등에 관한 법률 제52조 제1항에 의하여 처벌받게 되므로 이 죄가 적용되지 않는다.

✸ **급소 4 _** 체포·구금된 자는 현실로 구금된 자를 말하므로 가석방 중인 자, 형집행정지 중인 자 등은 이죄의 주체에서 제외된다.

✸ **급소 5 _ 도주죄의 기수시기**

도주죄는 간수자의 실력적 지배로부터 벗어났을 때 기수가 된다. 따라서 추적을 받고 있는 도중에는 아직도 기수에 이르렀다고 볼 수 없다.

결론

甲은 징역 2년의 실형을 살고 있는 자로서 형법 제145조의 법률에 의하여 구금된 자에 해당하며, 그 형 집행 중 교도소를 이탈·도주하였으므로 형법 제145조 제1항의 도주죄로 처벌받게 된다.

CHAPTER 21

살인혐의 용의자를 그 사촌형이 숨겨주었다면 어떠한 범죄로 처벌받게 되는가?

제151조 [범인은닉과 친족간의 특례]

① 벌금 이상의 형에 해당하는 죄를 범한 자를 은닉 또는 도피하게 한 자는 3년 이하의 징역 또는 500만원 이하의 벌금에 처한다. *시효 5년

② 친족 또는 동거의 가족이 본인을 위하여 전항의 죄를 범한 때에는 처벌하지 아니한다.

✸ 사건일지 _ 甲은 乙이 0000년 0월 0일 밤 서울 00구 00동 소재 00호텔에서 발생한 살인사건의 피의자로서 구속영장이 발부되어 있는 자임을 알면서도 그의 체포를 면하게 하려고 같은 달 21일 01시경부터 다음 날 10시경 사이에 서울 00구 00동에 있는 자신의 집 다락방에 乙을 숨겨준 것이다. 甲은 어떠한 범죄로 처벌받게 되겠는가?

(甲이 단순히 乙의 친구인 경우와 乙의 사촌형인 경우 어떻게 달라지는가?)

해결테크

✸ 급소 1 _ 범인은닉죄는 벌금 이상의 형에 해당하는 죄를 범한 자를 은닉 또는 도피하게 함으로써 성립하는 범죄이다. 다만 동 범죄를 친족·호

주 또는 동거하는 가족이 본인을 위하여 범한 경우에는 처벌하지 아니한다.

✸ **급소 2 _** 이 죄의 객체는 벌금 이상의 형에 해당하는 죄를 범한 자이다. 벌금이상의 형에 해당하는 범죄라 함은 법정형에 벌금 이상이 정해져 있는 범죄를 말하며, 선택형으로 구류·과료 등이 정해진 경우의 범죄도 포함된다.

✸ **급소 3 _** 죄를 범한 자라 함은 반드시 정범만을 의미하는 것이 아니라, 널리 교사범·종범을 포함하며, 예비·음모를 처벌하는 경우 예비·음모자도 이 죄에서의 죄를 범한 자에 포함된다. 죄를 범한 자라고 하기 위하여는 처벌의 가능성이 존재해야 한다. 따라서 명백히 처벌의 가능성이 없는 자를 은닉한 경우에는 이 죄가 성립하지 아니한다. 예컨대 범죄구성요건 중 위법성 조각사유가 있거나 책임 조각사유가 있는 경우는 물론, 인적처벌 조각사유가 있는 경우에도 이 죄가 성립할 여지가 없으며, 친고죄에 있어서 고소권이 소멸하여 공소를 제기할 수 없는 경우 또는 형의 폐지가 있었거나, 일반사면이 있는 경우, 공소시효가 완성된 경우에도 범인은닉죄를 구성할 여지가 없다.

✸ **급소 4 _** 이 죄에서 죄를 범한 자는 반드시 진범일 것을 요하지 않으며, 따라서 범죄혐의를 받고 수사 중인 자도 포함된다.

결론

乙은 살인의 혐의를 받고 수사중인 자로서 벌금 이상의 형에 해당하는 죄를 범한 자이므로 이를 숨겨준 甲의 행위는 형법 제151조의 범인은닉죄에 해당한다. 만일 甲이 乙의 사촌형인 경우에는 친족간의 특례규정(형법 제152조 제2항)이 적용되어 처벌되지 아니한다. 그러나 甲이 乙의 친구인 경우에는 친족간의 특례규정이 적용되지 아니하여 범인은닉죄로 처벌받게 된다.

CHAPTER 22

범인이 자신을 위하여 타인으로 하여금 허위의 자백을 하게 하면 어떤 죄로 처벌받겠는가?

제151조 [범인은닉과 친족 간의 특례]

① 벌금 이상의 형에 해당하는 죄를 범한 자를 은익 또는 도피하게 한 자는 3년 이하의 징역 또는 500만원 이하의 벌금에 처한다. *시효 5년

② 친족 또는 동거의 가족이 본인을 위하여 전항의 죄를 범한 때에는 처벌하지 아니한다.

✸ 사건일지 _ 甲은 야간에 음주운전을 하던 중 국도의 중앙 분리대에 충돌하여 파손하는 교통사고를 일으키게 되자 음주운전 사실을 숨기기 위하여 사고 장소에서 직장 후배인 乙에게 전화하여 사고경위 및 자신의 전후 행적을 알려 주고 乙이 甲을 태워 운행하다 사고가 난 것처럼 경찰관에게 허위 진술을 해 달라고 부탁하였다. 甲의 사고 신고를 받고 현장에 출동한 경찰관은 甲으로부터 乙이 자신을 조수석에 태우고 운전하던 중 사고를 낸 후 사고 처리를 부탁하고 현장을 이탈하였다고 진술하며 乙의 인적사항과 연락처를 알려 주었다. 위 경찰관으로부터 전화 연락을 받은 乙은 자신이 사고차량을 운전하였으며 甲은 조수석에 타고 있었다는 취지로 거짓말하였다. 이후 乙은 ○○경찰서에 출석하여 조사경찰관에게 甲을 조수석에 태우고 운전하던 중 중앙분리대를 들이받아 사고를 발생시켰고, 甲에게 사고 처리를 부탁

한 뒤 현장을 이탈하였다는 내용의 허위 진술을 하였다. 甲과 乙은 어떤 죄로 처벌받겠는가?

해결테크

✸ **급소 1** _ 범인은닉죄 및 범인도피죄를 범할 수 있는 사람은 범인 이외의 사람이며, 범인 자신이 스스로 은닉하거나 도피하면 이 죄는 성립하지 않는다.

✸ **급소 2** _ 은닉이란 범인에게 장소를 제공하여 감추어 주는 행위를 말하고, 도피란 은닉 외의 방법으로 수사기관의 체포·발견을 곤란하게 하거나 불가능하게 하는 일체의 행위를 말한다.

✸ **급소 3** _ 범인이 타인을 교사하여 자신을 은닉하게 하거나 도피하게 하면 범인을 범인도피죄 또는 범인은닉죄의 교사범으로 처벌할 수 있는지에 대해, 판례는 범인의 이와 같은 행위는 자기비호권 내지는 자기방어권을 벗어난 것이므로, 범인은닉교사죄 또는 범인도피교사죄로 처벌할 수 있다고 한다.

결론

甲은 음주운전을 하던 중 사고를 내고 음주운전 사실을 감추기 위해 후배인 乙에게 허위의 자백을 하게 하였는데, 이는 자기비호권 내지는 자기방어권의 남용으로써 범인도피교사죄에 해당한다. 그리고 乙은 甲으로부터 들어 甲이 음주운전을 하다 사고를 낸 범인임을 알고 있으면서도 甲의 부탁을 받고 현장에 출동한 경찰관과 수사기관에게 자신이 범인이라고 허위 자백을 한 것이므로 이러한 乙의 행위는 범인도피죄에 해당한다.

CHAPTER 23

증인으로 선서한 후 기억에 반하는 진술을 하면 어떠한 범죄로 처벌되겠는가?

제152조 [위증, 모해위증]

① 법률에 의하여 선서한 증인이 허위의 진술을 한때에는 5년 이하의 징역 또는 1천만원 이하의 벌금에 처한다. *시효 7년

② 형사사건 또는 징계사건에 관하여 피고인, 피의자 또는 징계혐의자를 모해할 목적으로 전항의 죄를 범한 때에는 10년 이하의 징역에 처한다. *시효 10년

✸ **사건일지 _** 甲은 0000년 0월 0일 14시경 서울지방법원 제0호 법정에서 피고인 乙·丙에 관한 특수절도사건에서 증인으로 선서하고 증언함에 있어서, 甲은 자신이 乙과 丙이 버스안에서 소매치기 하는 것을 직접 목격하고 이를 경찰관에게 신고하여 위 乙과 丙이 체포되었음에도 불구하고, 자신은 위 버스에서 乙과 丙이 소매치기 하는 것을 본 적이 없다고 허위의 진술을 하였다. 甲은 어떠한 범죄로 처벌되겠는가?

해결테크

✸ **급소 1 _** 위증죄는 법률에 의하여 선서한 증인이 허위의 진술을 한 때

에 성립하는 범죄이다.

✹ **급소 2** _ 법률에 의한 선서란 선서가 법률에 의하여 규정된 절차에 따라 유효하게 행하여 질것을 요한다. 따라서 선서는 선서를 하게 할 권한 있는 기관에 대한 것이어야 한다. 그러므로 검사나 사법경찰관에 대한 선서는 법률에 의한 선서에 해당하지 않으며, 선서의 취지를 이해하지 못하는 선서무능력자가 한 선서는 선서로서의 효력이 없다.

✹ **급소 3** _ 증인이란 법원에 대하여 자신이 과거에 경험한 사실을 진술하는 제3자를 말한다. 따라서 형사피고인은 자신의 사건에서 제3자가 아니므로 위증죄의 주체가 될 수 없다. 형사소송절차에서 증언거부권자가 증언거부권을 고지받고도 증언거부권을 포기한 채 선서 후 진술하였다면 위증죄가 성립한다. 따라서 증언거부권자가 증언거부권을 고지받지 못한 채 증언거부권을 포기하고 선서 후 진술하였다면 위증죄가 성립하지 않는다. 반면에 형사소송법과는 달리 민사소송법에서는 증언거부권 고지에 관한 규정을 두고 있지 않으므로 민사소송절차에서 증언거부권자가 증언거부권을 고지받지 못한 채 증언거부권을 포기하고 선서 후 진술하였더라도 위증죄가 성립한다.

✹ **급소 4** _ 허위의 진술이란 자신이 경험한 사실과 기억에 반하는 사실을 진술하는 것을 말한다. 기억에 반하는 사실이 객관적 진실과 일치하는지 여부는 묻지 않는다.

결론

甲은 형사사건에서 증인으로 선서한 후 자신의 기억에 반하는 내용의 허위의 진술을 하였으므로 형법 제152조 제1항의 위증죄에 의하여 처벌된다.

CHAPTER 26

자신의 형사사건에 관한 불리한 증거를 인멸하면 어떠한 범죄로 처벌되는가?

제155조 [증거인멸 등과 친족간의 특례]

① 타인의 형사사건 또는 징계사건에 관한 증거를 인멸, 은닉, 위조 또는 변조하거나 위조 또는 변조한 증거를 사용한 자는 5년 이하의 징역 또는 700만원 이하의 벌금에 처한다. *시효 7년

② 타인의 형사사건 또는 징계사건에 관한 증인을 은닉 또는 도피하게 한 자도 제1항의 형과 같다. *시효 7년

③ 피고인, 피의자 또는 징계혐의자를 모해할 목적으로 전2항의 죄를 범한 자는 10년 이하의 징역에 처한다. *시효 10년

④ 친족 또는 동거의 가족이 본인을 위하여 본조의 죄를 범한 때에는 처벌하지 아니한다.

✸ 사건일지 _ 甲·乙 등은 항만청 해무과 소속 공무원들로서 서해 페리호 선박의 침몰 사건과 관련하여 선박의 안전운항과 관련된 항만청 직무수행 내용 등에 관한 서류의 제출을 요구받자, 이미 위 선박의 정원초과 운항사실 등을 적발하여 선장 등으로부터 정원초과 운항확인서 4장을 작성받아 보관 중이면서도, 아무런 조치를 취하지 아니한 채 방치한 사실과 관련하여 형사처벌 및 징계받을 것을 두려워한 나머지 위 서류를 소각하였는데, 그 후 乙은 선박안전법 위반으로 공소제기되었다. 甲은 처벌받겠는가?

해결테크

✹ 급소 1 _ 타인의 형사·징계사건에 대한 증거

1) 자기 이외의 자에 대한 증거이며 자기의 사건에 대한 증거는 대상이 아니다. 타인의 형사사건에 대한 증거가 동시에 자기의 사건에도 관련되는 경우에, 그 인멸을 자기의 형사사건에 대한 증거인멸로 볼 것인지 타인의 것으로 이해할 것인지 문제되나, 타인의 사건이 아니라고 보아 이 죄의 성립을 부정하여야 할 것이다.
2) 형사사건은 수사개시 이전이라도 상관없으며 징계사건의 경우에도 징계의결의 요구나 기타 징계절차의 개시가 되었을 것은 요하지 아니한다.
3) 증거란 형사사건·징계사건에 관하여 수사기관·법원 또는 징계 의결기관이 국가의 형벌권 또는 징계권의 유무를 확정하는데 관계가 있다고 인정될 일체의 자료를 말한다. 여기서 증거에는 증인은 포함되지 아니한다.

✹ 급소 2 _ 인멸·은닉·위조·변조·사용

인멸이란 물리적 멸실에 한하지 않고 그 증거의 가치를 멸실 또는 감소시키는 일체의 행위를 말한다.

은닉이란 소재를 불분명하게 하는 것이고,

변조는 새로운 증거를 창출하는 것이다.

사용이란 진정한 증거로서 제공하는 것을 말한다.

결론

수사가 개시되지 않은 사건의 증거라도 이 죄의 대상이 될 수 있으나, 설문과 같이 자기의 형사·징계사건과 동시에 관련이 있는 경우에는 타인의 형사사건에 관한 증거라고 보기 어려워 증거인멸죄가 성립되지 아니한다고 본다.

우리 판례도 「증거인멸죄는 타인의 형사사건 또는 징계사건에 관한 증거를 인멸하는 경우에 성립하는 것으로서, 피고인 자신이 직접 형사처분이나 징계처분을 받게 될 것을 두려워한 나머지 자기의 이익을 위하여 그 증거가 될 만한 자료를 인멸하였다면, 그 행위가 동시에 다른 공범자의 형사사건이나 징계사건에 관한 증거를 인멸한 결과가 되더라도 이를 증거인멸죄로 다스릴 수 없다」고 하였다.

CHAPTER 27

타인에게 형사처벌을 받게 하려고 익명으로 허위 사실을 신고하면 어떠한 처벌을 받게 되는가?

제156조 [무고]

타인으로 하여금 형사처분 또는 징계처분을 받게 할 목적으로 공무소 또는 공무원에 대하여 허위의 사실을 신고한 자는 10년 이하의 징역 또는 1천500만원 이하의 벌금에 처한다. *시효 10년

✹ **사건일지 _** 甲은 평소 사이가 좋지 않던 옆집에 거주하는 乙을 형사처벌 받게 할 목적으로 전날 밤 동네 슈퍼에서 일어난 절도사건의 범인이 乙이라고 전화로 허위의 사실을 익명으로 파출소에 신고하였다. 甲은 어떠한 범죄로 처벌받게 되는가?

해결테크

✹ **급소 1 _** 무고죄는 타인으로 하여금 형사처분 또는 징계처분을 받게할 목적으로 공무소에 허위의 사실을 신고함으로써 성립하는 범죄이다.

✹ **급소 2 _** 이 죄는 타인으로 하여금 형사처분 또는 징계처분을 받게 할 목적이 있어야 하므로 이러한 목적이 없는 경우에는 성립하지 아니하며,

또한 허위의 사실을 신고함에는 타인이 형사처분 또는 징계처분을 받을 가능성이 있는 구체적 사실이어야 한다.

✸ 급소 3 _ 허위의 사실(위증죄에서의 허위의 진술과 구별)

이 죄에서의 허위의 사실이라 함은 객관적으로 진실에 반하는 사실을 말한다. 따라서 위증죄에서의 허위의 진술과 그 의미가 다르다. 위증죄에서의 허위의 진술이라 함은 진술자의 기억에 반하는 사실을 말하며, 그 사실이 객관적 진실과 일치하는지 여부는 불문한다.

✸ 급소 4 _ 무고의 대상은 타인이어야 하며, 따라서 자기 무고는 무고죄에 해당하지 않는다. 그러나 타인을 교사, 방조하여 자기를 무고케 하였다면 무고교사: 방조죄에 해당한다. 그리고 이 죄에서의 타인은 실재하여야 하므로 허무인 무고나 사망한 자에 대한 무고는 여기에 해당하지 않는다.

✸ 급소 5 _ 이 죄에서의 신고는 자발적으로 이루어져야 하므로 자진하여 신고한 경우가 아닌 검사 또는 사법경찰관의 신문에 대하여 허위의 진술을 하는 것은 이 죄의 신고에 해당하지 아니한다.

결론

위 사례에서 甲은 乙이 범하지도 않은 절도죄를 범하였다고 허위의 사실을 수사기관에 신고하여 형사처벌받게 하고자 하였다. 따라서 甲은 형법 제156조의 무고죄에 의하여 처벌받게 된다.

CHAPTER 28

살해 후 사체를 낙엽 등으로 덮어두면 어떠한 범죄로 처벌되겠는가

제161조 [사체등의 영득]

① 사체, 유골, 유발 또는 관내에 장치한 물건을 손괴, 유기, 발굴 또는 영득한 자는 7년 이하의 징역에 처한다. *시효 7년

② 분묘를 발굴하여 전항의 죄를 범한 자는 10년 이하의 징역에 처한다. *시효 10년

✸ **사건일지 _** 甲은 乙을 살해한 후 동네 뒷산에 시체를 갖다 버린 후, 나뭇가지·낙엽 등으로 덮어 그 발견이 어렵게 하였다. 甲은 어떠한 범죄로 처벌되겠는가(살인죄 부분은 논외로 한다)?

해결테크

✸ **급소 1 _** 시체의 손괴·유기 등 죄는 사체·유골·유발 또는 관 속에 넣어둔 물건을 손괴·유기·은닉 또는 영득한 경우에 성립하는 범죄이다. 이 죄는 사회의 종교적 관념을 보호하기 위한 범죄라는 점에서 재산죄와 그 성질을 달리한다.

✹ **급소 2** _ 손괴란 종교적 감정을 해할 정도의 물리적인 훼손 또는 파괴를 말하며, 반드시 손괴죄에 있어서의 손괴의 의미와 같은 것은 아니다. 사체의 수족을 절단하거나 유골의 일부를 분리하는 것이 이에 해당한다. 시간(屍姦)은 시체오욕에 해당하며 시체를 손괴하는 것이라고 할 수 없다.

✹ **급소 3** _ 유기란 시체를 사회적으로 매장이라고 인정되는 방법에 의하지 않고 이를 방치하는 것을 말하며, 반드시 장소적 이전을 요하는 것은 아니다.

✹ **급소 4** _ 은닉이란 시체의 발견을 곤란하게 하는 것을 말한다.

✹ **급소 5** _ 영득이란 사체의 점유를 불법하게 취득하는 것을 말한다. 점유취득의 방법에는 제한이 없다. 직접적이든 간접적이든, 유상이건 무상이건 묻지 않는다.

결론

甲은 사체를 동네 뒷산에 버린 후 낙엽 등으로 덮어 그 발견이 어렵도록 방치한 것이다. 따라서 甲은 형법 제161조 제1항의 사체은닉 내지 사체유기의 죄로 처벌받게 된다.

甲
아! 낙엽 따라 가버린 사람
살인죄는 물론, 시체를 발견하기 어렵게 낙엽 등으로 덮어두고 방치하였으므로 시체은닉 내지는 시체 유기의 죄로 처벌됩니다.

CHAPTER 29

불을 질렀으나 건조물 자체에 불이 붙지 않았다면 어떠한 범죄로 처벌 되겠는가?

제164조 [현주건조물 등 방화]

① 불을 놓아 사람이 주거로 사용하거나 사람이 현존하는 건조물, 기차, 전차, 자동차, 선박, 항공기 또는 지하채굴시설을 불태운 자는 무기 또는 3년 이상의 징역에 처한다. *시효 15년

② 제1항의 죄를 지어 사람을 상해에 이르게 한 경우에는 무기 또는 5년 이상의 징역에 처한다. 사망에 이르게 한 경우에는 사형, 무기 또는 7년 이상의 징역에 처한다. *시효 전단 15년 후단 25년

✸ **사건일지 _** 甲은 乙이 여러 사람 앞에서 자신에게 모욕을 주자 복수하기로 마음먹고 乙의 가옥 창문에 석유를 뿌리고 라이타를 사용하여 불을 붙였으나, 乙 및 동네 사람들이 이를 알고 즉시 불을 끄는 바람에 창문이 부착된 나일론 모기장만 타버리고 말았다. 甲은 어떠한 범죄로 처벌 되겠는가?

해결테크

✸ **급소 1 _ 현주건조물방화죄**는 사람이 주거로 사용하거나 사람이 현존하는 건조물 등에 방화한 경우에 성립하는 범죄이다. 이로 인하여 사람을

상해에 이르게 하거나 사망에 이르게 한 경우에는 현주건조물방화치상죄 또는 현주건조물방화치사죄로 처벌받게 된다.

✸ **급소 2 _ 사람이 주거로 사용한다** 함은 타인이 주거로 사용하거나 자신과 타인이 공동으로 주거로 사용하는 경우를 말하며, 자신이 혼자 주거로 사용하는 건조물 등은 이 죄의 객체에 해당하지 아니한다. 주거로 사용한다는 것은 사람의 기와침식(起臥寢食: 먹고 자고 생활함)에 사용함을 말한다.

✸ **급소 3 _ 사람이 현존한다** 함은 자신 이외의 타인이 현존하는 건조물 등을 말한다.

✸ **급소 4 _** 방화죄의 기수시기에 대하여는 학설의 대립이 있으나, 판례는 독립연소설을 취하고 있다. **독립연소설**이란 방화죄가 기수가 되기 위하여는 불이 매개물을 떠나 목적물에 옮겨져 스스로의 화력에 의하여 독립하여 연소할 수 있는 상태에 이른 때에 방화죄는 기수가 된다고 보는 견해이다.

결론

甲은 乙이 주거로 사용하는 가옥에 불을 놓았으나 피해자 등이 즉시 소화에 나서 불을 끄는 바람에 창문에 부착된 모기장만을 태우는데 그쳤다면, 불길이 건조물 자체에 옮겨 붙어 독립하여 연소할 수 있는 단계에 이르지 못하였으므로 甲은 현주건조물방화 미수죄로 처벌받게 된다.

CHAPTER 30

남이 지펴놓은 불에 담뱃불을 붙이다 남의 과수원을 태웠다면 어떠한 범죄로 처벌 되겠는가?

제170조 [실화]

① 과실로 제164조 또는 제165조에 기재한 물건 또는 타인 소유인 제166조에 기재한 물건을 불태운 자는 1천500만원 이하의 벌금에 처한다.

② 과실로 자기 소유인 제166조의 물건 또는 제167조에 기재한 물건을 불태워 공공의 위험을 발생하게 한 자도 제1항의 형에 처한다.

✸ 사건일지 _ 甲은 乙 소유의 과수원에서 바람이 세게 불어 그냥 담뱃불을 붙이기가 어렵자 마른 풀을 모아 놓고 성냥불을 켰다. 그런데 지나던 丙이 이 불에 담뱃불을 붙인 후 발로 비볐으나 그 불이 완전히 소화되었는지 여부를 확인하지 않은 채 자리를 떠남으로써 남은 불씨가 주변에 있는 마른풀과 잔디에 옮겨 붙고 계속하여 乙 소유의 사과나무에 옮겨 붙어 사과나무 200여그루가 소훼되었다. 甲은 물론 丙도 처벌되겠는가?

해결테크

✸ 급소 1 _ 실화죄는 과실로 인하여 현주건조물 · 공공건조물 또는 기타 타인 소유에 속한 일반건조물 등을 소훼(불에 타서 없어짐)한 경우에 성립

하는 범죄이다. 화력이 가지는 특수한 위험성 때문에 과실범을 처벌하는 것이다. 업무상과실 또는 중과실로 같은 범죄(실화죄)를 범하는 경우에는 그 형이 가중된 업무상 실화 또는 중실화죄로 처벌된다.

✹ **급소 2 _ 과실**이란 주의 의무를 게을리 하는 것을 말한다. 즉 행위의 결과를 예견하고 회피하여야 할 주의의무를 위반하는 것을 가리키며, 업무상과실이란 업무상 주의의무를 위반하는 것을 말하며, 중과실이란 보통의 주의 또는 사소한 주의를 기울였다면 방지할 수 있었을 결과인데도 그 의무를 게을리 하여 결과가 발생한 경우를 말한다.

✹ **급소 3 _** 형법상 과실범의 경우 예외적으로 처벌규정을 둔 경우에만 처벌하도록 되어있다. 형법이 규정한 과실범으로는 i) 실화죄, ii) 과실일수죄, iii) 과실폭발성물건파열죄, iv) 과실교통방해죄, v) 과실치상죄, vi) 과실치사죄, vii) 업무상과실장물취득죄가 있다.

✹ **급소 4 _** 형법 제170조 제2항에서 말하는 자기의 소유에 속하는 제166조의 물건 또는 제167조에 기재한 물건이라 함은 자기의 소유에 속하는 제166조의 물건 또는 자기의 소유에 속하든, 타인의 소유에 속하든 불문하고 제167조에 기재한 물건'을 의미하는 것이라고 해석하고 있다(대판 1994.12.20.전원합의체판결, 94모32).

✹ **급소 5 _** 민법 제750조는 불법행위의 내용에 있어서 「고의 또는 과실로

인한 위법행위로 타인에게 손해를 가한 자는 그 손해를 배상할 책임이 있다」라고 규정함으로써 실화의 경우에도 다른 사람에게 재산적 손실을 입게 한 자는 불법행위로 인한 손해배상책임을 진다. 그러나 「실화책임에관한법률」은 이에 대한 특례를 인정하여 그 불법행위가 실화인 경우에는 고의 또는 중과실이 있을 때에 한하여 이를 적용하도록 하고 있다. 그러나 이것은 불법행위로 인한 책임에 관한 특례일 뿐, 채무불이행으로 인한 책임에는 적용되지 않는다고 보는 것이 학설 · 판례의 입장이다.

결론

과실이 화재발생의 조건이 된 이상 타인의 과실과 경합하여 화재발생이 촉진된 때에도 실화죄의 책임을 면할 수 없는 바, 甲과 丙 모두 형법 제170조 제1항의 실화죄로 처벌된다.

CHAPTER 31

일반 공중의 왕래에 공용되는 자기 소유 도로를 파헤치면 어떤 범죄로 처벌받겠는가?

제185조 [일반교통방해]

육로, 수로 또는 교량을 손괴 또는 불통하게 하거나 기타 방법으로 교통을 방해한 자는 10년 이하의 징역 또는 1천5백만원 이하의 벌금에 처한다. * 시효 10년

✹ **사건일지 _** 甲은 ○○군 A토지 앞 도로에서, 수십 년 전부터 사람뿐만 아니라 차량의 통행 등 공용으로 이용되어 오던 도로 일부가 자신의 소유라는 이유로 굴삭기를 이용하여 도로를 파헤쳐 손괴하고 바리케이드 2개를 설치하여 도로 폭을 1m 20㎝만 남겨두고 폐쇄하였다. 甲은 어떤 범죄로 처벌받겠는가?

해결테크

✹ **급소 1 _** 일반교통방해죄는 일반 공중의 왕래에 이용되는 육로, 수로 또는 교량을 손괴 또는 불통하게 하거나 기타 방법으로 교통을 방해함으로써 성립하는 범죄이다.

✸ **급소 2 _** '육로'란 일반 공중의 왕래에 이용되는 육상의 통로를 말하며, 일반 공중의 왕래에 이용되는 것이라면 그 도로 부지에 대한 소유권이 있는지 여부, 통행할 수 있는 권리가 있는지 여부, 통행인의 많고 적음 등은 불문한다. '수로'는 선박의 항해에 이용하는 운하, 호수, 하천, 항만 등을 말하고, '교량'은 공중의 왕래에 이용되는 다리를 말한다.

✸ **급소 3 _** 일반교통방해죄는 교통이 불가능하거나 현저히 곤란한 상태가 발생하면 기수가 되고, 교통방해의 결과가 현실적으로 발생하여야 하는 것은 아니다. 따라서 일반교통방해죄는 추상적위험범이다.

결론

甲은 비록 불특정 다수인과 차량의 통행에 이용되어 오던 도로의 토지 일부가 자신의 소유라고 하더라도 일반 공중의 왕래에 공용되는 도로를 굴삭기로 파헤쳐 손괴하고 바리케이드를 설치하여 차량의 통행을 방해하였으므로 甲은 형법 제185조의 일반교통방해죄로 처벌된다.

CHAPTER 30

지폐를 흑백전자복사기로 복사하여 야간에 사용하였더라도 어떤 범죄로 처벌받겠는가?

제207조 [통화의 위조등]

① 행사할 목적으로 통용하는 대한민국의 화폐, 지폐 또는 은행권을 위조 또는 변조한 자는 무기 또는 2년 이상의 징역에 처한다. *시효 15년

② 행사할 목적으로 내국에서 유통하는 외국의 화폐, 지폐 또는 은행권을 위조 또는 변조한 자는 1년 이상의 유기징역에 처한다. *시효 10년

③ 행사할 목적으로 외국에서 통용하는 외국의 화폐, 지폐 또는 은행권을 위조 또는 변조한 자는 10년 이상의 징역에 처한다. *시효 10년

④ 위조 또는 변조한 전3항기재의 통화를 행사하거나 행사할 목적으로 수입 또는 수출한 자는 그 위조 또는 변조의 각죄에 정한 형에 처한다. *시효 10년(외국통화) , 시효 15년(내국통화)

✷ **사건일지 _** 甲은 한국은행발행 일만원권 지폐의 앞 뒷면을 흑백 전자 복사기로 복사하고 비슷한 크기로 잘랐으나 그 복사상태가 정밀하지 못하고 흑백으로만 되어 있었다. 그 후 甲은 그 위조지폐를 야간에 택시를 탄 후 그 요금으로 지불하였다. 甲은 어떠한 범죄로 처벌받겠는가?

해결테크

✹ 급소 1 _ 내국통화위조 · 변조죄

i) 이 죄는 대한민국에서 통용하는 대한민국의 화폐를 위조 또는 변조함으로써 성립하는 범죄이다.

ii) **통용**하는이란 법률에 의하여 강제통용력이 인정되는 것을 말하며 사실상 내국에서 쓰여지는 것을 의미하는 유통과 구별된다.

iii) **통화**란 국가 또는 국가에 의하여 발행권한이 부여된 기관에 의하여 금액이 표시된 자본수단으로서 강제통용력이 인정된 것을 말한다. 형법은 통화를 화폐 · 지폐 · 은행권으로 구분하고 있다.

iv) **위조**란 통화의 발행권자 아닌 자가 통화의 외관을 가지는 물건을 만드는 것을 말한다.

v) **변조**란 진정한 통화에 그 외관을 변경하여 그 가치를 변경하는 것을 말한다.

✹ 급소 2 _ 내국유통 외국통화위조 · 변조

i) 이 죄는 내국에서 사실상 유통하는 외국의 통화를 위조하거나 변조하는 것을 내용으로 하는 범죄를 말한다. 여기서 내국이란 대한민국을 의미하며 북한지방도 내국에 포함된다고 보고 있다.

ii) 내국에서 사실상 유통되기만 하면 되므로 본국에서 강제통용력이 있을 것을 요하지 않으며 국내에서 그 사용이 금지되는지는 본조의 성립에 영향이 없다.

✸ 급소 3 _ 외국통용 외국통화위조 · 변조

i) 이 죄는 외국에서 통용하는 외국통화를 위조 또는 변조함으로써 성립하는 범죄이다.

ii) 외국에서 통용하여야 하므로 외국에서 강제통용력을 가지고 있음을 요한다.

결론

통화위조죄와 위조통화 행사죄의 객체인 위조통화는 그 유통과정에서 일반인이 진정한 통화로 오인할 정도의 외관을 갖추어야 하므로, 일만원권 지폐의 앞 뒷면을 전자복사기가 복사하여 비슷한 크기로 자른 정도의 것은 객관적으로 진정한 통화로 오인할 정도에 이르지 못하며 통화 위조죄 및 위조통화 행사죄의 객체가 될 수 없다. 따라서 甲의 행위는 형법 제207조 제1항의 통화위조죄에는 해당하지 않지만, 통화와 유사한 외관은 갖추었으나 일반인이 진정한 통화로 오인할 정도의 외관을 갖추지 못한 모조통화를 만든 것이므로 형법 제211조의 통화유사물제조죄에는 해당한다.

벼룩의 복숭아
뼈를 빼서 구워 먹지
밤늦게 힘들게
일하는 기사
아저씨를 속여?
밤에 써먹으니 흑백
으로 카피한 만원권을
못 알아 보는 군!
만원
고맙습니다.
안녕히 가십시오.
이 경우는 일반인이 진정한
통화로 오인할 정도의 외관을
갖추지 못하였으므로 통화
위조죄 및 위조통화행사죄에
해당되지 않습니다.

CHAPTER 31

찢어버린 약속어음을 가져다 행사할 목적으로 도로 붙였다면, 어떠한 범죄로 처벌되겠는가?

제214조 [유가증권의 위조 등]

① 행사할 목적으로 대한민국 또는 외국의 공채증서 기타 유가증권을 위조 또는 변조한 자는 10년 이하의 징역에 처한다. *시효 10년

② 행사할 목적으로 유가증권의 권리의무에 관한 기재를 위조 또는 변조한 자도 전항의 형과 같다.

✹ 사건일지 _ 甲은 발행인 乙이 회수하여 세 조각으로 찢어 폐지로 된 乙명의의 약속어음을 몰래 가져다가 행사할 목적으로 이를 조합하여 어음의 외형을 갖추었으나 조합된 것임을 용이하게 식별할 수 있었다. 甲은 어떠한 범죄로 처벌되겠는가?

해결테크

✹ 급소 1 _ 이 죄는 행사할 목적으로 대한민국 또는 외국의 공채증서 또는 유가증권을 위조 또는 변조함으로써 성립하는 범죄이다. 공채증서는 국가 또는 지방자치단체에서 발행하는 국채 또는 지방채의 증권을 말한다.

✹ 급소 2 _ 유가증권의 개념

i) 유가증권이란 두 가지 개념요소를 요한다. 첫째, 증권에 재산권이 화체되어 있을 것. 둘째, 증권상 화체된 재산상의 권리를 행사하기 위하여 그 증권의 점유를 필요로 할 것.

ii) 따라서 재산권이 화체되어 있다고 볼 수 없는 물품구입증이나 영수증과 같은 증거증권은 물론 권리의 행사에 증서의 점유를 요하지 않는 면책증권은 이 죄에서의 유가증권에 해당하지 않는다.

✹ 급소 3 _ 위조 · 변조의 의미

위조란 증권의 작성권한이 없는 자가 타인 명의의 유가증권을 작성하는 것을 말하며, 변조란 증권의 기재사항에 변경을 가할 권한이 없는 자가 진정하게 성립된 유가증권의 내용에 변경을 가하는 것을 말한다(단, 유가증권의 동일성을 해하지 않는 범위내의 변경일 것).

결론

甲이 폐지가 된 乙명의의 약속어음을 가져간 행위는 **절도죄**에 해당하고, 찢어서 폐지가 된 타인명의의 약속어음을 조합하여 어음의 외형을 갖춘 경우에는 새로운 약속어음을 작성한 것으로서 행사할 목적이 있는 이상 **유가증권위조죄**가 성립한다. 또한 乙이 찢어버렸다 하더라도 乙소유의 재물로서 인정되는 이상 甲은 절도죄와 유가증권위조죄의 **경합범**으로 처벌된다.

☞ **용어풀이**

경합범(競合犯)… 판결이 확정되지 아니한 수개의 죄 또는 금고 이상의 형에 처한 판결이 확정된 죄와 그 판결확정 전에 범한 죄를 말한다. 병합죄 또는 실체적 경합범이라고도 한다. 수개 또는 수종의 구성요건이 침해되었다는 점에서 경합범은 상상적 경합과 같지만, 행위다수성이 기초가 된다는 점에서 상상적 경합과 구분된다. 또 경합범은 수개의 행위를 전제로 하여 수죄로 취급된다는 점에서 단지 적용될 법조 사이에 외권상의 경합이 있을 뿐 형벌법칙의 성질상 하나의 형벌법칙만 적용되고 다른 법칙의 적용을 배척하여 일죄만 성립하는 **법조경합**과도 구별된다.

CHAPTER 32

컴퓨터로 요금별납 표시를 하여 발송하였다면 어떠한 범죄로 처벌 받겠는가?

제218조 [인지 · 우표의 위조등]

① 행사할 목적으로 대한민국 또는 외국의 인지, 우표 기타 우편요금을 표시하는 증표를 위조 또는 변조한 자는 10년 이하의 징역에 처한다. * 시효 10년

② 위조 또는 변조된 대한민국 또는 외국의 인지, 우표 기타 우편요금을 표시하는 증표를 행사하거나 행사할 목적으로 수입 또는 수출한 자도 전 1항의 형과 같다.

✸ **사건일지 _** 甲은 자신의 아들인 乙의 결혼식 초대장을 보내는데 사용하기 위하여 컴퓨터를 이용하여 「요금별납」이라는 표시를 만들어 우편봉투에 프린트하여 자신의 친척 등에 초대장을 보냈다. 甲은 어떠한 범죄로 처벌 받겠는가?

해결테크

✸ **급소 1 _** 이 죄는 행사할 목적으로 대한민국 또는 외국의 인지, 우표 기타 우편요금을 표시하는 증표를 위조 또는 변조함으로써 성립한다.

✸ 급소 2 _ 인지·우표 기타 우편요금을 표시하는 증표

인지란 인지법이나 인세법(印稅法)이 정하는 바에 따라 일정한 수수료 또는 인지세를 납부하는 방법으로 첨부 또는 사용하기 위하여 정부 기타 발행권자가 일정한 금액을 증권에 표시하여 발행한 증표를 말한다. 우편요금을 표시하는 증표란 우편법의 규정에 의하여 우편요금의 납부방법으로 사용한 증표를 말한다. 우편봉투에 우표를 대신하여 「요금별납」등의 표지와 우편요금이 함께 표시되는 소인(消印)등이 여기에 해당한다.

결론

甲은 결혼식 초대장의 발송에 사용하고자 요금별납이라는 우편요금의 납부를 표시하는 증표를 아무런 권한없이 만들었으며 또한 이를 초청장의 발송에 사용하였으므로 형법 제218조 제1항의 우편요금증표위조죄와 동조 제2항의 위조우편요금금증표행사죄의 경합범으로 처벌된다.

이럴 때 부전
자전이라고
해도 말이 되나?
역시 우리
아버지는
머리가 좋으셔!
권한 없이 요금 별납이라는
우편 요금 납부표시를 하였고
또 초청장에 이를 사용하였으니,
우표 등 위조죄와 동 행사죄의
경합범으로 처벌 됩니다.
요금 별납이라고
컴퓨터로 초대장 봉투에
아예 찍었으니
우표 붙일 필요도
없다.
甲
乙

CHAPTER 33

행사할 목적으로 남의 주민등록증의 사진을 자신의 것으로 바꿔붙였다면 어떠한 범죄로 처벌받겠는가?

제225조 [공문서등의 위조 · 변조]

행사할 목적으로 공무원 또는 공무소의 문서 또는 도화를 위조 또는 변조한 자는 10년 이하의 징역에 처한다. *시효 10년

✵ **사건일지 _** 甲은 행사할 목적으로 친구 乙의 주민등록증의 사진을 백지로 가린 후 컬러복사기로 복사하고 다시 컴퓨터를 사용하여 자신의 증명사진을 붙여 프린터로 출력함으로써 주민등록증사본을 만들어냈다. 甲은 어떠한 범죄로 처벌받겠는가?

해결테크

✵ **급소 1 _** 문서에 관한 죄란 행사할 목적으로 문서를 위조·변조하거나 허위의 문서를 작성하거나 위조 또는 변조 허위 작성된 문서를 행사하거나 부정행사함으로써 성립하는 범죄이다.

✸ 급소 2 _ 문서의 의미

문서란 문자 또는 이를 대신할 부호에 의하여 사상 또는 관념을 표시한 물체를 말한다. 문서에는 공문서와 사문서가 있다. 공문서란 문서의 작성 명의인이 공무소 또는 공무원인 문서를 말하며 사문서는 그 작성 명의인이 사인(私人)인 문서를 말한다.

✸ 급소 3 _ 위조 · 변조 의미

위조란 문서의 작성 권한 없는 자가 타인 명의의 문서를 작성하는 것을 말하며 변조란 문서의 내용에 관하여 변경을 가할 권한이 없는 자가 진정하게 성립된 타인 명의의 문서에 그 동일성을 해하지 않을 정도의 내용변경을 하는 것을 말한다.

✸ 급소 4 _ 유형위조와 무형위조

유형위조란 문서의 작성권한이 없는 자가 타인 명의의 문서를 작성하는 것을 말하며 그 내용이 진실인지의 여부는 문제되지 않는다. 이에 반하여 무형위조란 문서의 작성권한 있는 자가 내용이 진실에 부합하지 않는 허위의 내용의 문서를 만드는 것을 말한다. 사문서(私文書)의 경우 유형위조를 처벌하고 있으며 무형위조의 경우에는 허위진단서작성죄에 해당하는 경우에만 예외적으로 처벌하고 있다.

결론

주민등록증은 일정한 거주지에 거주하는 주민임을 나타내기 위하여 공무원이 작성한 공문서에 해당하고, 형법 제237조의 2는 전자복사기 등을 사용하여 복사한 문서의 사본도 문서에 관한 죄에 있어서 문서로 본다. 따라서 甲이 행사할 목적으로 전자복사기와 컴퓨터를 이용하여 그의 주민등록증에 자신의 사진을 붙이는 방법으로 새로운 주민등록증 사본을 만들어 낸 행위는 공문서 위조죄에 해당한다.

CHAPTER 34

전보발령 전화통지 후 결재를 하면 어떤 범죄로 처벌되는가?

제226조 [자격모용에 의한 공문서등의 작성]

행사할 목적으로 공무원 또는 공무소의 자격을 모용하여 문서 또는 도화를 작성한 자는 10년 이하의 징역에 처한다. *시효 10년

✹ **사건일지 _** 甲은 0000년 0월 0일 17시경 같은 날짜로 부산직할시 남구경찰서장에서 동래구경찰서장으로 전보되었다는 내용의 인사발령을 FAX로 통보 받은 후에, 남구경찰서장의 권한에 속하는 이 사건 순경 승진 인사발령에 관한 기안용지의 결재란에 서명하였다. 甲은 어떤 범죄로 처벌되는가?

해결테크

✹ **급소 1 _** 이 죄는 행사할 목적으로 공무소 또는 공무원의 자격을 모용하여 문서 또는 도화를 작성함으로써 성립하는 범죄이다. 자격모용사문서작성죄에 대하여 공문서인 점에서 형이 가중된 범죄이다.

✹ **급소 2 _** 이 죄는 타인의 자격만을 모용하여 공문서를 작성하는 경우

에 성립하며, 여기에 더 나아가 타인의 명의까지 모용한다면 공문서 위조죄가 성립하여 이 죄는 성립하지 않는다.

결론

공무원에 대한 전보발령은 상대방 있는 행정처분이므로 그 의사표시가 상대방에게 도달했을 때 그 효력이 발생한다. 따라서 위 사례에서 甲은 FAX로 인사발령의 통보를 받은 순간 부산시 남구경찰서장으로서의 권한이 없어지고 동래구경찰서장으로서의 권한이 있을 뿐이다. 따라서 전보발령 후 남구경찰서장의 권한에 속하는 순경 승진 인사발령에 관한 기안용지에 서명을 한 것은 남구경찰서장의 자격을 모용하여 공문서를 작성한 경우에 해당한다. 따라서 甲은 자격모용공문서작성죄로 처벌받게 된다.

CHAPTER 35

정산설계서를 확인 않고 준공검사를
한 것으로 기재했다면
어떤 범죄로 처벌되는가?

제227조 [허위공문서작성등]

공무원이 행사할 목적으로 그 직무에 관하여 문서 또는 도서를 허위로 작성하거나 변개한 때에는 7년 이하의 징역 또는 2천만원 이하의 벌금에 처한다. *시효 7년

✵ **사건일지 _** 공무원 甲은 준공검사서를 작성하면서 아직 정산설계서의 원본은 물론 초안도 작성되어 있지 않았음에도 불구하고 마치 정산설계서를 확인하고 그 설계서에 의하여 준공검사를 한 것처럼 준공검사 용지에 정산설계서에 의하여 준공검사를 하였다는 내용을 기입하였다(단, 위 준공검사조서의 내용은 그후에 작성된 정산설계서와 내용적으로 일치하였다). 甲은 어떻게 처벌되겠는가?

해결테크

✵ **급소 1 _** 이 죄는 공무원이 행사할 목적으로 그 직무에 관하여 허위의

문서나 도화를 작성함으로써 성립하는 범죄이다.

✸ **급소 2 _** 이 죄는 직무상 당해 문서를 작성할 권한있는 공무원에 한하여 그 주체가 된다. 이러한 의미에서 이 죄는 진정신분범이다. 당해 문서에 대한 작성권자인 본래의 공무원이 아니더라도 법령 또는 작성권자의 위임에 의하여 당해 문서의 작성권을 수여받은 경우에는 본죄의 주체가 된다.

✸ **급소 3 _** 허위문서의 작성이란 문서의 내용이 진실에 반하는 허위 내용의 문서를 작성하는 것을 말하며, 변개(變改)란 문서를 작성할 권한이 있는 공무원이 진정하게 작성된 문서의 내용을 허위로 변경하는 것을 말한다.

결론

공무원 甲이 준공검사용지에 실제로 정산설계서를 확인하지도 아니하였으면서도 준공검사용지에 정산설계서에 의하여 준공검사를 한 것으로 기재한 이상 허위공문서작성죄가 성립하는 것이고, 동 준공검사서의 내용이 객관적으로 정산설계서의 원본과 다른 점이 없다고 하더라도 허위공문서작성죄의 성립에 영향을 미치지 아니한다. 따라서 甲은 허위공문서작성죄로 처벌받게 된다.

귀찮게 정산 설계서는
확인해서 뭘 해? 그냥 확인한
것으로 준공검사용지에 써 넣어
야지 나중에 다른 점이
없으면 될 거 아냐?
누가 알아? 그지~~
누가 알기는?
하늘이 알고 땅이
알고 자신이 알고
멍멍이가
아는데 ...
정산 설계서
이 경우 준공검사의 내용이
객관적으로 정산설계서
원본과 합치되더라도
허위 공문서 작성죄의
성립에 영향을 미치지
않습니다.

CHAPTER 36

위장결혼으로 혼인신고를 하였다면 어떻게 처벌되는가?

제228조 [공정증서원본등의 부실기재]

① 공무원에 대하여 허위신고를 하여 공정증서원본 또는 이와 동일한 전자기록등 특수매체기록에 부실의 사실을 기재 또는 기록하게 한 자는 5년 이하의 징역 또는 1천만원 이하의 벌금에 처한다. *시효 7년

② 공무원에 대하여 허위신고를 하여 면허증, 허가증, 기록증 또는 여권에 부실의 사실을 기재하게 한 자는 3년 이하의 징역 또는 700만원 이하의 벌금에 처한다. *시효 5년

✸ **사건일지 _** 甲은 흑룡강성 목단강시에 사는 중국 조선족 여자인 乙로 하여금 국내에서 취업할 수 있도록 입국시켜줄 목적으로 乙과 위장결혼하기로 공모한 후 흑룡강성 목단강 시청에서 혼인신고를 하고 결혼증을 발급받아 목단강시 공증처에서 혼인공증을 받은 다음 귀국하여 甲의 본적지인 전남 00군에서 가족관계등록담당 공무원에게 혼인신고서를 제출하여 가족관계등록부에 사실을 기재하도록 하였다. 甲은 어떻게 처벌되는가?

해결테크

✸ **급소 1 _** 이 죄는 공무원에 대하여 허위신고를 하여 공정증서원본 등에 부실의 사실을 기재함으로써 성립하는 범죄이다.

✸ **급소 2 _ 본죄의 객체**

공정증서원본 일반적으로 공정증서라 함은 공무원이 직무상 작성한 문서로서 어떠한 사실을 공적으로 증명하는 효력을 가진 공문서를 말하며 이 죄에서의 공정증서는 권리의무에 관한 사실을 증명하는 것에 한하며 반드시 원본이라야 한다. 따라서 등본이나 초본 등을 이 죄의 객체에 해당하지 않는다.

공정증서원본과 동일한 전자기록 등 특수매체기록 전산자료화한 부동산 등기파일 · 자동차등록파일 · 가족관계등록파일 등이 여기에 해당한다.

면허증 면허증이란 일정한 사람에 대하여 일정한 행위를 할 수 있는 자격을 부여하는 공무소 또는 공무원의 증명서를 말한다.

허가증 공무소가 특정한 사람에게 특정한 영업 또는 업무를 허가하였다는 사실을 기재한 공문서

등록증 일정한 자격을 취득한 자에게 그 활동에 상응한 권능을 부여하기 위하여 공무소가 작성하는 증서

여권 공무소가 여행자에게 발행하는 여행허가증을 말한다.

✸ 급소 3 _ 부실의 사실을 기재·기록이란 중요한 점에서 객관적 진실에 반하는 기재를 하게 하는 것이다.

결론

甲은 진정한 부부관계의 설정을 바라는 혼인의사가 없어 무효인 혼인임에도 불구하고 혼인신고를 함으로써 공정증서 원본인 가족관계등록부에 허위의 사실을 기재하도록 하였으므로 공정증서원본불실기재죄 및 불실기재공정증서원본행사죄로 처벌된다.

CHAPTER 37

살해한 날 피해자 명의의 예금청구서를 작성하였다면 어떤 범죄로 처벌받겠는가?

제231조 [사문서등의 위조 · 변조]

행사할 목적으로 권리 · 의무 또는 사실증명에 관한 타인의 문서 또는 도화를 위조 또는 변조한 자는 5년 이하의 징역 또는 1천만원 이하의 벌금에 처한다. *시효 7년

✸ 사건일지 _ 甲은 0000년 0월 0일 새벽에 피해자를 살해한 후 피해자의 방에서 피해자의 예금통장을 들고 나와 같은 날 11시경 은행에서 피해자 명의의 예금청구서 1매를 작성하여 예금을 인출하였다. 甲이 피해자 명의의 예금청구서 1매를 작성한 것이 사문서 위조에 해당하는가?

해결테크

✸ 급소 1 _ 이 죄는 행사할 목적으로 권리의무 또는 사실증명에 관한 타인의 문서 또는 도화를 위조 또는 변조함으로써 성립하는 범죄이다.

✸ 급소 2 _ 이 죄에서 **타인의 문서** 또는 **도화**라 함은 타인 명의의 문서 또는 도화를 말하며, 여기서 타인이란 반드시 사인(私人)에 한하지 않으며

공무원이라도 그의 직무와 관계없이 작성한 문서는 사문서에 해당한다.

✸ **급소 3 _ 권리의무에 관한 문서**란 권리·의무의 발생·변경·소멸에 관한 사항을 내용으로 하는 문서를 말하며, 사법상(私法上)의 것이든 불문한다.
사실증명에 관한 문서란 권리, 의무에 관한 문서 이외의 문서로서 법률상 또는 사회생활상 중요한 사실을 증명하는 문서를 말한다. 예컨대 사회단체의 신분증·이력서·사립학교의 성적증명서등이 이에 해당한다.

✸ **급소 4 _ 사문서에 명의인의 실재를 요하는지 여부**

사문서의 경우도 공문서와 마찬가지로 문서의 명의인이 실재하지 않더라도 사문서위조죄가 성립한다고 봄이 타당하다. 종래 판례는 사문서의 경우 문서의 명의인이 실재해야 한다고 보았으나, 최근 판례에서 견해를 변경하여 사문서의 경우에도 명의인의 실재를 요하지 아니한다고 판시하였다.

결론

사문서의 경우에도 명의인의 실재를 요하지 아니하므로, 피해자의 생존 중의 일자로 작성하였는지, 사망 후의 일자로 작성하였는지를 불문하고, 甲은 사문서위조죄 및 동행사죄의 죄책을 지게 된다.

CHAPTER 38

대리인의 자격을 모용하면 자격모용사문서작성죄로 처벌된다

제232조 [자격모용에 의한 사문서의 작성]

행사할 목적으로 타인의 자격을 모용하여 권리 · 의무 또는 사실증명에 관한 문서 또는 도화를 작성한 자는 5년 이하의 징역 또는 1천만원 이하의 벌금에 처한다. * 시효 7년

제234조 [위조사문서 등의 행사]

제231조 내지 제233조의 죄에 의하여 만들어진 문서, 도화 또는 전자기록등 특수매체기록을 행사한 자는 그 각 죄에 정한 형에 처한다.

✸ 사건일지 _ 甲은 망부 乙명의로 되어 있는 A부동산을 자신의 형제인 丙, 丁과 함께 상속받아 공동소유하고 있었으나, 위 형제들로부터 위 부동산의 매도 처분에 대한 승낙이나 매매계약서 작성에 대한 승낙이나 매매계약서 작성에 대한 위임을 받은 사실은 없었다. 피고인은 0000. 00. 00. 00시에 있는 공인중개사 사무실에서 그 사실을 모르는 공인중개사 戊로 하여금 부동산매매계약서 용지의 매매목적물 란에 'A부동산', 매매대금란에 '2,500,000,000원', 매수인란에 '己', 매도인란에 '망 乙의 상속인 丙, 丁의 대리인 甲'이라고 기재하게 한 다음 위 甲의 이름 옆에 자신의 도장을 찍은 후 그 사실을 모르는 매수인 己에게 건네주었다. 甲은 어떤 범죄로 처벌받겠는가?

해결테크

✸ 급소 1 _ 자격모용사문서작성죄는 대리권이나 대표권이 없는 사람이 행사할 목적으로 본인 명의의 권리·의무 또는 사실증명에 관한 문서 또는 도화를 작성함으로써 성립하는 범죄를 말한다. '타인의 자격 모용'이란 대리권이나 대표권이 없는 사람이 타인의 대리자격, 대표자격을 사칭하는 것을 말한다. 종중의 대표자에 대한 직무집행정지가처분결정이 있은 후 그 취소시 까지 사이에 대표자 자격으로 이사회 회의록을 작성하는 행위, 타인으로부터 대리권을 수여받은 않았는데도 타인의 대리인으로서 문서를 작성하는 행위가 그에 해당한다.

✸ 급소 2 _ 타인의 대리인 또는 대표자로서 타인 명의의 문서를 작성할 권한이 있는 사람이라고 하더라도 월권하여 타인 명의의 문서를 작성하면 이 죄가 성립하지만, 단지 그 대리권 또는 대표권을 남용하여 타인 명의의 문서를 작성하더라도 이 죄는 성립하지 않는다.

결론

甲은 丙과 丁으로부터 적법하게 부동산매매계약서를 작성할 대리권을 수여받은 사실이 없음에도 미치 대리권을 수여받은 것처럼 행사할 목적으로 위 丙과 丁의 대리인 자격을 모용하여 권리의무에 관한 사문서인 매매계약서를 작성한 것이므로 甲의 행위는 형법 제232조의 자격모용사문서작성죄에 해당하고, 한편 甲은 위와 같이 작성한 부동산매매매계약서를 마치 진정하게 성립한 것처럼 그 사실을 모르는 己에게 건네주어 행사한 것이므로 **자격모용작성사문서행사죄**에도 해당한다. 그리고 위 자격모용사문서작성죄와 자격모용작성사문서행사죄는 실체적 경합관계에 있게 된다.

CHAPTER 39

진단서에 치료기간을 다르게 기재하면 어떤 범죄로 처벌받겠는가?

제233조 [허위진단서등의 작성]

의사 · 한의사 · 치과의사 또는 조산사가 진단서, 검안서 또는 생사에 관한 증명서를 허위로 작성한 때에는 3년 이하의 징역이나 금고, 7년 이하의 자격정지 또는 3천만원 이하의 벌금에 처한다. *시효 5년

✸ **사건일지 _** 의사 甲은 교통사고 피해자 乙을 진찰한 결과 특별한 외상이 없었고, 다만 왼쪽 어깨부분에 약간의 타박상 증세가 있었으며 목 부위에 경미한 경부염좌상이 있어 3일 내지 4일의 치료로 충분함에도 불구하고, 전치 3주의 치료를 요한다고 허위의 사실을 진단서에 기재하여 乙에게 교부하였다. 甲은 어떻게 처벌되는가?

해결테크

✸ **급소 1 _** 이 죄는 진정신분범죄로 의사 · 조산사 등이 진단서 등 생사에 관한 증명서를 허위로 작성하는 경우에 성립하는 범죄이다. 원래 사문서의 경우 유형위조만을 처벌하고 무형위조의 경우에는 처벌하지 아니한다. 이 죄는 사문서의 무형위조를 유일하게 처벌하는 규정으로서의 의미가 있다.

✸ **급소 2 _** 이 죄의 주체는 의사·한의사·치과의사 또는 조산사에 한한다. 따라서 여기에 해당하지 않는 자는 이 죄를 범할 수 없다. 즉 이죄의 단독정범이 될 수 없다는 것이다. 이 죄에서의 의사란 산부인과 의사에 한하지 아니하며 내과·외과 등 그 분야를 불문한다. 그러나 수의사는 본죄의 주체에 포함되지 않는다.

✸ **급소 3 _ 진단서·검안서·기타 생사에 관한 증명서**

진단서란 의사가 진단한 결과에 대한 판단을 표시하여 건강상태를 증명하기 위하여 작성한 문서를 말하며, 검안서란 의사가 사람의 신체에 대하여 검안한 바를 기재한 문서를 말하며 생사에 관한 증명서란 출생 또는 사망사실 또는 사망원인을 증명하는 일종의 진단서이다.

결론

의사 甲은 乙을 진찰 결과 3일 내지 4일간의 치료로 충분히 완쾌될 수 있다고 판단하였음에도 불구하고 전치 3주의 치료를 요한다고 허위의 치료기간을 진단서에 기재하였으므로 허위진단서작성죄로 처벌받게 된다.

CHAPTER 40

타인의 운전면허증을 신원확인용으로 사용한 경우, 어떤 범죄로 처벌받겠는가?

제230조 [공문서등의 부정행사]

공무원 또는 공무소의 문서 또는 도화를 부정행사한 자는 2년 이하의 징역이나 금고 또는 500만원 이하의 벌금에 처한다. *시효 5년

✹ 사건일지 _ 甲은 운전 중 신호위반으로 단속경찰관에게 적발되어 신분확인을 위한 운전면허증 제시를 요구받자 우연히 길에서 습득하여 소지하고 있던 타인의 운전면허증을 제시하였다. 甲은 어떠한 범죄로 처벌받겠는가?

해결테크

✹ 급소 1 _ 공문서부정사용죄의 객체

공문서부정사용죄의 객체가 되는 공문서는 사용권한자 및 용도가 특정되어 진정하게 작성된 공문서이다. 따라서 사용권자가 특정되지 않고 용도가 다양한 공문서를 문서 본래의 취지에 따라 행사하는 경우 공문서부정사용죄가 성립하지 않는다.

✸ 급소 2 _ 부정행사의 의미

사용권한 없는 자가 사용권한이 있는 것처럼 행사하거나 사용권한 있는 자라도 정당한 용법에 반하여 부정하게 행사하면 공문서부정사용죄가 성립한다.

✸ 급소 3 _ 운전면허증에 동일인증명기능을 인정할 수 있는가

운전면허증은 운전면허를 받은 사람이 운전면허시험에 합격하여 자동차의 운전이 허락된 사람임을 증명하는 공문서로서, 운전면허증에 표시된 사람이 운전면허시험에 합격한 사람이라는 **'자격증명'**과 이를 지니고 있으면서 내보이는 사람이 바로 그 사람이라는 **'동일인증명'**의 기능을 동시에 가지고 있다. 운전면허증의 앞면에는 운전면허를 받은 사람의 성명·주민등록번호·주소가 기재되고 사진이 첨부되며 뒷면에는 기재사항의 변경내용이 기재될 뿐만 아니라, 정기적으로 반드시 갱신·교부되도록 하고 있어, 운전면허증은 운전면허를 받은 사람의 동일성 및 신분을 증명하기에 충분하고 그 기재 내용의 진실성도 담보되어 있으므로 현실적으로 주민등록증과 대등한 신분증명서로 널리 사용되고 있는 것이다.

결론

타인의 운전면허증을 신분확인용도로 제시한 甲은 권한없는 자가 본래의 용도로 공문서를 사용한 것에 해당되므로 공문서부정행사죄의 죄책을 진다.

CHAPTER 41

행사할 목적으로 차량등록 번호판을 만들면 어떤 범죄로 처벌받겠는가?

제238조 [공인등의 위조, 부정사용]

① 행사할 목적으로 공무원 또는 공무소의 인장, 서명, 기명 또는 기호를 위조 또는 부정사용한 자는 5년 이하의 징역에 처한다. *시효 7년

② 위조 또는 부정사용한 공무원 또는 공무소의 인장, 서명, 기명 또는 기호를 사용한 자도 전항의 형과 같다.

③ 제2항의 경우에는 7년 이하의 자격정지를 병과할 수 있다.

✷ **사건일지 _** 자동차정비소를 운영하는 甲은 乙로부터 크레인 화물차량의 수리를 의뢰받고 견인차량을 이용하여 위 정비소로 견인하여 오던 중 위 화물차량의 등록번호판을 분실하였다. 그러자 乙은 위 화물차량의 프레임이 부러져 장거리 이동은 불가능하므로 수리를 포기하는 대신 창고에 고정시켜 두고 지게차 대용으로 사용할 생각을 하였고, 지게차 대용으로 사용하더라도 등록번호판이 있어야 한다고 판단하여 甲에게 등록번호판을 찾아서 다시 부착해 달라고 요구하자 甲은 해결 방법을 고민하다가 위 정비소 내에 보관 중이던 다른 차량의 정상적인 등록번호판을 떼어 내어 그 위에 노란색 페인트를 칠한 후 검은색 페인트로 위 화물차량의 차량번호를 기재한 후 위 화물차량의 뒷부분에 부착하였다. 甲은 어떠한 죄로 처벌을 받겠는가?

해결테크

✹ 급소 1 _ 인장 · 서명 · 기명 · 기호

인장이란 특정인의 인격 및 그 동일성을 증명하기 위하여 사용하는 일정한 상징을, 공무원의 인장이란 공무상 사용하는 모든 인장을 말하며, 공무소의 인장이란 공무소가 그 사무에 관하여 문서에 사용하는 인장을 말한다. 인장등은 적어도 사실증명에 관한 것이어야 하므로 사찰의 기념 스탬프는 이에 해당하지 않는다.

서명이란 특정 인격의 주체를 표시하는 문자를 말하고, 이는 자서(自署)에 한한다.

기명은 서명과 같지만 대필이나 인쇄물도 포함한다.

인장은 인격의 동일성을 증명하는 것임에 반하여 기호는 기타의 사항을 증명할 목적으로 된 일정한 부호라고 하겠다.

✹ 급소 2 _ 위조

권한 없는 자가 타인 명의의 인장을 사용하거나 혹은 대리권 · 대표권을 가진 자라도 주어진 권한 이외의 무권대리행위로서 대리 또는 대표자 명의의 서명날인 하는 것은 위조라고 볼 것이다. 진정한 인장에 유사할 필요는 없고 그 명의인의 진정한 인장으로 잘못 알고 믿을 정도면 된다. 차량등록번호판을 위로하는 것도 이 죄의 위조에 해당한다.

✸ 급소 3 _ 부정사용

타인의 인장·인영을 권한 없는 자가 혹은 권한을 가졌지만 그 권한을 남용하여 월권함으로써 부당하게 그 인영을 나타나게 하는 행위를 말한다. 위조는 인장을 거짓으로 만드는 것이라면 부정사용은 인장 자체는 진정한 것이지만 사용의 진정을 거짓하여 찍는 것을 말한다.

결론

차량등록 번호판은 공기호에 해당한다. 甲의 행위는 공기호위조죄에 해당한다.

CHAPTER 42

타인의 허락없이 인장을 사용하면 어떤 처벌을 받겠는가?

제239조 [사인등 위조, 부정사용]

① 행사할 목적으로 타인의 인장, 서명, 기명 또는 기호를 위조 또는 부정사용한 자는 3년 이하의 징역에 처한다. *시효 5년

② 위조 또는 부정사용한 타인의 인장, 서명, 기명 또는 기호를 행사한 때에도 전항의 형과 같다.

✹ **사건일지 _** 甲은 OO군 OO면 면사무소의 산업계장직에 근무하는 자인바, 그 면사무소에서 행사할 목적으로 대여양곡차용증서의 경작인대장 대조자란에 그 읍사무소의 직원인 乙의 인장을 그 증서의 인감증명대장 대조자란에는 丙의 인장과 丁의 인장을 명의인의 승낙없이 각각 찍어서 그들의 사인(私印)을 부정사용한 것이다. 甲은 어떤 처벌을 받겠는가?

해결테크

✹ **급소 1 _** 행사할 목적으로 타인의 인장·서명·기명 또는 기호를 위조 또는 부정사용함으로써 성립한다.

✸ **급소 2 _**

1) **인장**이란 특정인의 인격과 동일성을 증명하기 위하여 사용하는 일정한 상형을 말한다. 인영 뿐만 아니라 인과의 인조도 그 자체로 진정한 인영에 대한 공공의 신용을 해할 위험이 있으므로 인영과 인과를 포함하는 것으로 보아야 한다.

2) **서명**이란 특정인이 자기를 표시하는 문자로서 성명 기타의 칭호를 표기한 것을 말하고 기명과의 관계상 자서에 한한다.

3) **기명**이란 특정인의 동일성을 표시하는 문자로서 자서가 아닌 것을 말한다

4) **기호**란 물건에 압날하여 그 동일성을 증명하는 인장의 일종이나 인장이 인격의 동일성을 증명하는 것임에 대하여 기호는 기타의 사항을 증명함을 목적으로 한다.

✸ **급소 3 _** 위조란 권한없이 타인의 인장, 서명, 기명 또는 기호를 작성 또는 기재하여 일반인으로 하여금 명의인의 진정한 인장 등으로 오신케하는 것을 말한다.

✸ **급소 4 _** 부정사용이란 인장 등을 권한 없는 자가 사용하거나 권한 있는 자가 그 권한을 남용하여 부당하게 사용하는 것을 말한다.

결론

甲은 乙·丙·丁의 인장을 그들의 허락없이 함부로 압날(찍음)한 것이므로 타인(他人)의 인장을 부정 사용한 것이다.

CHAPTER 43

콜걸이라도 미성년자이면 이를 소개한 경우 어떤 처벌을 받겠는가?

제242조 [음행매개]

영리의 목적으로 사람을 매개하여 간음하게 한 자는 3년 이하의 징역 또는 1천500만원 이하의 벌금에 처한다.

*시효 5년

✸ **사건일지 _** 모텔을 경영하는 甲은 손님 乙의 요구로 18세의 콜걸 丙을 소개해 주고 소개비 명목으로 5만원을 받았다. 甲은 처벌 받는가?

해결테크

✸ **급소 1 _** 음행매개죄의 객체는 사람으로써, 남·녀, 성년, 미성년, 음행의 상습 유무를 불문한다. 과거에 매춘경험이 있는 여자도 이 죄의 객체가 된다.

✸ **급소 2 _ 영리의 목적**

영리의 목적이 필요하다. 영리의 목적이란 재산상의 이익을 얻을 목적을 말한다.

✸ 급소 3 _ 매개

매개란 사람을 간음에 이르게 알선하는 것을 말한다. 매개에 의해 간음에 나가야 하며 간음에 이르지 않는 추행 정도에 그친다면 이 죄는 성립하지 아니한다.

✸ 급소 4 _ 형법의 특별법

18세 미만의 아동에게 음란한 행위를 시키거나 이를 매개하는 행위를 한 자는 아동복지법위반(아동에 대한 음행 강요, 매개)죄, 19세 미만의 아동, 청소년에게 성매매를 강요한 자는 아동, 청소년의 성보호에 관한 법률위반(강요행위등)죄, 19세 미만의 아동·청소년에게 성매매를 알선한 자는 아동·청소년의 성보호에 관한 법률위반(알선영업행위등)죄, 19세 미만의 아동·청소년의 성을 사는 행위를 한 자는 아동, 청소년의 성보호에 관한 법률위반(성매수등)죄, 성매매를 알선한 자는 성매매알선 등 행위의 처벌에 관한 법률위반(성매매알선등)죄, 성을 파는 행위를 한 자는 성매매 알선 등 행위의 처벌에 관한 법률위반 (성매매)죄, 성을 사는 행위를 한 자는 성매매 알선 등 행위의 처벌에 관한 법률위반(성매수)죄에 각각 해당한다.

결론

모델 업주인 甲이 영리의 목적으로 18세의 콜걸인 丙을 손님에게 성매매를 알선하고, 乙로부터 그 대가로 5만원을 받은 행위는 형법 제242조의 음행매개죄에 해당한다. 그러나 특별법 우선의 원칙에 따라, 甲은 영리의 목적으로 18세의 청소년인 乙을 丙에게 성매매 알선하는 행위를 하였으므로 아동, 청소년의 성보호에 관한 법률위반 (알선영업행위등)죄, 乙은 18세의 청소년인 丙의 성을 사는 행위를 행위를 하였으므로 아동·청소년의 성보호에 관한 법률위반(성매수등)죄를, 丙은 성을 파는 행위를 하였으므로 성매매알선 등 행위의 처벌에 관한 법률위반(성매매) 죄로 각각 처벌된다.

CHAPTER 44

포르노CD를 제작하여 판매하면 어떤 처벌을 받겠는가?

제243조 [음화반포등]

음란한 문서, 도화, 필름 기타 물건을 반포, 판매 또는 임대하거나 공연히 전시 또는 상영한 자는 1년 이하의 징역 또는 500만원 이하의 벌금에 처한다. *시효 5년

제244조 [음화제조]

제243조의 행위에 공할 목적으로 음란한 물건을 제조, 소지, 수입 또는 수출한 자는 1년 이하의 징역 또는 500만원 이하의 벌금에 처한다. *시효 5년

✹ **사건일지 _** 甲 등 성인 남녀 6명은 자신들이 직접 출연하여 제작한 음란 영상물 수백 편을 자신들이 운영하는 해외 구독형 SNS 계정에 게시하여 유료회원들로부터 월 구독료를 받고 시청하게 하였다. 甲 등은 어떤 죄로 처벌 받겠는가?

해결테크

✹ **급소 1 _ 음란성**

1) **음란**이란 그 내용이 성욕을 자극 또는 흥분시키고 건전한 사람의 성적

수치심을 해하고 선량한 성적 도의관념에 반하는 것을 말한다.

2) **음란성**의 유무는 제조자나 판매자의 주관적 의도와 상관없이 객관적으로 판단해야 하며, 판단의 기준은 통상의 성인이다.

3) **판단대상**은 문서나 필름의 전체를 고려해야 한다.

4) **판례**는 명화집에 실려있는 그림이라 하더라도 성냥갑 속에 넣어 시판할 목적으로 이를 복사 제조하거나 시판한 경우, 그 그림이 보는 사람으로 하여금 성욕을 자극하여 흥분케 할 뿐만아니라, 일반인의 정상적인 성적 정서와 선량한 사회풍속을 해칠 가능성이 있는 때에는 음화제조판매죄가 성립한다고 판시하고 있다.

✷ 급소 2 _ 반포 · 판매 · 임대 · 공연전시 · 판매목적 소지

1) **반포**란 불특정 또는 다수인에게 무상으로 교부하는 것을 말한다. 반포는 현실로 교부됨을 요하므로 단순한 우송만으로 되지 않고 현실로 인도되어야 한다.

2) **판매**란 불특정 또는 다수인에게 대가를 받고 인도하는 것을 말한다.

3) **임대**란 유상으로 대여하는 것을 말한다.

4) **공연전시**란 불특정 또는 다수인이 관람할 수 있는 상태에 두는 것을 말한다.

5) **소지**란 사실상의 지배를 말하고 반드시 휴대하여야 하는 것은 아니다. 판매할 목적이 있는 소지만이 범죄가 된다.

✷ 급소 3 _ 제조 등(제244조)

제243조에 공할 목적으로 음란한 물건을 제조·소지·수입·수출함으로써 성립되는 범죄이다.

✹ 급소 4 _ 형법의 특별법

정보통신망 이용촉진 및 정보보호 등에 관한 법률

제44조의7 [불법정보의 유통금지 등] ① 누구든지 정보통신망을 통하여 다음 각 호의 어느 하나에 해당하는 정보를 유통하여서는 아니 된다.

1. 음란한 부호·문언·음향·화상 또는 영상을 배포·판매·임대하거나 공공연하게 전시하는 내용의 정보

제74조 [벌칙] ① 다음 각 호의 어느 하나에 해당하는 자는 1년 이하의 징역 또는 1천만원 이하의 벌금에 처한다.

2. 제44조의7제1항제1호를 위반하여 음란한 부호·문언·음향·화상 또는 영상을 배포·판매·임대하거나 공공연하게 전시한 자

결론

甲 등은 음란 영상물을 SNS 계정을 통해 판매하였으므로 형법 제244조의 음란필름제조죄 및 같은 법 제243조의 음란필름판매죄에 해당한다. 그러나 특별법이 우선적용되어 정보통신망 이용촉진 및 정보보호 등에 관한 법률 제74조 제1항 제2호의 정보통신망 이용촉진 및 정보보호 등에 관한 법률위반(음란물유포)죄로 처벌된다.

CHAPTER 45

길에서 자위행위를 하면 어떤 처벌을 받겠는가?

제245조 [공연음란]

공연히 음란한 행위를 한 자는 1년 이하의 징역, 500만원 이하의 벌금, 구류 또는 과료에 처한다. *시효 5년

✸ **사건일지 _** 甲은 0000년 0월 0일 오후 16:30분경 서울 00구 00동에 있는 모씨가 경영하는 주점 앞길에서 술에 취한채 그 곳을 지나가는 乙 등 10여 명의 남녀 앞에서 자신의 바지 자크를 열고 발기된 음경을 꺼내 흔들어 보이며 자위행위를 하였다면 어떻게 처벌되는가?

해결테크

✸ 급소 1 _ 공연성

공연히란 불특정 또는 다수인이 알 수 있는 상태를 의미한다. 따라서 내부적으로 결합된 수인 사이에서 음란행위를 하더라도 여기에 해당되지는 않는다. 반드시 공중의 면전임을 요하지 않으며, 옥내일지라도 쉽사리 이웃의 눈에 띄도록 개방되어 있으면 공연성이 인정된다.

✸ 급소 2 _ 음란행위

음란행위는 성욕을 자극 또는 흥분케하여 성적 수치심과 성도덕을 침해하는 행위를 말한다. 따라서 음란행위는 성행위일 것을 요한다. 그러나 반드시 남녀간의 성행위일 필요는 없다. 무엇이 음란한 행위인가는 시대와 문화에 따라 동일한 것이 아니므로 구체적 상황을 기준으로 하여 판단하여야 한다.

결론

甲은 불특정한 행인들 앞에서 수음을 하였으니 일반인으로 하여금 성적 수치심을 느끼게 할만한 성행위를 한 것으로 보아야 한다. 음란한 행위로 볼 수 있고 따라서 공연음란죄에 해당한다.

☞ **참고**

경범죄처벌법 제1조 제41호

과다노출의 경우 경범죄처벌법에 해당할 수도 있다. 여러 사람의 눈에 뜨이는 곳에서 함부로 알몸을 지나치게 내놓거나 속까지 들여다 보이는 옷을 입거나 또는 가려야 할 곳을 내어놓아 다른 사람에게 부끄러운 느낌이나 불쾌감을 준 사람은 10만원 이하의 벌금 · 구류 또는 과료의 형으로 벌한다.

CHAPTER **46**

일시오락이 아닌 화투놀이는 처벌이 가능할까?

제246조 [도박, 상습도박]

① 도박을 한 사람은 1천만원 이하의 벌금에 처한다. 다만, 일시오락 정도에 불과한 경우에는 예외로 한다. *시효 5년

② 상습으로 제1항의 죄를 범한 사람은 3년 이하의 징역 또는 2천만원 이하의 벌금에 처한다. *시효 5년

✸ **사건일지 _** 경찰관인 甲등 5인은 다방 내실에서 19:00부터 다음 날 01:00경까지 소위 점 1,000원씩 걸고 화투놀이를 하여 동료 경찰관으로 하여금 667만여원의 공금을 소비하게 하였다. 이 경우 도박죄로 처벌이 가능하겠는가?

해결테크

✸ **급소 1 _ 도박**

도박이란 2인 이상의 자가 재물을 걸고 우연한 승부에 의하여 그 재물의 득실을 결정하는 것을 말한다. 재물에는 재산상의 이익도 포함한다.

✸ 급소 2 _ 우연한 승부

우연한 승부란 당사자가 확실히 예견 또는 자유로이 지배할 수 없는 사실에 관하여 승패를 결정하는 것을 말한다. 우연성을 결정하는 기준은 객관적으로 불확실한 지의 여부가 아니라, 승부가 당사자들 사이에서 주관적으로 불확실한지 여부에 의하여야 한다.

✸ 급소 3 _ 사기도박

도박이 되기 위해서는 당사자 전원에 대해서 승패가 불확실 할 것을 요한다. 당사자의 일부는 승패를 예견 지배하고, 다른 사람 이를 알지 못한 채 행하여지는 사기도박의 경우에는 기망에 의해 편취하는 자에게 사기죄가 성립하고 피기망자는 아무런 죄도 되지 않는다.

✸ 급소 4 _ 일시 오락을 위한 경우

도박행위가 일시 오락의 정도에 지나지 않을 때에는 이 죄가 성립하지 않는다. 일시 오락의 정도란 도박행위가 재물의 득실보다 승패의 결정에 주된 흥미를 두고 있고, 거는 재물도 단지 흥을 돋우기 위한 방편에 지나지 않을 때를 말한다. 일시적 오락인지 여부를 판단하는 기준은 도박의 시기, 장소, 재물의 가액, 도박자의 사회적 지위와 재산 정도, 도박의 동기, 도박으로 인한 이득의 용도 등 여러 가지 사정을 참작하여 구체적으로 판단하여야 한다.

결론

화투놀이에 재물을 걸고 한다면 도박죄에 해당한다. 경찰관이라는 신분과 도박을 하게 된 경위나 시간 등을 볼 때 일시 오락을 위한 도박으로 볼 수는 없다. 따라서 도박죄로 처벌받게 된다.

모르면 크게 당하는
형법 탐구 설명서

판형 152*225 무선 / 428쪽

발행일 _ 2025. 12. 30. 초판 1쇄
저　자 _ 장광혁 김종윤
발행인 _ 김용성
발행처 _ 법률출판사
_ 서울시 동대문구 휘경로 2길3. 4층
_ 전화 02 962-9154 / 팩스 02 962-9156
등　록 _ 제1-1982호
Email _ lawnbook@hanmail.net
ISBN _ 978-89-5821-476-2 13360

정 가 25,000원